互联网大金融系列教材

U0600891

Financial Assets Price and
Risk Management

# 金融资产价格与风险管理

陈中放　翟慎霄　编著

ZHEJIANG UNIVERSITY PRESS

浙江大学出版社

**图书在版编目（CIP）数据**

金融资产价格与风险管理 / 陈中放，翟慎霄编著 .
— 杭州：浙江大学出版社，2020.8
ISBN 978-7-308-19758-8

Ⅰ . ① 金…　Ⅱ . ① 陈…　② 翟…　Ⅲ . ① 金融资产－风
险管理－研究－中国　Ⅳ . ①F832

中国版本图书馆 CIP 数据核字（2019）第 266502 号

## 金融资产价格与风险管理

陈中放　翟慎霄　编著

| | | |
|---|---|---|
| **责任编辑** | 王元新 | |
| **责任校对** | 高士吟 | |
| **封面设计** | 春天书装 | |
| **出版发行** | 浙江大学出版社 | |
| | （杭州市天目山路 148 号　邮政编码 310007) | |
| | （网址：http://www.zjupress.com) | |
| **排　　版** | 杭州中大图文设计有限公司 | |
| **印　　刷** | 浙江新华印刷技术有限公司 | |
| **开　　本** | 787mm×1092mm　1/16 | |
| **印　　张** | 18.25 | |
| **字　　数** | 368 千 | |
| **版 印 次** | 2020 年 8 月第 1 版 2020 年 8 月第 1 次印刷 | |
| **书　　号** | ISBN 978-7-308-19758-8 | |
| **定　　价** | 48.00 元 | |

# 前　言

从 1978 年我国的改革开放以来，到目前已四十余年。对于共和国同龄人的我来说，刚好在 1978 年进入建设银行参与金融工作到目前也已有四十余年了，在这四十余年中可能由于命运的安排，我做过各个细分金融行业的机构的中高级管理人员。其中从 1988 年当了 5 年浙江省投资管理学校副校长从事金融教育工作岗位后一直在金融业界，现在又回到了金融教育工作岗位。我很想把自己在金融界亲身经历的事情总结分析后写出来，来重新认识与分析金融市场，即从金融市场的主体 - 投融资者为出发点来分析和解剖金融，让大家了解金融，真正达到普惠金融即"是指以可负担的成本为有金融服务需求的社会各阶层和群体提供适当、有效的金融服务。"的目的，让大家都能够享受到金融的恩惠。这个冲动在我心里想了了很久，我想以这本书把我自己亲身经历的很多事例以通俗、实证的方法写出来，让大家能比较快的了解金融。金融本身是一种应用学科，并不有些人所说的那么高深，也不应该必须理论化和数模化，这样往往会把初学者引入歧途。金融又是一个比较复杂的问题，它不像数理化那样容易推算，它是一种社会现象。目前由于人们生活水平不断的提高，金融活动已经逐步的深入我们生活的各个角落，在我们身边随时就可能发生。我们每一个人都需要了解基本金融知识，但首先要注意的我们国家特殊的国家禀赋，而不能照搬西方理论。就拿中国的 GDP 来说，我们现在已经到达世界第二位，达到第一位也是不远的事；但是从人均 GDP 来说，我们又是远远落后于其他国家。要正确的分析自己所处的位置，明确自己前进的目标，也要明确自己的优势和劣势，这样才能加快我们国家的经济发展。

金融是资金的融通及其有关活动，金融学主要研究人们在不确定环境中进行金融资产的最优配置，从投资者和融资者来说金融资产时间价值，资产定价（资源配置系统）和风险管理就成为现代金融学的核心内容。所以我们说资源配置系统中核心问题就是资产的价格，而活动的最大特点就是结果的不确定性，因此金融资产的定价也就是金融中最重要的问题之一。

自从人类开始有社会分工，就有了商品交换的经济活动。进行这样的经济活动时主要考虑两个问题，一个用什么办法去交换：二是要交换的东西有多少价值。金融和经济一样，在目前的金融活动中我们考虑一个是用什么金融工具或者模式去进行交换；第二个问题就是交换的这个东西到底值多少钱？我觉得从投资者和融资者角度看，这个是我们金融活动的主要考虑的问题。

所以在我们的应用型金融教学整体改革方案中的教材体系就有针对性的正式出版了两套丛书：第一套是在高等教育出版社出版的"应用型高校金融系列教材"：主要从投资者的角度编写了《金融投资工具比较与应用》、从融资者的角度编写了《企业融资模式与应用》、另外从金融科技发展的角度编写了《互联网金融》。这个基本上涵盖了目前的大部分基本的的金融工具和模式，这套系列教材主要解决用什么方式去进行资金的融通。

这一套列入"浙江省十三五新形态教材"的系列教材，是包括这本《金融资产价格与风险管理实务》的在浙江大学出版社出版的"互联网大金融系列教材"，主要解决我们要融通的资产有多少价值？这二套系列教材的一个重要的基本观点，就是我们始终认为在金融市场中应该坚持以投资者和融资者为市场主体的"用户第一"互联网思维，而金融机构只是第三方中介的服务机构。所以我们这本书的金融资产价格是从投资者和融资者的角度出发来分析和计算的。很明显从大的方面来看，投资者的收入加上金融中介机构的费用应该等于融资者的支出，在这里投资者和融资者与金融机构的利益是相矛盾的。这是我们的创新点，因为以前很多教材都是从金融中介机构的角度来出发来分析的。

我们这两套系列教材都是以用户第一的互联网思维从投资者和融资者的角度来分析金融的，这个事实就被很多人所忽视。

我们认为在经济生活中，整个社会分成两大部：金融部门和实业部门。实业部门的企业定价比较困难，人们可以从各种角度评判企业的价值从而产生不同的定价，可以有几十种企业定价的方法。从融资者的角度出发如何让企业价值最大化，是需要企业有一个规范过程，这也是我们国家资本市场急需解决的的问题，这个问题我们在本系列教材另外一本《企业价值挖掘与管理实务》专门来介绍。

这本书我们主要想从投融资者的角度，以实证的方法来分析金融资产价格（包括部分以交换增值为目的的实物资产），金融资产价格到底怎么来确定？我们觉得已经有很多理论、模型、公式。在西方经济学上很多人都详细的阐述了这个问题，我们觉得有不少过于复杂。我们首先把金融资产分成三个层次：大类、种类、产品。第一层次大类；比如说，证券、期货、贷款等，然后在大类下面分成第二层次不同的种类，比如说，债券分成国债、地方债、企业债，期货可以按品种分等；再下面可以分为第三层次不同金融产品比如债券某一年某一期；期货可以分为铜1809；苹果1901等。在计算价格时用大类太过于笼统；用产品又太详细不好计算，我们定位在种类的计算上。各种金融资产种类，我们基本上都可以用实证的办法计算出它们过去年份的大致平均价格，可以为以后的资产配置做参考。从另外一个角度金融资产种类里面又可以分两种：一种是有期限的债权类；另外一种是没有期限的权益类，债权类计算可以按年份计算，比较简单。权益类只能根据不同投融资者的不同持有时间计算。

我们这一本书的主要是三大部分：第一篇是概论，主要是理论部分，包括互联网大金融理论、金融资产概论、金融资产价格形成的理论研究；第二篇是各种金融资产价格的实证分析，我们论证了十多种资产的价格；第三篇是风险管理，介绍了我们认为比较有用的几种风险管理方法。本书由陈中放提出思路并主持编写，参与编写的有浙江财经大学东方学院的翟慎宵、黄文平、张海军、朱基煜、余雯哲、罗媛；浙江大学陈媚、山东外国语职业学院王璇、浙江经济职业技术学院林铭、浙江九禄投资管理有限公司王飞飞；夏珞琼、王增龙、阮善宣、孙超霞、武文婷、黄媛媛等也参与了资料收集、校对编写工作。感谢浙江省资本与企业发展研究会和浙江省中证金融科技研究院在编写过程中提供了大力的支持

当然金融理论是一个不断发展的理论，由于作者水平有限，肯定会有不少不足之处，请各位批评指正。

陈中放

2019 年 10 月 1 日

# 目 录

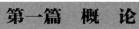

第一篇　概　论

中国的经济改革已经进行了四十余年，中国的金融改革也随之进行。在这四十余年中，我们每一个人都能感受到我们国家的金融发生了翻天覆地的变化，几乎从零基础开始创造了目前基本能够适合中国特点的金融体系和金融运行机制。所以，我们必须要用新的观念来理解和解释我们目前所处的金融环境，也就是说在新的经济环境、金融环境下，我们各种金融资产的定价应该以新的角度、新的思维来分析和理解。

# 第一章　互联网大金融背景下的金融资产

我国的金融体系经历了四十余年的改革与探索之后，已经基本建成了与社会主义市场经济体制相适应的金融体制和金融运行机制，金融制度、金融调控、金融监管和金融服务体系更加完善，开创了中国特色社会主义金融制度新格局。为了适应和跟上这种变化，我们必须站在更高的高度，改变我们的思维方式，建立以互联网"用户第一"的思维模式，并且要更广泛地思考问题，紧跟科技进步，以发展的眼光来观察和分析目前在中国大地上发生的真实的金融现象，而不是照搬照抄国外金融学理论。我们把这个称为互联网大金融思维。

## 一、转换角度——以互联网"用户第一"思维来分析金融

金融是经济的血液和核心，随着互联网技术的快速发展和普遍应用，互联网金融已成为金融领域的重要发展方向之一，且具有十分旺盛的生命力和良好的愿景。依托先进技术不是互联网金融成功发展的关键因素，更主要的原因是互联网金融让人们形成了一种习惯思维——互联网思维。互联网思维的第一条就是用户思维，是站在用户的角度去设计金融产品，重视用户体验。互联网的发展势必对经济运行的模式产生深远的影响。尤其当我国政府提出"互联网+"的概念以后，我国的金融从传统金融向创新型金融、普惠金融、直接金融等方向转变，这种趋势刚好与互联网这种新型生产力的发展相吻合，所以中国虽然不是互联网金融的诞生地，但目前却成了世界上互联网金融发展最快、应用面最广、品种最多的国家之一。

从以上事实我们认为有必要重新确立金融的研究角度，目前金融的发展，不仅仅是互联网技术在金融领域的简单应用。根据生产力决定生产关系的原理，我们应当运用符合市场潮流发展的互联网思维来作为分析金融的出发点。目前对互联网思维的争论还不少，我们认为互联网思维的核心是用户思维，也就是把用户的需求放在首位。这一理念对于传统金融来说是一个颠覆性的转变，这是因为在传统金融里面，包括金

融理论、金融教学和金融运行模式，自始至终是以金融中介机构为中心的。我国较大的的金融中介机构往往具有国有企业的背景，在制定金融中介机构规则方面具有一定的权威性。比如简单的一个客户取款业务，少给了客户，银行可以说离柜不负责；多给了客户，就必须归还，否则就是侵吞国有资产。银行作为一家金融企业，往往会从风险和效益角度去权衡。基于其本身风险管理的考虑，它往往会倾向于为风险低、收益好的企业服务，如国有企业、大型企业，而许多中小企业往往无法得到正常的贷款支持；从个人业务来看，金融中介机构会建立 VIP 业务、私人银行业务，成立财富管理部等，主要也是为了吸引高收入、高资产的优质客户，而不会专门去为那些数量庞大，但单个金额不大的一般家庭量身定制合适的金融产品等。而互联网金融的发展是用户思维，它以满足客户需求为己任，以用户体验为主导，这是完全符合市场经济发展的必然规律的，是实现普惠金融的最好途径。比如余额宝等就是最好的证明。它小额、随时收付、收益率高，这完全符合了家庭尤其是青年一代的金融活动习惯。从发展的眼光看，谁拥有青年一代，谁就掌握了未来。互联网金融发展的成功，代表了金融创新发展的方向。其实，这也不能全怪传统金融机构，因为从虚拟经济角度出发，对企业估值的方法有很多，目前金融企业、商业银行评估企业是按净资产法来估值的；资本市场的估值是按市盈率法，即是按其实现预期净利润来决定的；而互联网企业的估值是按照流量法来确定的，靠的是点击率多少来判断其预期收益。（详见本系列另一本教材《企业价值挖掘与管理实务》）所以，不仅应该以互联网的技术来改进金融业务发展，更应该以互联网的思维来改变传统金融思维。

我们认为有必要转换一般金融专业学生的培养目标和金融教材的角度与出发点，重新建立一套围绕金融活动用户的需求的全新金融思维。用户思维不仅是本书、本系列教材的写作基本点，也是我们最近在高等教育出版社出版的《应用型高校金融系列教材》的写作基本出发点：从投资者的角度写了《金融投资工具比较与研究》，从融资者的角度写了《企业融资模式和策略》。我们认为，金融市场的主体就应该是金融市场的用户，即投资者和融资者，而传统金融理论和金融教材，一直是以金融中介为中心的，比如以前的金融教材和课程是以金融中介机构的角度来划分的，如中央银行、商业银行，投资银行、固定收益债券等，即横向划分；但现在应该树立起互联网背景下的大金融概念，大金融市场是由投资者、融资者和金融活动服务机构即金融中介机构来组成的（见图 1-1）。应该清楚金融中介只是一个服务行业，它必须为金融市场活动的主体——投资者和融资者服务，所以应该从投资者和融资者的角度来看待和分析金融、培养学生，即竖向划分。

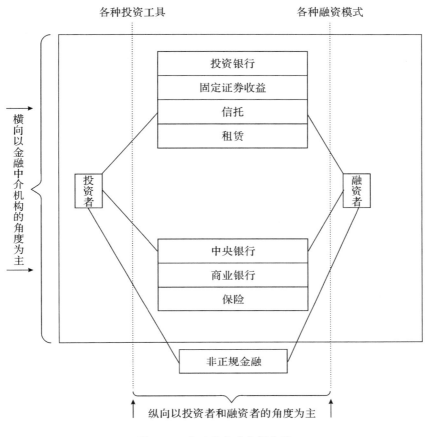

图 1-1 从不同角度分析金融

# 二、扩大眼界——以更广的范围来分析金融

## （一）大金融概念

"大金融"概念是从长期视角全面审视全球范围内金融体系发展的历史规律和演变趋势，并对现代金融体系下一个金融竞争力的决定因素进行了系统研究后提出的一个全球性的概念。研究的目的在于使其更符合我国特殊的国家禀赋，为全面构建有利于促进长期经济增长和增强国家竞争力的"大金融"体系框架奠定理论基础。我们把其简化抽象为如图 1-2 所示。

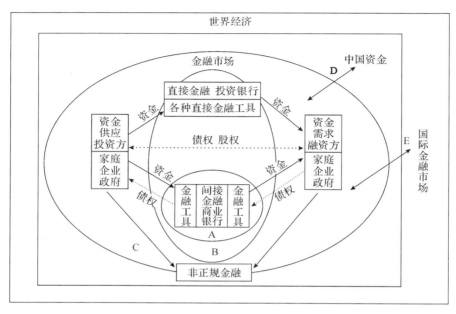

图 1-2　大金融体系框架

## （二）传统的金融市场

由于金融业的起点是银行，它在几百年的金融发展过程中起了十分重要的作用，所以到目前为止还有不少人认为只有银行、保险等间接金融机构是从事金融业务的。传统金融市场又称"间接金融市场"（见图 1-2 中的 A），通过银行进行投资融资、简单的借贷活动，如银行利用存款集中的资金向企业和个人发放贷款，就是一种有银行介入的间接金融活动。其运作方式：资金盈余部门将多余资金以存款方式存入银行，银行再用集中的资金向资金需求部门发放贷款并承担风险。所以，间接金融是通过银行等金融中介机构实现的资金融通活动。所以银行一般要收取 3%（贷款利率—存款利率）左右的收益，包括手续费和风险溢价的管理费用。我国在 1990 年以前除了少量国债外，间接融资是资金融通的主要形式。因此，当时一般把金融定义为货币的流通。其实，今天衡量财富的主要标志已经不是货币，而是资金，货币只是资金的一部分。在美国金融市场中，银行和保险等间接金融的量占金融资产总量的比例不到三分之一，大部分西方发达国家也大致如此。

## （三）直接金融的加入

直接金融是指由资金供求双方直接进行融资，它和间接金融一起组成了图 1-2

中的 B，筹资者发行债务凭证或所有权凭证，投资者出资购买这些凭证，资金就从投资者手中直接转到筹资者手中，一般不需要通过信用中介机构的担保，由投资者自己承担风险；同样的，金融机构也没有风险溢价，只是收取融资总额 1%~2% 的手续费。所以，加快直接金融的发展是当前我国金融改革的首要任务，而金融发展理论中它是衡量一个国家金融深化程度的主要标志之一。

直接融资可以是股权融资，也可以是债权融资。直接金融的优势在于降低了投融资的成本，有利于打破行业壁垒，推行产业结构的调整；拓宽了融资渠道，有利于培养居民的投资意识；有利于提高社会的经济效益和经济发展的质量。但同时也将各个投资项目的风险转移到了不同投融资者身上，由投资者个人取得超额收益和承担风险，这样可以避免出现信用过度集中形成的金融风险。

### （四）大金融理念的提出

我们必须把金融市场作为一个统一整体（见图 1-2 中的 C），不应单单按以前的理论考虑金融中介。把金融市场作为一个整体看，其主体是金融市场的用户，即投资者和融资者，金融中介行业只是一个服务性行业，金融中介机构是服务于投资者和融资者的，其本质是服务业，应该有"顾客是上帝"的理念。互联网思维中的"用户第一"理念，使互联网金融在短短的几年内迅速发展，所以应该把投资者和融资者也纳入金融范围并让他们成为市场的主体。

目前在我国进行的资金融通的市场金融活动除了 B 之外还有不少，我们把它们称为其他金融（见表 1-1）。

表 1-1　其他金融

| 互联网金融 | 地方金融 | 非法金融 |
| --- | --- | --- |
| P2P<br>众筹<br>第三方支付<br>…… | 民间借贷<br>小额贷款<br>典当<br>…… | 金融传销<br>金融诈骗<br>…… |
| 按2015年中国人民银行等十部委文件正在逐步规范 | 各地政府金融管理办公室管理 | 严厉打击 |
| 符合金融法规 | 符合国家法律 | 不符合国家法律 |

其他金融在我国目前的现实中大量存在，但很多教科书都没有包含这一块内

容，但这几年这些金融活动的发展，已经促使金融学者必须正视它。我们可以根据政府监管的不同，将其他金融分为以下三大类（这一部分我们将在第十四章专门介绍）。

第一类是互联网金融[①]。这一类在我国发展十分迅速，依托互联网、大数据技术的发展，短短几年间互联网金融已经深深影响了人们尤其是青年的金融观念。这一类金融在 2010 年左右起步，2015 年之前是自由发展、野蛮生长阶段，2015 年在中国人民银行等十部委发布《关于促进互联网金融健康发展的指导意见》后，得以逐步规范，如 P2P、众筹、第三方支付等。

第二类是不在国家中央正规金融监管范围内，不受国家金融法规管辖，但符合目前民法、商法的地方金融，比如民间借贷、典当、小贷公司等。这类金融活动近几年发展比较快，由各地专门成立的各级政府金融办公室负责管理。据媒体报道，最新监管精神已经明确小额贷款公司、融资担保公司、区域性股权市场、典当行、融资租赁公司、商业保理公司、地方资产管理公司等 7 类金融机构和辖区内投资公司、农民专业合作社、社会众筹机构、地方各类交易所（"7+4"类机构）的资本监管、行为监管和功能监管三大监管职能将由地方金融工作部门负责。在此之前，融资担保公司、融资租赁公司、商业保理公司等金融企业因为不属于国民经济行业分类的金融业，在监管方面存在薄弱环节。近 5 年来，中国的金融创新发展迅速，出现了各种新型经济主体，从事新型的金融活动。所以，原有的《国民经济行业分类》不再满足现有的统计需求。

2017 年 6 月 30 日，《国民经济行业分类》更新到第 3 版，并于 2017 年 10 月 1 日正式实施。其中，金融业做了大幅修正，与现有的金融机构及其提供的服务高度统一。金融业为 J 大类，下面专门分有一小类：地方金融，包括以上"7+4"类机构。随着任务的明确，各地政府对地方金融管理不断强化。

第三类是既不符合金融法规，又不符合国家其他法律法规的金融活动，这类金融活动属于非法金融，比如金融传销、金融诈骗等，又称为"黑色金融"。最近政府对于这一类非法金融活动的打击力度正在加强。

### （五）为实体经济服务的金融市场（D）

一般经济学上把经济部门分成：金融部门和实体经济部门。金融市场依赖于实体经济，实体经济为金融市场的发展提供物质基础，两者是相辅相成的。金融发展无法独立于实体经济而存在，实体经济为金融业的发展提供了"血液"和可

---

① 具体可参阅本人主编的由高等教育出版社 2017 年出版的《互联网金融》。

能。随着整体经济的发展，实体经济必须向更高层次发展，这对金融市场提出了新的要求。只有建立在实体经济基础上的金融市场，才能够更好地发展。金融市场永远离不开实体经济，缺失了实体经济的金融市场实际上就是一个"泡沫"，总有一天会被刺破。

金融市场达到一定程度便可以反哺实体经济，金融对实体经济的支持是多维度的，不应将眼光局限于融资服务。金融最基本、最原始的功能就是提供资金融通服务，但这并不是金融服务的全部内容。实体经济要有效运转，除了需要资金周转外，还需要便利的交易方式、有效的风险管理手段、准确的资金成本信号以及健全的公司治理机制等（可参考本系列另一本教材《企业价值挖掘与管理实务》）。在这些方面，金融都可以提供有力支持。正是基于实体经济的这些需求，金融形成了四大基本功能：融资中介、支付清算、信息咨询、风险管理。金融为实体经济而生，金融的功能也是围绕实体经济的有效运行而不断衍生的，金融发展的过程就是不断改进和提升服务实体经济能力的过程。

### （六）走出国门的金融市场（E）

金融资本全球化是个必然的趋势。金融市场国际化进程的加快，将降低新兴市场获得资金的成本，改善市场的流动性和提高市场效率，延展市场空间，扩大市场规模，提高系统能力，改善金融基础设施，提高公开性，改进交易制度，增加衍生品的品种，完善清算及结算系统等。海外金融资本的进入，尤其是外国金融机构和其他投资者对市场交易活动的参与，迫使资本流入国的金融管理当局采用更为先进的报价系统，加强市场监督和调控，及时向公众传递信息，提高市场的效率。越来越多的新兴市场国家通过采用国际会计标准，改进信息质量和信息的可获得性，改善交易的公开性。交易数量和规模的增加，有助于完善交易制度，增加市场流动性。而外国投资者带来的新的金融交易要求，在一定程度上促进了衍生产品的出现及发展。尤其是 2017 年，人民币加入世界货币基金组织发行的特别提款权（SDR）货币篮子，从此我国金融的发展将影响世界的金融发展，同时世界的金融发展也会更大程度地影响我国金融的发展，我国金融的发展和世界金融的发展逐步连成一体。

我国的改革开放已经进行四十余年了，逐步走向国际化，金融因为涉及面最广，完全市场化最难，所以是对外开放较晚的行业。随着改革开放进程不断推进，全面开放金融业是一大趋势。但我们的金融人才准备好了吗？我国的金融制度完善了吗？我国民众的金融思维能适应国际金融的发展吗？等等。这些给金融专业高等教育提出新的要求。

# 三、紧跟科技进步——以发展的眼光来分析金融

我们认为生产关系和生产力是相互作用的，以推动经济的发展。从经济发展的历史看，生产力从第一代以蒸汽机为代表的机械化时代发展到第二代以电力广泛应用为代表的电气化时代，再发展到第三代以计算机为代表的自动化时代，到目前已发展到以互联网为代表的万物互联人工智能时代。生产力是创造财富的能力，各个国家是可以比较快地引进和借鉴的。但这些先进生产力，在每个国家的应用和发展是不完全同步的，并且有很大差异，导致各国经济的发展有很大的不同。中国连续三十多年GDP增长率平均为9%的这一世界奇迹，产生的最主要原因之一就是中国与其他国家的禀赋不同。中国互联网包括互联网金融的迅速发展，也正源于此。

随着科学技术的日益进步、金融领域的持续创新，金融的外延、边界、运行模式都在不断变化，但是金融的本质没有改变。我们认为下一个热点——金融科技就是金融在新的技术条件下的一种类型，它就是以新技术应用为核心的金融领域的技术创新。金融科技的内容可以分为新金融技术手段和新金融服务模式，新金融技术手段是指云计算、大数据、人工智能、区块链和安全技术等技术手段，以及信息技术应用构建的金融数据基础建设；新金融服务模式是指上述技术应用带来的支付模式、资金筹集、资金使用管理、智能金融服务、智能投资顾问等金融资产交易模式的创新。这些创新模式与传统金融有密切相关，而有些则成了新的金融交易方式。新的金融产品形成了新的经济活动，具有新产业的特征，比如移动支付、网贷、网络征信、区块链在保险中的应用等。

从创新角度看，金融科技就是信息科技创新应用与金融服务行业的金融技术创新。其包括三个部分：一是金融科技创新。二是金融服务创新。上面分析的技术手段和金融服务模式，实际上就分别是这两类创新的体现。三是在前两类创新基础上的规模效应必然带来金融组织的创新，也就是逐步改变金融基础设施和金融市场的形态与外延，引起金融监管模式，甚至是金融制度的改变。

应该看到金融科技之所以备受关注，一方面体现了金融机构应用移动互联网、大数据、人工智能、区块链等新兴信息通信技术，提高效率，降低风险的内在需求；另一方面体现了新兴互联网企业为了规避现行金融行业许可管制而从事的金融活动的现实需求。现实中，金融科技已经成为一些企业进入金融行业从事经营业务的敲门砖。在金融科技发展的推动下，传统金融机构正在逐步开始面向技术加信息服务转型。未来的金融科技的应用将成为金融业必不可少且具有影响竞争力的关键

的生产要素。

　　从短期看来，金融科技的发展和应用提高了金融业的运行和管理效率，创造了新的金融产品、金融市场、金融服务模式和金融生态，对金融风险管理和监管提出了新的要求。从更长远的眼光来看，虽然目前金融科技发展还处于初级阶段，但未来整个金融的技术经济模式都可能因为科技应用而被改变。比如，当前人们参与金融活动，仍需要借助金融机构作为中介。搜狗百科上关于金融机构的解释是，"专门从事货币信用活动的中介组织"。在目前市场经济环境中，由于信息不对称，为了筛选信用、防范风险，面对日益复杂的金融工具和资金融通方式的变化，金融机构核心价值是需要聚集一大批高智商人才来运行，使金融机构不断发展壮大。不难发现，信用、中介、高智商的人才是金融机构存在的关键。设想，按照目前金融科技的发展速度，如果大数据解决了信用问题、区块链解决了去中心化的问题、智能机器人代替了一部分简单的人力服务，金融机构依旧能够按照目前这样的方式运作吗？我们可以思考：当前金融机构存在的基础会不会消失？目前这些传统金融机构会不会失去其存在的意义？或许，可以思考若干年后金融机构将会以什么样的新形式出现在我们的眼前？

# 第二章　金融资产概论

## 一、从互联网大金融思维来理解金融

根据前面的分析，我们认为在互联网大金融背景下，"金融"就是资金的融通及其相关的活动（即金融活动）。我们将从资金和融通两方面来说明互联网大金融下的"金融（资金的融通）"。

### （一）资金

资金是资产的金额，是货币以及可以以一定的货币量表示的资产；资金可以用货币来衡量，是资产在融通中价值的一种货币表现。而货币是从商品中分离出来固定充当一般等价物的商品。货币的本质就是一般等价物，其具有两个基本特征：一是货币是表现一切商品价值的工具；二是货币具有直接同一切商品相交换的能力。这些资金是以金融资产为表现形式的。什么是"资产"？资产是财富与权力，一定货币量的资产就叫做资金，资产越大，财富与权力就更大，这里的权力可以理解为"索取权"，如"债权"。资产是指有价值的东西，包括实物资产和金融资产。实物资产一般指有形且有价值的物体，如土地、房产、黄金、艺术品、珠宝等（在经济发达的时代，很多人把实物资产作为投资的工具，这样实物资产也就有了金融资产的特点）。金融资产是用契约载明的一种权力。这种契约可作为各种不同的金融资产的载体，其用于交换就称为金融工具。金融资产是对应于实物资产而言的，它包括：货币黄金和特别提款权；通货和存款；债券；金融衍生工具；贷款；股票和其他权益证明；保险专门准备金；其他应收/应付账款等。

### （二）融通

融通是指资产在金融市场中流通转换等财富与权力的交换，是金融市场的参与者为了不同的利益转让金融资产而进行的活动，这种活动构成了金融市场的运行，由此形成了一个金融体系。金融市场是买卖金融工具以及融通资金的场所或机制。

金融市场被视作一种场所，是因为只有这样才与市场的一般含义相吻合；金融市场也被视作一种机制，是因为金融市场上的融资活动既可以在固定场所进行，也可以不在固定场所进行，不在固定场所进行的融资活动就可以理解为一种融资机制。金融市场上资金的运动具有一定规律性，它总是从多余的地区和部门流向短缺的地区和部门。金融市场可以按不同的标准划分，具体如图 2-1 所示。

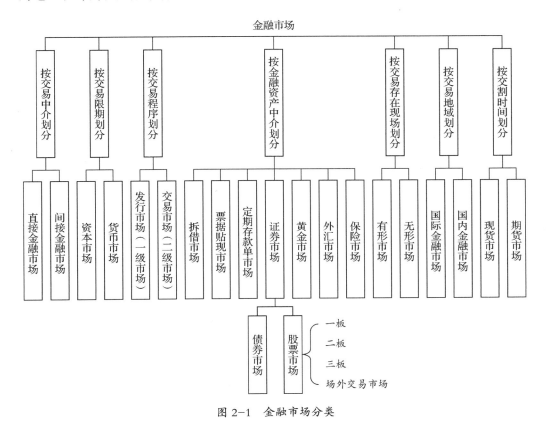

图 2-1　金融市场分类

虽然金融市场可以按很多不同的标准来分类，但经常用到的是按资产的形式来划分的，图 2-2 是我国金融市场按形式划分后，国家金融监管部门（一行二会）对各个细分金融工具交换市场的分工。

### （三）金融资产与金融工具、金融商品、金融产品

我们在上面讲了什么是金融资产。那么它和金融工具是什么关系？它和金融产品、金融商品又是什么关系？简单地讲，它们基本上是同一个东西，只是在不同场合、

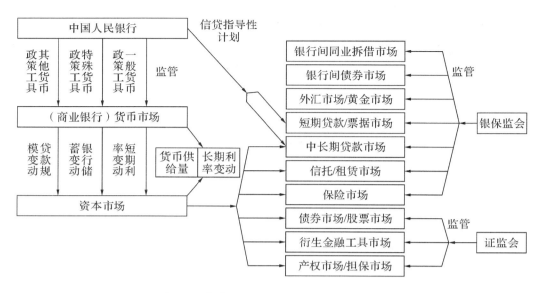

图 2-2　各个细分金融工具交换市场的分工

不同角度时的不同说法。举一个简单的例子：一辆汽车，在你家里是你们家的资产；在汽车制造厂是一个产品；到市场上去销售就是商品；如果这辆汽车是绝版，你卖出后可以赚更多的钱，这又成了一种赚钱的工具。更重要的是，一般的商品在使用过程中会磨损，所以其价值会有折旧，但金融资产是可以用货币来表示的，货币有时间价值，就是它的利息，所以它更被人们作为赚钱的工具，用于赚钱的金融资产就成了金融工具。本书从互联网大金融的思维出发，站在金融市场的主体——投资者和融资者的角度来写，目的是普及金融知识，推进普惠金融，让投资者拥有更多的收益，让融资者降低成本。

金融工具是用于交换的、具有价值且能够给持有人带来收益的金融对象。资金融通一般是通过金融工具这个载体在金融市场中的交换来实现的。

## （四）分类

金融资产的级别依次分为大类、种类和产品三个层次。

从大类分，金融资产一般分成债权类、股权类、衍生品类、合成类、其他类、实物资产类等。需要说明的是，实物资产本来是和金融资产相对的概念，但有一部分实物资产价值比较高，价格变化比较大，也会被人们利用其是可以用一定货币量来表示的特点，成为赚钱的工具，如房地产、黄金、珠宝、艺术品等。

债权类：载明的是持有人对发行人的债权，主要是债券、基金等资产。债券是一种有价证券。由于债券的利息通常是事先确定的，所以债券是固定利息证券（定息证券，也叫固定收益证券）的一种。在金融市场发达的国家和地区，债券可以上市流通。在中国，比较典型的债券是国债。

股权类：载明的是持有人对发行公司财产的所有权、分红权和剩余索取权等，主要是股票、其他权益类资产。股票是股份公司发行的所有权凭证，是股份公司为筹集资金而发行给各个股东作为持股凭证并借以取得股息和红利的一种有价证券。每股股票都代表股东对企业拥有一个基本单位的所有权。同一类别的每一份股票所代表的公司所有权是相等的。每个股东所拥有的公司所有权份额的大小，取决于其持有的股票数量占公司总股本的比重。

衍生品类：基于原生性或基础性资产的远期性契约、期货、期权、互换等。互换，或称掉期，具有双重含义。在外汇市场上，它是指掉期，即双方同时进行两笔金额相等、期限不同、方向相反的外汇交易；在资金市场上，它是指互换，即双方按事先预定的条件进行一定时期的债务交换。

合成类：一种债券市场、外汇市场、股票市场和商品市场中两个或两个以上市场的金融工具合成后的金融工具，如证券存托凭证、资产证券化等。

在每一个大类下，我们根据其不同特点分为多个种类，如债权类可以分为国债、金融债、企业债等。国债又可以以发行时间和年限的不同划分为不同的产品。这些金融资产的价格将会在第二篇中分类论述。

## 二、金融资产的要素和特点

### （一）金融资产的要素

金融资产一般具备4个要素：发行人、价格、期限、收益。

金融资产的经济功能主要表现为两个方面：一是把拥有盈余资金一方的资金转移到需要资金的一方；二是使资金运用所产生的风险，可以在资金需求者和资金供给者之间重新分配。这样既可以使风险厌恶者规避风险，也可以使风险偏好者通过承担较大的风险而获得较高的收益。

金融资产与实物资产都是持有者的财富。随着经济的发展和人们收入的增加，经济主体持有金融资产的比重会逐步提高。同时，为了既获得较高收益又尽量避免风险，人们对金融资产的选择和对各种金融资产间的组合也越来越重视（在经济发达的时代，很多人把实物资产作为投资的工具进行资产配置，这样实物资产也就有了金融资产的特点）。

金融资产与实物资产不同，它是一种合约所表明的权利，是一种对资金的索取权，这种合约必须是建立在信用的基础上的，这样它才可能交换，资金才可能融通。因此，资金的融通包括金融资产成立是有一些前提条件的。

### （二）金融工具的特点

用于交换的具有价值且能够给持有人带来收益的金融资产称为金融工具。它是经济主体之间签订的表明交易双方的所有权关系或债权关系的金融契约或合同。

金融工具一般具有 4 个特征：法律性、流动性、收益性、风险性。

法律性一方面是指这种金融工具是不是合法，在不在国家允许的范围内。像上面大金融图里面正规金融和其他金融的前面两类，即正在逐步规范的互联网金融和各级地方政府的金融办公室负责管理金融活动是国家允许的，所以是合法的，最后一类金融诈骗、金融传销等黑色金融，就是非法的。另一方面是指按合同有偿归还或回报的法律责任，如果不履行合同，法律可以追溯。但根据国家最新规定，非法的黑色金融的损失由投资者自己承担，因为这种金融活动本身就是非法的，因而无法得到法律的保护。

流动性往往与变现能力挂钩，简单来说就是指某种金融工具容不容易转换成现金。一般来说，流动性越强，变现能力越强，风险相对就越小。

风险性是指投资金融工具的本金和利息是否有遭受损失的可能。其受损的风险有信用风险和市场风险两种。信用风险是指债务人不履行合约，不按期归还本金的风险。市场风险是指由于金融投资工具价格或市场价值波动带来的风险。

风险性常常与收益率成正比。也就是说，收益小的金融产品，其对应的风险性就会比较小；相反的，收益高的金融工具往往其风险性也会相对高一些。风险性常常和投资的金融工具的流动性成反比，即流动性高的资产其风险就较容易获得有效控制，反之流动性低，无法变现，其风险会比看起来要大得多。

## 三、金融资产价格——收益率（资金融通的动力）

债权人（投资人），为什么愿意将商品或货币借出，除了有基本的信用保证能还本之外，能取得资金出借的收益是其根本动力，所以取得金融资产的收益就成了资金融通的动力。由于不同融资方式的金融资产其收益率是不一样的，这不同的收益率形成了不同的金融资产价格。这个价格就是人们关心的能增值多少，当然希望越高越好，所以研究金融资产的价格十分必要。

## （一）金融资产的价格

对于债权人来讲，得到的利息是放出资金使用的收益，也就是增值部分，有的也叫货币的时间价值，不同的金融融通方式，收益是不一样的，所以不同金融资产的价格也是不一样的。所以，收益率（利息率）＝收益或利息（回收的金融资产－借出金融资产）/借出金融资产，简称利率。（更详细的论述见"金融资产价格的校正"一章）

利息对债务人来讲是资金使用的成本，归还比借入资金多的那部分就是债务人的资金使用成本，其中有一大部分也是债权人出借资金的收益（另一部分是金融机构的手续费），也称为融资利息，即融资成本率（融资利息率）＝（偿付的金融资产－借入金融资产）/借入金融资产，简称融资利率。

利率，是指借款、存入或借入金额（称为本金总额）中每个期间到期的利息金额与票面价值的比率。利率既是借款人需向其所借金钱所支付的代价，也是放款人延迟其消费，借给借款人所获得的回报。利率通常以一年期利息与本金的百分比计算。

## （二）金融资产价格（利率）一般定价方法

各种金融资产（包括货币）的借出和借入都会有一定的回报和成本，这些利润或成本和本金相比就是利率［包括出借方（就是投资者）的回报率和借入方（就是融资者）的融资成本率］，这就是金融资产的价格。

对于权益类金融资产，由于其现金流是不确定的，因而在计算金融资产的价值时，需要对金融资产未来现金流做出估计。要对金融资产未来现金流做出估计，必须选择好用于折算未来现金流的利率，然后才能计算出金融资产的价值。这就是金融资产定价的一般方法。

具体来讲，这种方法包括以下三个步骤。

### 1. 估计现金流

无论是债务金融资产还是权益金融资产，其种类和发行人的特征决定了预期现金流的稳定程度。

例如，债务类金融资产中的国债。如果财政部发行的国债从不违约，那么它发行的固定利息国债的现金流便是确定的。国债的利率每年不同，不同年限的国债利率也不同，但是在同一年中，不同年限的国债利率是相对稳定的，且同样年限的国债的平均收益率波动不大。而其他债券类金融资产会因发行人违约或改变偿付条款，使其未来的现金流变得不确定。股票作为权益类金融工具，其持有人取得的股利与公司未来的盈利水平有关，因而股利支付的数目和时间都不确定；投资者会为了收回所投资金出售股票，收回的资金量取决于当时的股价，但未来的股价并不好确定。因此，与债务类相比，估计权益类金融资产的现金流计算有较大的难度。

**2. 选取现金流贴现的合适利率**

估计出现金流后，下一步就是确定计算现值时应使用的合适贴现利率。对此，投资者要考虑以下两个问题：

（1）投资者应该要求的最低利率是多少？

投资者应该要求的最低利率，是金融市场上可获得的同期无违约风险利率。在我国，可以参考财政部发行的国债市场利率。

投资者在选择投资的工具时，很多时候都会选择"无风险投资"。"无风险投资"一般是指在资本市场上可以获得的风险较低的投资机会，但低风险投资不是无风险投资，是指以较低的风险，获取合理的利润率。

常见的无风险（低风险）投资理财有以下几种：

①银行存款，包含活期、定期。

②货币型基金，年化收益在 2%~4.5%，是活期存款的最佳替代品。

③银行的票据类理财产品（信贷类理财有一定的风险，要区别对待）。

（2）在最低利率基础上投资者要求附加多高的利率？

投资者要求获得的高于最低利率部分的利率报酬，应当反映与预期现金流相关的风险。

**3. 计算金融资产的内在价值（合理价格）**

计算金融资产的价值应用的基本估计原则，是指收入资本化定价方法（也称现值法），即资产的内在价值或合理价格应等于持有者在资产持有期间预期获得的所有现金流的贴现值，用公式表示便是：

$$V = \frac{CF_1}{(1+k)^1} + \frac{CF_2}{(1+k)^2} + \frac{CF_3}{(1+k)^3} + \cdots + \frac{CF_n}{(1+k)^n} = \sum_{t=1}^{n} \frac{CF_t}{(1+k)^t}$$

其中，$V$ 为金融资产的合理价格或内在价值；

$CF_t$ 为在 $t(t = 1, 2, \cdots, n)$ 年的现金流量；

$n$ 为金融资产的到期年数；

$k$ 为适当的年贴现率。

估价流程为：估价现金流 → 确定现金流的合适贴现率 → 金融资产的内在价值利息本金偿还，股息、预期股票卖价→最低利率 + 既定风险下所要求的升水→ 预期现金流的现值。

## （三）资本资产定价模型的假设

（1）CAPM 是建立在马科威茨模型基础上的，马科威茨模型的假设自然也包含在其中：

①投资者希望财富越多越好，效用是财富的函数，财富又是投资收益率的函数，因此可以认为效用为收益率的函数。

②投资者能事先知道投资收益率的概率分布为正态分布。

③投资风险用投资收益率的方差或标准差标识。

④影响投资决策的主要因素为期望收益率和风险两项。

⑤投资者都遵循主宰原则，即同一风险水平下，选择收益率较高的证券；同一收益率水平下，选择风险较低的证券。

（2）CAPM 的附加假设条件为：

①可以在无风险折现率 $R$ 的水平下无限制地借入或贷出资金。

②所有投资者对证券收益率概率分布的看法一致，因此市场上的效率边界只有一条。

③所有投资者具有相同的投资期限，而且只有一期。

④所有的证券投资可以无限制细分，在任何一个投资组合里可以含有非整数股份。

⑤买卖证券时没有税负及交易成本。

⑥所有投资者可以及时免费获得充分的市场信息。

⑦不存在通货膨胀，且折现率不变。

⑧投资者具有相同预期，即他们对预期收益率、标准差和证券之间的协方差具有相同的预期值。

上述假设表明：第一，投资者是理性的，而且严格按照马科威茨模型的规则进行多样化的投资，并将从有效边界的某处选择投资组合；第二，资本市场是完美和完全市场，没有任何摩擦阻碍投资。

从以上假设我们很容易看到满足以上这些条件是不可能的，现实的金融环境要复杂得多。

## （四）金融资产的定价原理

现代资本市场理论建立在套利分析的基础上，无套利均衡成为市场定价的基本标尺。

金融资产价格是由资金时间价值和风险共同决定的。

系统风险较高的组合资产，其风险溢价也比较高。

$\beta$ 系数是一种反映系统风险的指标，用来衡量某种金融资产或一个投资组合相对总体市场的波动性：

$$R = R_f + \beta \times (R_m - R_f)$$

其中，$R$ 为市场风险溢酬；

$R_f$ 为无风险回报率，纯粹的货币时间价值；

$\beta$ 为某种金融资产的 Beta 系数，即风险系数；

$R_m - R_f$ 为一类或某个金融产品期望回报率，是某种金融资产的市场溢价，反映市场整体对风险的平均容忍程度（或厌恶程度）。

上式为资本资产定价模型（CAPM）公式，其右边第一个是无风险收益率，比较典型的无风险收益率可以按国债利率。如果股票投资者需要承受额外的风险，那么他将需要在无风险收益率的基础上多获得相应的溢价。股票市场溢价就等于市场期望回报率减去无风险回报率。股票风险溢价就是股票市场溢价和一个 $\beta$ 系数的乘积。

### （五）衡量金融资产价格的统一标准——年平均综合回报率

不同种类的金融工具的投资收益率是不同的，即使是同一种金融工具，不同的产品（比如股票市场中不同的股票），收益率也是不一样的。所以必须有一个统一的标准来比较不同类别金融工具（用于交换的金融资产）的价格，为此我们只能计算出同一种类而不同产品的金融工具在一定时期内平均年化集合平均回报率。金融工具（资产）价格是资金融通时投资者投资回报（包括收益或损失）的资金量，这个回报资金量与本金的比例是回报率（包括收益率或负收益率）。

为了统一比较，用年平均综合回报率来比较。年平均综合回报率是某一种金融工具在市场中一年的年平均综合回报率，而不是某个人在某个金融产品上的收益率。这个词由四个部分组成，我们这样来解释：

年，是指把所有收益都计算成年化收益率，比如一个金融产品的期限不是一年，那么其年化收益率的计算公式是：年化收益率 = 收益 / 本金 × 该产品期限天数 /365。

平均，是指同一种类的金融工具，但不同产品的平均回报，而不是某一个金融产品的回报；否则各种金融产品（如不同股票）回报相差太大，无法比较，所以我们采用股指。

综合回报，这里用回报而不用收益，一是考虑投资不仅会得到收益，也会亏损（即收益是负的）；在某些时候不仅仅要考虑货币的收益，也要考虑会有其他的利益。

率，这个值是一个比率而不是一定资金量的货币，一定资金量的货币会由于本金的不同而无法比较。

根据作者的经历，大致估算各种金融资产用于投资的年平均综合回报率如图2-3所示。

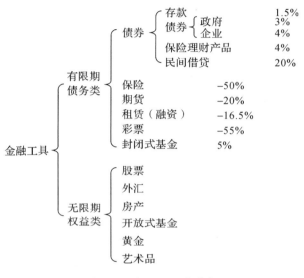

图 2-3　金融工具收益率

有限期债务类年平均综合回报率较为固定，因此便于计算。

而无限期权益类属于权益，其持续时间内价格变化很大，年平均综合回报率变化幅度也很大，因而平均收益率比较难算，计算与投资者买入和卖出时点的价格有关，也就是与拥有这种金融资产的时期有关，如果这个资产在上升时期，投资者就会有收益，如果在下跌时期，投资者就会亏损。某一个金融产品的年平均综合回报率也好计算，即这个金融产品（卖出的价格—买入的价格）/买入价格/（持有天数/365）。这种金融工具也可以以这种细分金融市场的综合指数来计算，但特别需要指出的是，权益类金融资产价格不像有期限的债务类那样可以叠加，权益类金融资产很可能按三年计算平均每一年的年平均综合回报率是正的，但是按年计算每一年的年平均综合回报率却是负的，这就是权益类金融资产的盈亏主要看其持有期的价格变化，而金融资产价格周期和整个国家的经济周期有很大关系。下面第二篇我们会以实证法来分析各种金融工具的年平均综合回报率。也会在第三篇中论述各种金融资产价格和经济周期的关系，但到底如何把握，需要读者自己去分析论证，找出其中的规律，从而依靠投资达到财富自由。这是本书留给学习者最大的也是最难的"作业"。

# 四、金融资产投资组合

资金量比较大的投资者会选择不同投资工具通过不同的细分金融市场分散投出，以减少风险，往往会把资金在不同种类的金融工具中进行分配或在同一种金融工具的不同产品中投放（即不把鸡蛋放在同一个篮子里），即事先设计一定比例，然后进行操作，形成资产组合。根据资产组合理论，投资者在追求收益和厌恶风险的驱动下，会根据组合风险收益的变化调整资产组合的组成，进而会影响到市场均衡价格的形成。资产组合主要基于以下几点假设来进行资产配置：①所有投资者都是理性的，并且希望财富越多越好；②所有投资者都可以及时免费获得充分的市场信息；③影响投资决策的主要因素为期望收益率和风险，即他们依据期望收益率和标准差选择证券（期望收益最大，标准差最小）；④投资者具有相同的预期，即有相同的投资行为，也意味着他们对证券的期望收益率、标准差以及证券间的相关性有相同预期；⑤市场上存在且只有一种无风险利率。

资产组合的投资决策可以看作自上而下的四步：先从风险资产和无风险资产之间的资本配置下手；再计算各大类资产间的配置；然后考虑各种金融工具在不同细分金融市场的分配（如债权类中国债、地方债、长期存款等）；最后决定每种金融工具内部不同品种的选择（如一年期、三年期等）。

风险资产和无风险资产之间的配置是最重要的。一个资产多元化的投资组合通常会包括股票、期货、债券、货币市场资产、现金以及实物资产等。其中，股票、期货、债券通常情况下属于风险资产，而货币市场资产、现金以及实物资产通常情况下属于无风险资产。资产组合制定者首先要通过风险测定来确定资产组合购买者的风险厌恶系数，以估计购买者可以承受多少的风险，确定对资产组合进行无风险资产配置的比例。

由于不同种类的风险资产的收益率、风险以及期限不同，因此也要对不同种类的风险资产比例进行合理配置，此外，也可以通过配置一些对冲资产来减少风险。我们可以通过对一定比例下的组合方差进行计算，选择一种方差最小的方案。

最后一个过程就是对具体产品的选择。对于股票来说，我们应该着重考虑公司的成长性以及目前的财务状况等，要避免具有泡沫的股票。对于债券来说，我们应该关心发债公司的财务状况以及未来的市场利率的变化情况。此外，选择具体证券时还应该分散化选择证券，这样可以将非系统性风险降到最低。

当开始配置资产组合后，组合制定者要做的最重要的事情就是将其所有的资产汇总在一张纸上，并且时刻关注每一种资产的百分比。一般来说，每半年就要更新一下资产组合。因为股票市场波动巨大，很容易造成股票在资产组合中的比例剧烈变化，而这个时候就需要对资产组合进行改变。在设计投资组合时，设计者不只考虑传统的股票、债券和货币基金这些金融工具，还会考虑购买黄金和不动产，这些投资可以帮助资产组合者抵御通货膨胀或战争等特殊境况。

资产组合有着众多的优点，它可以根据每一个投资者自身的情况来进行合理的投资配置，迎合投资者自身的风险偏好。它将投资分散化，这样降低了整个组合的非系统风险。它还可以在相同的风险下追求更高的收益。夏普比率就是其中一个衡量指标。资产组合还可以使我们获得各个市场的收益，假如我们的资产全在债券市场，那么无论经纪人做得有多么好，他也不可以从一个债券的投资组合中获得股票市场的收益。事实是各个金融市场都会有各个市场的收益，会有自己的繁荣期与衰退期，只在单个市场中操作获得收益的机会远远没有在多个市场中同时操作获得收益的机会大。在目前的金融环境下单单在某个市场操作已经行不通了，宏观对冲、大类资产配置才能获得更高更稳定的收益。

## 五、金融资产投资数理化——金融工程

为了更好管理金融资产，做好资产组合，尤其是为了满足大基金公司、大资产管理公司的金融资产投资需要，一些学者设计了金融工程产品。

广义的金融工程是指一切利用工程化手段来解决金融问题的技术，不仅包括金融工具设计，还包括金融工具定价、交易策略设计、金融风险管理等各方面。狭义的金融工程主要是指利用先进的数学及通信工具，在各种现有的基本金融产品的基础上，进行不同形式的组合分解，以设计出符合客户需要并具有特性的新的金融产品。

金融工程的技术主要有无套利均衡分析技术和分解、组合与整合技术。

金融工程技术的核心在于对新型金融产品或业务的开发设计，实质在于提高效率，包括：

（1）对新型金融产品或业务的开发设计，如创造第一个零息债券，第一个互换合约等。

（2）已有工具的发展应用，如把期货交易应用于新的领域，发展出众多的期权及互换品种等。

（3）把已有的金融工具和手段运用组合分解技术，复合出新的金融产品，如远期互换、期货期权、新的财务结构构造等。

金融工程技术设计的特点：剥离与杂交，指数化与证券化，保证金机制，业务表外化。

金融工程是市场对更高的金融效率不断追求的产物。金融工程一经产生，便迅速发展成为金融市场日益重要的组成部分，其存在和发展直接有力地促进了金融效率的提高，其中包括金融机构的微观效率、金融市场的效率、金融宏观调控的效率等。

有一些人甚至认为不久的将来在金融工程中数学可以像解决所有物理问题一样解决所有金融问题，这种论点显然是错误的。他们忘记了金融活动是一种经济活动，传统经济学的前提是假设人在经济活动中都是理性的，而在现实生活中这是不可能的，人具有主观性，是所有生物中最高级的，而经济活动又是人类的高级活动。由无数个有主动性的个体形成的合力，这个合力是很难被完全预测的，而且经济活动又是在四维时空中不断变化其结构组合的，所以用再复杂的数学公式也很难精确计算出来。

# 第三章　金融资产价格形成研究

## 一、从马克思主义四维时空观来研究

我们分析金融资产价格时，看到的是屏幕上不断跳动的数字，不断变化的蜡烛图（即 K 线图），不断波动的曲线，但在这二维平面上所显示的价格，其背后到底是如何形成的呢？我们从以下几个观点来分析。

### （一）马克思主义四维时空观

马克思主义四维时空观是马克思主义哲学观的一个重要分支，主要是以辩证的四维时空观为基础的，是区别于三维空间观的全新理念。它认为，运动着的物质客观存在于当前的时空当中，一维时间和三维空间都是物质的存在形式，一维时间体现出物质运动的持续性、顺序性，而三维空间则表现出物质的延广度、伸展性，并且主张空间和时间是有机结合的统一体。从几何图形角度来说，三维空间是以立体的物质形式为出发点，有长、宽、高三个维度的尺度作为存在基点的现实空间，同其他物体有着上下、左右、前后的位置关系。然而四维空间则是在三维空间的基础上，再引入了一维时间这一概念建立的，也就是说，时间与空间的关系是在三维空间的架构上又多了一条时间轴，但是这条时间轴只是一条虚数值的轴。四维时空观所研究的对象覆盖范围更广，不仅包括了自然科学研究中机械运动的三维空间的延广度、动态性，还包括意识层面中的扩展度、发展性，换句话说就是指事物在各个发展阶段上拥有质的多样性，具体表现为一定的体积、一定的位置和一定的质。

马克思主义四维时空观已融入我们的社会生活，为人类的经济活动和社会行为所用。因此，马克思主义四维时空观具有自然和社会的双重属性。

（1）自然属性：马克思主义四维时空观是客观存在的，并且无时无刻不在发生着，其中每一个动态的时空区间都是独一无二、不可替代的，而且马克思主义四维时空观的产生和发展都是无法替代的。

（2）社会属性：马克思主义四维时空观是无法脱离人与人的生活实践的，将始终贯穿人类现实的经济活动和实践行为，无论是在何种金融市场、金融工具、金融政策之下，与之相伴随的经济指数、资产价格、利率波动等因素的变化将始终反映在四维时空之下。

在人类社会，由于人类的经济活动有着追求功利主义的本质属性，因而人类社会的经济现象往往都会伴随着多样化的"体积""位置""质"的改变，故着重关注和分析其社会属性，有助于我们更好地学习金融资产价格理论，有助于我们合理选择适合自身的金融投资工具，有助于我们学会规避金融交易过程中的各种风险，有助于我们充分把握和研究金融工具发展变动的规律，从而更好地缓解经济发展过程中的矛盾，促进金融市场稳健成长。

价格的波动变化是金融资产发展的重要指标，也是金融市场活跃的集中表现。一维时间是四维时空观的关键因素之一，同样的，三维空间也对四维时空观起着不可替代的作用，它们相互联系，相互作用。

林毅夫在《新结构经济学》中指出，事物内部结构也是不断变化的，所以又增加了内部结构的一维变化，形成了"五维"时空的观点。这一点，我们这里不做深入讨论。

## （二）价格形成合力理论

在当前金融市场的经济交易中，多种金融工具、金融商品在市场上进行信息的交流，买入卖出，金融资产价格充分活跃着，这既是金融市场健康发展的表现，同时也致使金融资产的价格极易受到多种内外部因素的影响。在这些因素共同作用下，合理的金融资产价格最终形成，恰如作用力的形成取决于受力点、力的大小、力的方向三个因素的共同作用。在不同的时候，这种各方面要素对金融资产价格的形成在作用点、作用大小、作用方向上都会有所差异，但最后形成的价格，是各方面要素综合作用的体现，我们称为价格形成合力理论。

因此，金融资产价格不仅包含了影响标的物价格的所有客观原因，也包含了随机性很大的主观原因，比如参与交易的各界人士对于金融产品的生产、市场供求及对经济形势、利率、汇率变化的看法，他们的心理变化或想法可能会影响到他们对于目前、若干月后甚至是一年以后的商品供求关系和价格走势的观点，会推动、引导金融资产价格的走向，我们称为金融预期。所以，伴随着经济环境中客观因素的变化，以及参与交易双方可接受的金融预期和承受风险损失的能力等条件的变化，会直接或间接地导致金融资产价格产生不定期的波动。

例如，2008 年下半年，人民币的汇率受到美国次贷危机等多重外部因素以及内部经济波动的共同影响，出现了人民币汇率的上下大幅波动。同样的，在实际的金融工具的操作中，资产的实际价格总是随着经济变化而围绕其价值不断波动，其间影响投资者选择金融工具的因素不外乎以下几点：

实际期限，是指债务人借入资金到最后偿还债务的期限。

流动性，是指要求金融资产能够低成本和高效率地转变为货币的能力。

安全性，是指金融工具能够控制市场风险，减少损失的可能性。

收益率，是指盈利（净收益）与本金的比值。

这四个因素在某一瞬间、某一地点形成一种合力，从而形成某一金融资产价格。

金融资产价格多变，是因为受多重因素影响。那么，如何使这种不稳定的价格波动成为可行的具体研究对象呢？

### （三）折射理论

我们需要将四维的动态数据转变成相对动态的二维平面的统计图，即四维形象二维化。金融资产价格是一种四维空间数据，是反映和研究多种金融资产特征的各种形式的数据，并且伴随着经济增长、物价水平、货币供应量、利率水平等经济因素的变化而波动。

折射理论是指将波动着的金融资产数据四维空间的时时变化直接反映在二维平面上，形成直观的数据变化图的过程。换句话说，折射理论是二维平面上的四维映射，四维空间上的多变可以体现为二维平面上的多样化，即将某个时间点金融资产的价格转变为二维坐标轴中的一点，将每时每刻的价格变动连接起来，就能将金融工具的买进卖出情况转化为二维的线形图。

例如，股票的交易机构会将每天股票的指数波动、走势等绘制成股票行情图，将股票的实时变化直观地转化为二维平面图，方便向广大股民及时传递信息。由此可见，折射理论在金融产品交易与操作中运用广泛。

但需要注意的是，这个二维平面的曲线，并不能完全诠释这个价格合成的因素，它只是四维时空的合力作用折射到二维平面的映像，这个合力是由哪些因素作用的，起到多大的作用，作用方向是什么，是很难分析的。所以，各个金融分析师只是考虑了一些作用力或者主要作用力，但是无法预测全部，所以他们的预言往往各有不同，准确率也不高。

# 二、西方经济理论中的人性理性与非理性

## （一）人性长期趋向理性——确定性

传统金融理论认为，在市场竞争过程中，理性的投资者总是能抓住每一个非理性行为人所创造的套利机会（套利机会是指在无风险的情况下就可以从投资中获利的机会），使得市场中的非理性行为人不断失去财富，最终被市场淘汰。在研究完全竞争市场和其他许多市场结构时，经济学家传统上的假设前提是理性经济人，实现利益的最大化是传统经济学的中心目的之一。

长期以来，经济学主流一直把经济中理性行为等同于要求个人选择的内部一致性或自利最大化。选择的内部一致性是指个人在经济活动中保持思想和行为的一致，从而做出明智的选择；而自利最大化是指个人最大限度地追求自身利益以满足自我需求。理性是指个体的行为在某种程度上可以由行为意向合理地推断，且个体的行为意向又是由对行为的态度和主观准则决定的。人的行为意向是人们打算从事某一特定行为的量度，而态度是人们对从事某一目标行为所持有的正面或负面的情感，它是由对行为结果的主要信念以及对这种结果重要程度的估计所决定的。当个人在理性的指导下从自利的目标出发确立了利益最大化的追求，并且采取了合理合法的手段和途径去达成这一目标，则这种理性的经济行为本身也具有合理性。

当然，这里所说的"经济人理性"并不是指经济人的完全理性，倘若参与市场交易的经济人选择完全理性的思考方式，则大部分的行为人都会选择规避风险，选择无风险的金融工具，然而这样的金融投资行为是不存在的，同时也将会导致金融市场无法运作。所以这里的"经济人理性"是指理性地规避金融操作中存在的高风险，而选择性地部分接受低风险。

正如霍布金斯·沃金（H.Working）在其所著的《套期保值市场上的投机》一书中否认套期保值者和投机者的动机有任何根本差别，单独考察价格风险是不够的，还必须考虑更重要的由价格风险产生的数量风险。其结论是：套期保值者的活动一般是保险和投机的混合，套期保值者所追求的目标不一定是要把风险全部转移出去，他们只是避免了现货市场价格变动这一较大的风险而接受了基差变动这一较小的风险。

从目前的实际状况来看，我们不仅不可能要求经济人完全摒弃风险，而且也不可能要求行为人主动放弃自利来实现他利，但是要求经济人在接受小部分风险的前提之下，注重自利的同时也能够兼顾他人利益是具有可行性的。传统的主流经济理论把"自利"置于理论考察的中心，认为人们会理性地"自利"，因而经济运行也

具有自身的"理性"。

## （二）人性短期非理性——不确定行为

美国行为经济学家卡尼曼荣获 2002 年诺贝尔经济学奖，标志着现代经济学开始向"行为经济学"转变。如果用一句话来概括非理性行为经济学兴起的背景，即技术融合带来的不确定性、风险性和个体化体验。

在经济行为的短期操作中，行为经济学的基本假设是自然人快乐，与传统经济学的目的相同，是以功利主义为主，但这里的功利主义是指快乐最大化。行为经济学是作为传统经济学变革的衍生物，首先，它并不承认"经济人"这一前提，认为人的本性中有利他的一面，可以从利他中得到快乐；其次，它不承认"理性"作为绝对前提，它认为人可以依据非理性直接行事，而按理性原则行事反而可能是派生的。正如马克思所说："一旦有适当的利润，资本就胆大起来，有 30% 的利润，它就铤而走险；有 100% 的利润，它就践踏一切人间法律；有 300% 的利润，它就敢冒任何风险，甚至冒绞首的危险。"因此，人性当中存在着非理性的因子，在外界物质如巨额的利益或者诱惑的刺激之下，短期内人们可能会做出不符合经济规律的举动。

行为经济学的一个重要成功应用领域是行为金融学，它首次打破了传统经济学中经济人行为不变的假设。行为金融学认为：

（1）投资者是有限理性的，投资者也是会犯错的；

（2）在绝大多数情况下，市场中理性和非理性的投资者都会起作用。

有一个基本观点，就认为"股市如赌场"，人们在面对利益诱惑时，非理性行为支配眼下行为属于正常现象，这很好地解释了股市上人们"追涨杀跌"这种非理性行为。行为金融学认为，大多数的投资者并非标准的金融投资者，而是行为投资者。

随着金融研究的不断深入，会发现人们并不总是做出理性的选择，人们在现实金融操作中存在很多"错误性"的做法和认知。这种略带偏差的认知和做法简单表现为：

（1）盲目自大，过于自信：认为自己比别人更聪明，判断更准确，所掌握的信息比交易的对象更多、更全面。这种心理直接导致在金融市场上买卖金融产品的数量激增，操作过于频繁。

（2）逐利心理：在已获取的高收益面前，行为人会为了追求利益最大化而不断投入资本，哪怕借钱，也希望能够在此基础之上获得更多收益。

（3）经济人在面临或多或少的损失时，大多数情况下会寄希望于下一次的投资能让自己摆脱损失、获取盈利。

除此之外，投资者在进行金融工具操作时，往往会因为错过了良好的时机或进行了导致亏损的金融操作而产生后悔心理。诸如此类心理都可以归纳为人性中的"非理性"行为。由于人本身并不完全理性，所以经济活动也不是那么"理性"。例如，股票市场并不是对公司的现实，而是对投资者的选择和情绪做出反应，而受影响的人的思维、心理、环境往往导致不理性的错误。

行为经济学的运用在我国的证券市场上就得到了很好的体现。就我国而言，目前的证券市场是一个新兴的市场，还有很多方面存在不足。其中较为突出的问题就是投机性，主要原因是众多的中小投资者的非理性行为。在证券市场上，中小投资者的数量较多，参与的市场交易占据了市场的很大部分，因此他们的投资行为是否理性很大程度上决定了证券市场的发展状况与稳定性。中小投资者本身就具有盲目性和后悔性的心理，且自身所拥有的资金并不充足，这就决定了他们预期受到风险时，有可能大量地赎回本金，对证券市场的流通资金造成很大影响。所以在证券市场上，行为经济学运用比较广泛。通过学习行为经济学理论去尝试理解中小投资者的非理性行为，揣测市场交易双方的心理，从而引导投资者的投资管理水平提高，有利于证券市场的稳健发展。

所以，传统经济学的前提假设"社会人都是理性的"是不完全正确的，人只要生活在社会上都会有非理性的一面，所以需要有一个有为、理性的政府来管理，而问题在于政府也是由人组成的，如何保证组成政府的人尽可能理性，这是需要解决的一个大问题。

## 三、从货币学派的货币需求函数来研究

现代货币主义也叫货币学派，代表人物是美国芝加哥大学教授米尔顿·弗里德曼。货币主义以微观主体行为作为始点对货币需求进行分析，并吸收了包括凯恩斯在内的经济学家对货币需求理论的研究的新成果，在对货币需求理论的各种因素进行深入分析的基础上，建立了独具特色的货币需求函数：

$$M/P = f(Y, W; r_m, r_b, r_e, 1/P \cdot dp/dt; U)$$

其中，$P$ 为一般物价水平；

$M/P$ 为个人财富持有者持有的货币所能支配的实物量，即实际的货币需求量；

$Y$ 为按不变价格计算的实际收入；

$W$ 为物质财富占总财富的比例；

$r_m$ 为预期的货币名义收益率；

$r_b$ 为固定收益债券的收益率；

$r_e$ 为非固定收益债券（股票）的收益率；

$U$ 为货币的效用以及影响此效用的因素。

下面具体分析弗里德曼货币需求函数中的变量以及几点思考。

在弗里德曼看来，货币需求主要取决于总财富，但总财富实际上是无法衡量的，只能用不稳定的现期收入来代替，因而无法精确计算总财富。

（1）在以往我国传统金融理论的货币统计方法中，货币的需求量并没有计入证券市场所需求的货币量（即要考虑 $r_b$ 和 $r_e$ 的因素）。

（2）$r_b$ 和 $r_e$ 不仅要考虑虚拟资本，也要考虑金融衍生产品带来的资金需求。布雷顿森林体系瓦解后，形形色色的金融衍生工具蓬勃发展起来。它们以金融为依托，独立于现实资本，是一种收益获取权的凭证。交易者通过差价谋取收益。而 $r_b$ 和 $r_e$ 只考虑了证券市场的虚拟资本，而没有考虑以金融衍生产品为代表的虚拟资本，当然这主要是历史的原因，因为那时候金融衍生品还没有大规模发展。

（3）$U$ 为收入以外其他影响货币效用的因素，如财富观、经济制度等。

（4）$W$ 为物质财富的比例。可见，实物资产和金融资产的比例也会影响货币供应量。

弗里德曼认为人口因素、技术因素、制度因素、心理因素等都会影响货币需求。但是从上面的分析可以看到，资金变异使得货币效用大大增加，这也会影响货币需求。

从以上弗里德曼的公式可以看到，他把资本市场权益类金融工具、实物资产等都包括在货币需求里面了，而不是仅仅研究货币。

# 四、从实证方法来研究

上面所说的金融资产价格是一个笼统的说法，其实用于投资的金融资产价格和用于融资的金融资产价格是不一样的。我们把由投资的金融资产所得的收益叫投资回报，把因融资的金融资产所付出的成本叫融资成本，它们之间是有一定关系的，即：融资成本＝投资回报＋金融中介费用。

融资就是资金的需求者（融资者、债务人、受信人）向资金的供给者（投资者、债权人、授信人）融通资金的信用活动，具体表现为资金的供给者与需求者通过合同协议进行金融资产的转移，其中大部分是金融机构在起着中介组织作用，如货币资金的转移、买卖有价证券、资金借贷等。其可分为直接融资和间接融资，区分的关键在于参与融资的金融中介机构是否承担风险。一般直接融资的金融中介机构只是通过信息发布，促使投资者和融资者配对，进行资金融通，金融中介机构不承担投资风险，所以，它的中介费一般会低一些，在1%~3%。而间接融资是金融中介机构以自己本身的信用来吸收资金，再设计金融产品投资出去，金融中介机构要承担投资和融资所带来的风险，所以除了收取中介费用以外，它还需要收取风险溢价。这个融资成本就会高一些，一般在3%以上，在特殊情况下也会稍微低一些。

从图3-1可以看到，无论是直接金融还是其他金融（除非法金融外），金融中介机构的中介费用收取，基本上都是投融资额度的一定比例，虽然比例不大，但基数大，所以金融中介机构的收入也十分可观。

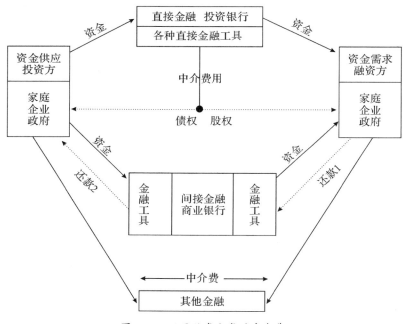

图3-1　不同融资方式的中介费

在间接融资中，资金供应者（投资方）的借出资金（本金），资金需求者（融资方）按期归还金融中介机构的资金（还款1），金融中介机构按期归还资金供应者的资金（还款2），三者的金额是不一样的。还款1- 本金 = 利息1。还款2- 本金 = 利息2。其中，投资回报就是指利息2。金融中介费用 = 利息1- 利息2。

传统经济学认为，理性行为就是作为经济人肯定会选择自利最大化。自利最大化是指个人最大限度地追求自身利益以满足自我需求。但是，理性是指个体的行为可以由行为意向合理地推断，且个体的行为意向又是主观准则决定的。行为意向是人们打算从事某一行为的起因，而态度是从事某一行为所持有的情感，它是由对行为结果以及对这种结果重要程度的估计所决定的。当人们在理性的指导下从自利出发确立了利益最大化的追求，并采取合理合法的手段和途径去达成，则这种理性的经济行为在经济生活中是最普遍的。正因为这样，资金供给者、资金需求者、金融中介机构都应该是理性的经济人，都追求自身利益最大化，所以相互间肯定会产生矛盾，最后只能以市场机制来平衡。

这里要强调的是，在各自追求利益最大化的过程中，金融中介机构与资金需求者、资金供应者的利益是对立的，这种情况虽然最后会以市场的机制来平衡，但金融中介机构利益大了，资金需求者和供应者的利益肯定少了。传统教材往往站在金融中介机构的立场上，在追求利益方面都是从金融中介机构利益最大化来考虑的。本书认为生产力的发展会推动生产关系的变革，互联网技术的发展特别是"互联网＋"的提出，必将推动互联网思维的普遍化。普惠金融的目的是让每个人都能享受到金融服务。我们在第二篇将会站在投资者和融资者的立场分析每一种金融工具的价格，力图以实证和推理来揭示金融中介机构的中介费、投资者的投资回报、融资者的融资成本，使投资者和融资者了解清楚相互间的关系，从而可以主动选择。因为投资者和融资者才是金融市场的主体，所以我们以前在高等教育出版社出版的《金融投资工具比较与应用》《企业融资模式比较与应用》《互联网金融》三本"应用型高校金融系列教材"和本系列教材，都试图站在投资者和融资者的立场上，力图使投资者和融资者的利益最大化。从风险管理的角度看，某一种类金融投资工具年平均综合回报率高，投资者盈利的可能性大，风险就相对小；如果年平均综合回报率比较低甚至是负的，那么盈利的可能性就小，风险就比较大。

而融资价格（也就是资金使用成本）是指资金需求者（个人或企业）根据自身经营收入状况及资金运用情况，向资金供应者融入所需资金，使用者除了还本外还需要再支付给组织资金的金融中介机构和资金的供给者一定的报酬。而对于融资一方而言，也可以理解为融资者为得到资金的使用权而付出的融资成本。一般，企业的融资需求会比较多一些。

所以，融资价格（即融资成本）主要由两方面组成：给金融中介机构的中介费用和给资金的供给者转让出资金使用权的费用。

金融中介费用是指给成为资金供求者之间的媒介的人或机构的费用，也就是要给付金融中介机构相应的报酬，如委托金融机构代理发行股票，债券的注册费和代理费，向银行贷款支付的贷款利息和手续费等。

由于金融产品的融资是一种市场交易行为，所以交易的发生必定会伴随着交易费用的产生。资金的使用者为了能够获得资金的使用权，必须支付相关的费用给投资者，而这部分费用将从融资者利用该项资金所获得的盈利中回扣，即利息中扣取，因此资金使用权转让的成本对于投资者而言，相当于是投资回报，即：

融资价格 = 金融中介费用 + 投资回报

正因为追求自身利益最大化是金融中介机构的根本动力，所以它希望融资者支付更多的融资成本。这会有以下几个方法（下面以↑表示增加，以↓表示减少，以◎表示不变，作解释）：

金融中介费用↑ = 融资价格↑ – 投资回报◎

金融中介费用↑ = 融资价格◎ – 投资回报↓

金融中介费用↑ = 融资价格↑ – 投资回报↓

如果站在投融资者的自身利益最大化的立场上，使投资回报最大化，融资成本最小化，希望会这样：

融资价格↓ – 投资回报↑ = 金融中介费用↓

互联网金融发展的成功，其中很重要的一点是金融中介费用下降，且趋于 0。

但是，金融机构是从理性人的角度出发的，它肯定要追求利益最大化，而且资金通过金融机构，功能会有比较大倍数的放大，下面以最基本的信贷为例。金融工具是指在金融市场中可交易的金融资产，人们可以用它们在市场中尤其是在不同的金融市场中发挥各种"工具"作用，以期实现不同的目的。但是，金融工具是如何实现资本运动过程中的利润最大化呢？本书将通过利润产业资本的循环与周转公式：G--W...P...W'--G' 来解释说明（详见曹龙骐《金融学》第五版）。

现实生活中，企业生产产品前需要一定的资金准备，如今绝大多数的企业都通过向银行贷款来募集自己需要的资金。信贷是重要的银行贷款方式，银行经过资格审核后向企业进行贷款投放，这就形成了 G（本金）。

银行贷款的资金又从何而来呢？绝大部分的资金来源于各项储蓄存款，所以 G 主要由很多 ΔG(个人储蓄存款资金) 组成。

企业在得到资金支持后，则需要向供应市场采购 W（原材料）。采购是指企业在一定的条件下，从供应市场获取产品或服务作为企业资源，以保证企业生产及经营活动正常开展的一项企业经营活动。在原材料充足的情况下，企业开始有序的生产工作。P（生产）是企业资金循环的第二阶段。在生产过程中，工人借助于劳动资料对劳动对象进行加工，制成产品。产品也就成为可以在市场上销售的 W'[ 商品( 成品 )]。

企业需要通过销售这些商品来收回资金，在销售的过程中不同的企业会采取不同的营销方式来销售自己的商品。

货币结算时，最后的全部资金 $G'=G$（本金）$+G_1$（总利润）。通过具体分析，可得：

$$G_1（总利润）=G_2（企业的利润）+G_3（还给银行及用户的利润）\qquad（3-1）$$

将公式（3-1）代入 $G'=G+G_1$ 得：

$$G+G_1 \longrightarrow G_2 \searrow G+G_5（用户存款和利息）\left\{ \begin{array}{c} \Delta G + \Delta G_5 \\ \vdots \\ \Delta G + \Delta G_5 \end{array} \right. \qquad（3-2）$$

$$G+G_3 \nearrow$$

$$\searrow G_4（银行利润）$$

由公式（3-2）得：

$$G_3=G_4+G_5 \qquad（3-3）$$

将公式（3-3）代入公式（3-1）可得：

$$G_1=G_2+G_4+G_5 \qquad（3-4）$$

可以看出，总利润由企业（融资方）、银行（中介方）、用户（投资方）三者的收入构成。

在总利润保持不变、投资者和融资者两者的利润也都保持不变时，金融中介机构的利润如何增加？即使当投资者利率要求提高，融资者利率要求降低时，根据上面几个公式，可能金融中介机构的费率也无法提高，甚至还有可能降低，那么在这种状况下，金融中介机构在自身利益的驱动和金融特性驱使下，会利用信用来增加杠杆、扩大基数，从而来增加利润；但必然地，这也带来了更大的风险。因为：

$$金融中介机构所收取的中介费 = 基数 \times 利率$$

通过公式 $G_4=G \times r$（利率）可知，为了实现 $G_4$ 最大化，需要 $G_4=G \times N \times r_{最大化}$。在利率保持不变的情况下，只能通过增加次数、频率来放大基数，增加利润，从而达到金融中介机构利润最大化。

所以在利率不变的情况下，金融中介机构通过信用增加杠杆从而放大基数来实现利润最大化，就成为金融中介机构的一种内在冲动。

这个公式也告诉我们，现在的金融往往不去看总的公式 $G—W...P...W'—G'$，而只是表象上觉得 $G$ 通过金融机构就会变成 $G'$，否定了金融对实体企业的依赖，认为金融可以摆脱实体经济的发展，因此为了自身利益无节制地放大 $N$，从而形成越来越大的金融泡沫。一旦泡沫破裂，整个社会将承担风险和损失，大的经济体的风险爆发甚至会影响世界经济。美国 2008 年的次贷危机引发美国金融危机，然后引发美国经济危机乃至影响世界经济，这样的教训是十分深刻的。

作为金融机构的控制人，金融业高管为了取得更多利益，拿到更多报酬，内在的冲动会使他们本能地不断加大杠杆，这也是金融行业的高管年薪越来越高，甚至达到上千万元的原因。

金融行业人均收入一直居于全国各行业之首。从经济理论来看，这是市场机制所决定的，每一个理性经济人可以追求自身利益最大化。但到了一定阶段，如杠杆利用过度、风险不可控时，政府必须有所作为，站出来控制系统风险。2008年美国华尔街一些金融资本家为了谋取自身利益，利用次级房贷证券化，无节制地加大杠杆，美国金融业监管局没有控制住风险，最后形成次贷危机，引发美国全国性金融危机，再进一步发展成经济危机，甚至引起了全世界的经济危机，最后承受灾难的是广大人民。

# 五、金融不断放大的历史研究

传统金融学主要研究的是货币或银行，下面我们从人类历史的发展角度来分析资金在不同阶段所表现出的不同形态。随着人类的进步，经济的发展不断地变化着其不同的形态，以适应生产力和生产关系的进步。

在不同的历史阶段，不同的资金形态对货币的放大作用是不同的，可以大致分为以下五个阶段。

## （一）实物货币

夏商周时期是中国实物货币起步发展期，这期间的实物货币主要由布帛、天然贝壳等来充当。在世界商品发展的历史上，牲畜（牛、羊和狗等）、贝壳和动物的牙齿及兽角、毛皮、盐巴、特殊的石块，都曾经先后充当过这种"中间人"即货币的角色，最后由金属尤其是金银来充当。马克思说："金银天然不是货币，但货币天然是金银。"这是由金银的自然属性决定的，金银具有体积小、价值大、容易分割、质量均匀、不会腐烂、久藏不坏等优点。

由此可以总结出实物货币的价值理论：由于实物货币是从物物交换中分离出来固定地充当一般等价物的商品，所以其价值与普通商品价值相等，即1=1。其对货币的放大作用是货币的0次方，即$10^0=1$。

## （二）代用货币

代用货币是商品交换发展到一定阶段的产物。货币作为一般等价物的发展，代替了之前的物物交换。代用货币包括金属质地但不能等同其所代表的价值的货币（即被贬值的金属货币）、纸币等，其中比较完善的形式是纸币。

代用货币产生的可能性在于，货币作为交换的媒介，只是一种交换的手段，而不是交换的目的。对于交易者来说，他们关心的并不是货币本身有无价值，而是它能否起到媒介作用。正如马克思所说："货币处在流通领域中，只是转瞬即逝的要素，它马上又会被别的商品代替。因此，在货币不断转手的过程中，单有货币的象征存在就够了。"这就产生了由价值符号或代用货币代替真实货币的可能性。

在这一货币发展阶段中出现了通货膨胀理论。代用货币的自身价值比较小，所以有权者为了满足需要，可以多发，代用货币的滥发使市场出现了通货膨胀的现象。尤其在20世纪，各国政府面对经济发展和战争的迫切需求，都不按照黄金的储备发行纸币，纸币越来越多，造成很多国家的通货膨胀。为了解决这个问题，第二次世界大战后，世界银行召集部分国家，形成了布雷顿森林体系并确立美元与黄金挂钩。各国确认1944年1月美国规定的35美元一盎司的黄金官价，每1美元的含金量为0.888671克，各个国家可以按此向美国进行货币兑换。但是仅仅经过20多年，在金银铸币流通的情况下，由于金银采掘量有一定的限制，加上美元的超额发放，美元迅速贬值，布雷顿森林体系迅速瓦解，1盎司黄金从最初的35美元涨到2017的1300美元左右，涨了30多倍。为了和接下来的论述匹配，我们只以十的几何级数来论述。

代用货币对货币的放大作用是货币的1次方，即$10^1=10$。但同时风险也放大了十倍。

## （三）信用货币

信用货币是由国家法律规定的，强制流通的，不以任何贵金属为基础的，独立发挥货币职能的货币。信用货币是随着资本主义商品经济的发展而产生和发展起来的。与此同时，信用制度的适用范围不断扩大，使货币作为支付手段的职能随之扩大，从而为信用货币的产生提供了可能性。这样，在商品生产和商品交换日益发展的基础上，期票、银行券、支票及汇票等形式的信用货币，便直接从货币作为支付手段的职能中产生出来。目前世界各国发行的货币，基本都属于信用货币。信用货币是由银行提供的信用流通工具，其本身价值远远低于其货币价值。

1973年布雷顿森林体系的瓦解使得货币完全与贵金属脱钩，货币从可兑换的代用货币转换成不兑现的信用货币。信用货币由一国政府或金融管理当局发行，其发行量要求控制在经济发展的需要之内。从理论上说，信用货币作为一般的交换媒介须有两个条件：货币发行的立法保障和人们对此货币抱有信心。

在信用货币作为流通货币的条件下，鉴于其信用性特征，信用货币具有明显的创造增量货币的功能。这种功能即货币供给乘数，用公式表示为：

$$货币供给乘数 = 1/ 法定准备金率$$

而货币供给模型：

$$Ms=mB$$

式中：Ms 为货币供给量；

    $m$ 为货币乘数；

    $B$ 为基础货币。

信用创造是货币供给理论的基础。信用货币时期，银行通过发放贷款创造出存款，通过信用创造货币，放大了货币的作用。假设法定准备金率是 12.5%，那么货币供给量就是 $1 \div 0.125=8$。这样通过银行的信用体系，又把货币放大了近十倍，所以信用货币对实物货币的放大作用是货币的 2 次方，即 $10^2=100$。但同时风险也放大了百倍。

## （四）虚拟资本

虚拟资本是独立于现实的资本运动之外、以有价证券的形式存在、能给持有者按期带来一定收入的资本，如股票、债券、不动产抵押单等。 虚拟资本是随着股份制的出现而产生的，它在资金融通的基础上成长，并成为资金融通的一个特殊领域。

信用货币进入虚拟经济领域，是通过直接金融的一级市场（发行市场）投资于实体经济和直接投资于二级金融市场（交易市场）的方式，放大了货币的作用。货币资金通过一级市场对企业进行直接投资，以股本的方式进入被投资企业，从短期来看，企业不需要支付银行利息，从而有利于那些处于起步阶段的企业的发展。而从长期来看，随着被投资企业的快速发展，那些通过投资入股形式的资金会以投资分红的方式取得相应的投资回报。

有价证券可以在证券市场上进行买卖。它们的价格是由利息资本化的原则决定的。例如，股票的价格就是由股息的多少和银行利息率的高低来决定的。如股票面额为 10 元，年股息率为 10%，每年可得股息 1 元，银行年平均利息率为 5%，那么，这张面额为 10 元的股票就可以卖 20 元（1 元 $\div$ 5%=20 元）。

由此可见，股票价格与股息的多少成正比，与银行利息率的高低成反比。此外，股票的价格还受到很多因素影响，如股票供求状况的影响，因而它还会随着产业周期的变动而变动。

虚拟资本市场价值的变动及其决定方法有其独特的运动形式，其独特的运动形式是：它的市场价值是由证券的定期收益和利率决定的，不随资本价值的变动而变动；一般说来，它的市场价值与收益的多少成正比，与利息率的高低成反比；其价格波动，既决定于有价证券的供求，也决定于货币的供求。

中国证券市场是企业单方面融资的主要场所。上证指数 3200 点左右，二级市场平均股价在 13 元左右，按《公司法》规定原始股 1 股等于 1 元人民币。这样就有了 13 倍的扩张。企业通过上市融资，市值得到了 10 倍左右的增长，有个别的甚至有上百倍的提高。股份制的产生，形成了虚拟资本，又一次放大了货币作用，为实物货币的 3 次方，即 $10^3=1000$。同时也把风险放大了千倍。

## （五）金融衍生品

金融衍生品是以货币、债券、股票等传统金融商品为基础，以杠杆或信用交易为特征的金融工具。它既指一类特定的交易方式，也指由这种交易方式形成的一系列合约。

1848 年，芝加哥期货交易所成立，标志着真正现代意义上的金融衍生品市场的开端。与金融衍生品的发展路径相符合的是，20 世纪 70 年代，随着布雷顿森林体系的崩溃，以美元为中心的固定汇率制彻底瓦解，浮动汇率制使得汇率和利率剧烈动荡，金融衍生品市场真正开始了蓬勃发展。1972 年美国芝加哥商业交易所率先推出英镑等 6 种货币的期货合约，1981 年出现了货币互换、利率互换。1982 年费城股票交易所推出了货币期权交易，此后基于汇率、利率上的衍生品相继出现，并被作为避险保值的工具。此后的 10 年里，金融衍生品市场得到了迅速发展，逐渐成长为国际金融市场的重要组成部分。

2004 年，根据国际清算银行统计，国际金融市场上的各种金融衍生品的种类已从最初的几种简单形式发展到 20000 多种，由它们衍变出来的各种复杂的产品组合更是不计其数。从交易量的扩张速度来看，全球部分有组织的金融衍生品产生的交易量平均每年递增 40%。除了交易所和场外市场所直接进行的衍生品交易，其他较为特殊的衍生证券，常常作为债券和股票发行的一个重要组成部分得到广泛使用。

2010 年 2 月 20 日，中国证监会宣布正式批复中国金融期货交易所沪深 300 股指期货合约。2013 年 8 月 30 日，证监会宣布，国债期货于 9 月 6 日上市交易。时隔 18 年，我国又重新推出了国债期货，表明我国金融衍生品市场再次正式鸣锣开市。

（1）对金融衍生品含义的理解一般包含以下三点：

①金融衍生品是从基础金融工具衍生出来的。

基础金融工具主要包括：货币、外汇、利率（如债券、商业票据、存单等）

及股票等。在基础金融工具的基础上，借助各种衍生技术，可以设计出品种繁多、特性各异的金融衍生品来。其主要价值也受基础金融工具价值变动的影响。

②金融衍生品是对未来的交易。

金融衍生品是现实的金融基础工具在未来可能产生的结果基础上进行的交易。这些基础金融品在未来某种条件下处置的权利和义务以契约形式存在。

③金融衍生品具有杠杆效应。

金融衍生品是通过预测基础金融工具的市场行情走势，以支付少量保证金签订远期合约或互换不同金融商品的衍生交易合约。市场参与者利用少量资金就可以进行几十倍金额的金融衍生工具交易，参与交易的各方利用信用，进行以小博大的高杠杆效应交易。如果运用于套期保值，可在一定程度上分散和转移风险。如果运用于投机，可能带来数十倍于保证金的收益，也可能产生巨额的亏损。

金融期货一般收取比例较低的保证金，有些甚至在 3% 以下。我国国债期货的保证金是 3%，就是保证金收取比例较高的商品期货也只有 8%，即 1/0.08=12.5 倍，也就是一单位的货币可以操控 12.5 倍的资金量的商品。

金融衍生品在利率、证券、债券、股票、外汇的基础上，以杠杆性的信用交易为特征，以几何倍数放大了货币的作用，为实物货币的 4 次方，即 $10^4$=10000。同时也把风险放大了数万倍。

从以上可以看到各种资金形态的放大倍数以几何级数增长，如图 3-2 所示。

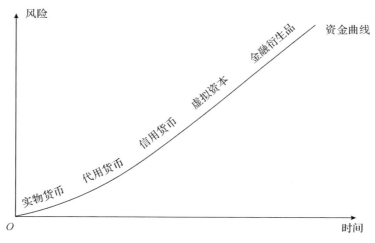

图 3-2　资金变异的风险

（2）从以上分析看，资金形态在不断变化，以十倍左右的几何级数不断放大，但这也只是在极端的特殊情况下才发生的。在现实生活中并不是都能够放大上万倍，只有对现实金融运作十分了解，能够把金融工具运用到极致，并在各种条件配合下，才有可能。

①目前各国都以信用货币取代了代用货币，三级形态基本上都取代了二级形态，有一部分国家没有控制好，造成通货膨胀。如 1997 年俄罗斯的币制改革，发行新卢布代替旧卢布，新卢布与旧卢布的兑换率是 1000：1；有些国家旧版与新版货币单位的兑换率为 10000：1。尤其 1948 年 8 月 19 日，国民党政府发布《金圆券发行办法》，规定金圆券以 1：3000000 比价兑换法币。这时候的法币与 1937 年发行时相比，实物购买力已经上涨了 2380 万倍。但一般政局相对稳定的国家，代用货币是相对稳定的，处于可以承受的温和通货膨胀的范围之内。上面所说的美元，与黄金相比上涨 30 多倍，是多种因素造成的，这只是一种简单抽象的说法，不能简单地说明美元通货膨胀了 30 多倍。

②信用货币按照目前我国的规定是不能进入股票市场的，但实际的金融活动中是很难全部禁止的，所以会有比较小的部分参与。另外，股票发行在我国受到严格控制，并不是有资金想进入就能进入的；虚拟资本进入金融衍生品市场更是少量而漫长的过程，风险很大，金融衍生品市场的平均回报率往往很小，甚至是负的，所以并不是所有的代用货币都能够逐级进行放大。

③按目前规定必须是现金才能参与资本市场和金融衍生品市场，不能用贷款资金来进行风险投资和股票投资（股权并购中的过桥贷款除外）。另外，进入金融衍生品市场，严格来说也只能用信用货币，即现金，而不能用贷款等，也就是说，只能从三级形态的代用货币直接跳到五级形态的金融衍生品市场，这不是一千倍的放大，而只是十倍的放大。这样就大大缩减了其放大的倍数。

## 六、金融的三要素：信用、杠杆和风险

由前面的内容可以归纳出，金融的三要素是：信用、杠杆和风险。由于信用的存在，人们可以暂时用信用去融入资金，而在这个过程中杠杆就产生了，放大了十倍、百倍、千倍甚至万倍，但凡是有杠杆就必然有风险，这就是金融的风险。所以无论何时何地，金融都必须把正确对待风险放在第一位。

信用是金融的立身之本，可以说没有信用就没有金融。信用将直接影响金融决策及经济效果，因此信用对金融市场的发展具有至关重要的作用。

金融的信用主要有三点：第一点体现为金融企业本身的信用。试想如果是一个没有信用的银行，存的钱会被其吞噬，那么没有人会愿意将钱存于该银行。其他的

金融企业如保险、信托等也都是如此。第二点体现为需要通过金融机构来进行融资的企业也要有信用，而这些信用主要源自企业真实财务报表中的现金流、利润以及抵押物。一个企业有稳定的现金流才可以进行盈利活动，假设资金链断裂，那么无论描绘得多好，企业都无法生存，信用也将崩溃。企业的利润可以影响到增长率，高的利润增长率通常可以有更高的市场价值，这样就可以得到更高的回报。足值的抵押物也可以作为企业的信用，即使企业无法将所借资金归还，依然可以通过变卖抵押物来弥补这方面的亏空。第三点体现在信息中介服务的企业（如评估机构）中。各种中介服务类的企业要有信用，如果这类企业信用消失，那么极容易出现泡沫，比如 2008 年美国的次贷危机。在房价一路上涨的时候，抵押物是可以控制风险的，但是一旦房价下降，抵押物就不足值了，信用也就不存在了，因此出现了经济危机。所以，信用是金融的立身之本，离开了信用，金融活动将无法进行。

因为有信用的存在，所以杠杆就诞生了，杠杆是依附在信用之上的。

有了杠杆，我们才能用小规模的钱做更大规模的事，以取得更多的利益，这也是金融的特点之一。杠杆这个概念很形象，杠杆的原始资本就是"动力臂"，杠杆放大后的资本就是"阻力臂"。很明显，越高的杠杆下，"动力臂"的微小变化就会破坏杠杆的平衡。杠杆体现在金融的各个领域：银行的存贷比就是一种杠杆，股票市场的融资也有很多利用了杠杆。合理的杠杆可以帮助我们做更大的事。杠杆通过信用对资金进行了放大，当然这也是风险的来源之一。一般来说，1∶10 或 1∶20 的杠杆还是可以接受的（如期货保证金比例），但是随着金融的不断创新，衍生品种类越来越多，杠杆与杠杆间不断进行叠加。多级的杠杆对不良事件进行了扩大化，这也是金融危机的源头。过高的杠杆、脱离实体经济的杠杆就是泡沫，会对实体经济造成沉重的打击。但是杠杆也必须是存在的，这样金融才有意义。比如房贷，当首付比例为 100% 即完全消灭杠杆时，房地产发展将会极大地受到限制，而当首付比例过低时则又容易造成房地产金融泡沫。所以一般采取折中措施，制定一个合理的杠杆比例，比如首付 20%（即 1∶5）。如果要紧缩，就提高首付比例。由此可以证明杠杆存在的必要性。我们要想方设法控制杠杆，以保证杠杆处在合理的区间，这样既可以发挥杠杆有利的一面，又可以防止金融危机的发生。

但是，风险是杠杆的伴生物，杠杆引发的风险是不可能完全消灭的。

金融风险是指发生资金损失的可能性。坏的一面显然就是它有可能使我们的投资资金受到亏损，此时风险包含的不确定性中发生了对投资者不利的事件；但这种损失并不是一定发生的，如果投资者知道一定会有损失，便不会去投资，很多投资者只是侥幸地希望不产生不利事件。很多稳健一些的投资者不希望承担这种不确定性给他们带来的影响，所以他们对风险进行规避、分散、对冲、转移等，以进行风险管理，我们将在后面专门进行分析。每个人的风险偏好不同，有些人偏向保守，有些人偏向激进，一个完善、健康的金融体系能通过激励的方式，正确地将保守投资者不希望承担的风险转移给激进投资者。投资者受到更高收益的激励便愿意承担这份风险，这样他们才有可能获得超额的收益。因此，如何在不扩大风险的基础上获得一份更大的收益就成了一个极其重要的课题。我们要合理地管控风险，比如可以在风险资产中配置一些无风险资产，构成一种投资组合，这样既能获得更大的收益，也可以管控住非系统性风险。

但是目前传统的金融学理论解释中，有些人没有对货币流通速度的加快引起足够的重视，他们认为流通速度 $V$ 是由社会制度和习惯等因素决定的，长期比较稳定，视为常数。这显然和上面所述的资金量不断放大，从而引起资金流通量的加快是相悖的。

19 世纪末 20 世纪初发展起来的货币数量理论，是一种探讨总收入的名义价值如何决定的理论。该理论揭示了对既定数量的总收入应该持有的货币数量，并且认为利率对货币需求没有影响。20 世纪初，美国经济学家、耶鲁大学教授欧文·费雪在其 1911 年出版的《货币的购买力》一书中，提出了交易方程式：

$$MV=PT$$

式中：$M$ 表示一定时期内流通货币的平均数量；

　　$V$ 表示一定时期内货币的流通速度；

　　$P$ 表示商品和劳务价格的加权平均数；

　　$T$ 表示商品和劳务的交易数量总和。

一般理论解释认为，$M$ 是一个由模型之外的因素决定的外生变量；$V$ 是由社会制度和习惯等因素决定的，长期比较稳定，视为常数；在充分就业条件下，$T$ 相对产出水平保持固定的比例，也是大体稳定的，视为常数。因此，只有 $P$ 和 $M$ 的关系最重要。其中 $P$ 是被动的，$P$ 的值主要取决于 $M$ 的变化。

该方程虽然说明主要是 $M$ 决定 $P$，但当把 $P$ 视为给定价格水平时，这个交易方程式就成为货币需求函数：

$$M=（1/V）\cdot PT$$

这一公式表明，在 $P$ 不变的情况下，总交易量与所需要的名义货币量具有一定的比例关系，这个比例就是 $1/V$。换言之，要使价格保持给定水平，就必须使货币量和总交易量保持一定的比例关系。但是，传统的货币数量理论有一些缺陷与不足。

（1）前提条件。传统货币数量论是以充分就业的假定为前提的，但这种假定是不符合现实的。在非充分就业条件下，物价水平并不一定随货币数量的变化而变化。

（2）货币数量论假定了某些因素不变，如假定货币流通速度 $V$、产量以及货币持有比例不变，处于静止状态，也不深入探讨这些因素的变化过程和原因。实际上，方程式中的各要素都处于动态的不断变化之中。例如，货币流通速度有时并不是一个常数，在一定程度上受到当事人交易频率的制度因素，如结算制度、支付习惯、信用的发达程度、运输与通信条件的影响。从上面的分析我们可以清楚地看到，随着经济和技术的发展，新的金融工具不断出现，货币流通速度不是不变，而是以几何级数增长，越变越快。另外，在客观的信用货币总量运动中，并不存在可以测知的真实货币流速。在没有新货币发行的情况下，全部的货币总量运动可以分为存款和现钞的转移运动以及银行信贷放债的派生运动。存款和现钞转移运动中的实际货币流通速度，会受到社会交易习惯的影响，比如以支付宝、微信为首的电子支付的流行加快了货币流速，存款和现钞在很短时间内反复流动。银行信贷派生运动，除了受到央行的存款准备金率与"贷存比"约束以外，在很短时间内也可以多次派生。实际上还是假设了信用货币在像货物或黄金一样实际地"周转"，从而忽视了真实的信用货币总量运动。

（3）传统货币数量论没有研究方程式中各项因素之间的相互关系。除了认为货币量变动会直接引起物价同比例变动外，传统货币数量论对方程式中的其他各项因素之间的相互关系没有深入探讨。实际上，方程式中各要素都是相互作用、相互影响的。例如，货币数量的增加，会因为生产的增加或因为货币流通速度的减慢而抵消，结果物价不因货币数量增加而上涨，或不与货币数量同比例上涨。此外，物价水平并不一定是被动的，物价的变动也影响其他因素。例如，物价的上升会使人们产生物价继续上升的预期，因而人们会加快货币支出，抢购物资，减少货币持有量，结果将加快货币流通速度。

第二篇　各金融资产价格论证

第一篇研究了金融资产价格分析的一些理论问题,主要明确了:金融资产价格分析的背景,即我国目前所处的互联网大金融环境;金融资产价格分析的角度,即金融市场的主体——投资者和融资者的角度;金融资产分析的方法,即以我国金融数据为基础的实证方法等。解决了这些问题,我们就可以在各种金融资产中挑一部分笔者自己经历过的和目前教科书中描述比较不同的金融资产来做一个分析和探讨。当然这里面不一定完全正确,大家还可以讨论。另外,很多金融资产的价格还有待大家进一步的研究,以便全面地了解其他各种金融资产价格的形成机制。

# 第四章　货币市场类

## 一、银行贷款

### （一）银行贷款的定义和种类

银行贷款是银行根据国家政策以一定的利率将资金贷给有资金需求的个人或企业，并约定期限归还的一种经济行为。

根据不同的划分标准，银行贷款具有各种不同的类型。

按偿还期不同，银行贷款可分为短期贷款、中期贷款和长期贷款。

按偿还方式不同，银行贷款可分为活期贷款、定期贷款和透支。

按贷款用途或对象不同，银行贷款可分为工商业贷款、农业贷款、消费者贷款等。

按贷款担保条件不同，银行贷款可分为票据贴现贷款、票据抵押贷款、商品抵押贷款、信用贷款等。

按贷款金额大小不同，银行贷款可分为批发贷款和零售贷款。

按利率约定方式不同，银行贷款可分为固定利率贷款和浮动利率贷款等。

按《中国人民银行贷款通则》，银行贷款的分类方法如下。

#### 1. 自营贷款、委托贷款和特定贷款

自营贷款，是指贷款人以合法方式筹集的资金自主发放的贷款，其风险由贷款人承担，并由贷款人收回本金和利息。

委托贷款，是指由政府部门、企事业单位及个人等委托人提供资金，由贷款人（即受托人）根据委托人确定的贷款对象、用途、金额、期限、利率等代为发放、监督使用并协助收回的贷款。贷款人只收取手续费，不承担贷款风险。

特定贷款，是指经国务院批准并对贷款可能造成的损失采取相应补救措施后责成国有独资商业银行发放的贷款。

### 2. 短期贷款、中期贷款和长期贷款

短期贷款，是指贷款期限在一年以内（含一年）的贷款。

中期贷款，是指贷款期限在一年以上（不含一年）五年以下（含五年）的贷款。

长期贷款，是指贷款期限在五年（不含五年）以上的贷款。

### 3. 信用贷款、担保贷款和票据贴现

信用贷款，是指凭借款人的信誉发放的贷款。

担保贷款，是指保证贷款、抵押借款、质押贷款。保证贷款，是指按《中华人民共和国担保法》规定的保证方式，以第三人承诺在借款人不能偿还贷款时，按约定承担一般保证责任或者连带责任而发放的贷款。抵押贷款，是指按《中华人民共和国担保法》规定的抵押方式以借款人或第三人的财产作为抵押物发放的贷款。质押贷款，是指按《中华人民共和国担保法》规定的质押方式以借款人或第三人的动产或权利作为质物发放的贷款。

票据贴现，是指贷款人以购买借款人未到期商业票据的方式发放的贷款。票据贴现与一般贷款相比，存在以下不同点：

（1）授信对象。票据贴现是以票据为对象而不是以借款人为对象。

（2）贷款额度。贴现贷款的额度只与票据面额、贴现率和票据剩余期限有关，而不受借款用途、借款人财务状况等因素影响。

（3）资金回流方式和期限。票据贴现可通过对票据办理转贴现和再贴现提前收回资金。

（4）风险和收益。票据贴现具有比较可靠的清偿保证机制和风险分散机制，但收益低于一般贷款。

## （二）银行贷款的利率

利率，是指借款、存入或借入金额（称为本金总额）中每个期间到期的利息金额与票面价值的比率。利率是借款人向放款人所借金钱而支付的代价，亦是放款人延迟其消费，借给借款人所获得的回报。利率通常以一年期利息与本金的百分比计算。

这几年我国利率市场已经从计划经济逐步转向市场经济，利率市场化基本上已经成功。如表 4-1 所示为中国人民银行的贷款基准利率变化情况。

表 4-1　2010-2015 年中国人民银行贷款基准利率

单位：%

| 日期 | 短期贷款 | | 中长期贷款 | | | 个人住房公积金贷款 | |
|---|---|---|---|---|---|---|---|
| | 六个月内 | 六个月至一年 | 一年至三年 | 三年至五年 | 五年以上 | 五年以下 | 五年以上 |
| 2015/10/24 | 4.35 | 4.35 | 4.75 | 4.75 | 4.90 | 2.75 | 3.25 |
| 2015/8/26 | 4.60 | 4.60 | 5.00 | 5.00 | 5.15 | 2.75 | 3.25 |
| 2015/6/28 | 4.85 | 4.85 | 5.25 | 5.40 | 5.40 | 3.00 | 3.50 |
| 2015/5/11 | 5.00 | 5.00 | 5.50 | 5.50 | 5.65 | 3.25 | 3.75 |
| 2015/3/1 | 5.35 | 5.35 | 5.75 | 5.75 | 5.90 | 3.50 | 4.00 |
| 2014/11/22 | 5.60 | 5.60 | 60 | 60 | 6.15 | 3.75 | 4.25 |
| 2012/7/6 | 5.60 | 6.00 | 6.15 | 6.40 | 6.55 | 4.00 | 4.50 |
| 2012/6/8 | 5.85 | 6.31 | 6.40 | 6.65 | 6.80 | 4.20 | 4.70 |
| 2011/7/7 | 6.10 | 6.56 | 6.65 | 6.90 | 7.05 | 4.45 | 4.90 |
| 2011/4/6 | 5.85 | 6.31 | 6.40 | 6.65 | 6.80 | 4.20 | 4.70 |
| 2011/2/9 | 5.60 | 6.06 | 6.10 | 6.45 | 6.60 | 4.00 | 4.50 |
| 2010/12/26 | 5.35 | 5.81 | 5.85 | 6.22 | 6.40 | 3.75 | 4.30 |
| 2010/10/20 | 5.10 | 5.56 | 5.60 | 5.96 | 6.14 | 3.50 | 4.05 |

数据来源：中国人民银行官网

　　利率市场化是指金融机构在货币市场经营融资的利率水平。它由市场供求来决定，包括利率决定、利率传导、利率结构和利率管理的市场化。实际上，它就是将利率的决策权交给金融机构，由金融机构自己根据资金状况和对金融市场动向的判断来自主调节利率水平，最终形成以中央银行基准利率为基础，以货币市场利率为中介，由市场供求决定金融机构存贷款利率的市场利率体系和利率形成机制。自2013 年 7 月 20 日起，中国人民银行决定全面放开金融机构贷款利率管制。自2015年 5 月 11 日起，中国人民银行决定金融机构存款利率浮动区间的上限由存款基准利率的 1.3 倍调整为 1.5 倍。自 2015 年 8 月 26 日起，中国人民银行决定放开一年期以上 ( 不含一年期 ) 定期存款的利率浮动上限，标志着中国利率市场化改革又向前迈出了重要一步。自 2015 年 10 月 24 日起，中国人民银行决定对商业银行和农村合作金融机构等不再设置存款利率浮动上限。

### （三）我国银行贷款的规模

根据中国人民银行公布的 2016 年金融统计数据报告和社会融资规模存量统计数据报告，2016 年 12 月末，本外币贷款余额 112.06 万亿元，同比增长 12.8%。人民币贷款余额 106.6 万亿元，同比增长 13.5%，增速比上月末高 0.4 个百分点，比上年同期低 0.8 个百分点。

2016 年全年人民币贷款增加 12.65 万亿元，同比多增 9257 亿元。分部门看，住户部门贷款增加 6.33 万亿元，其中，短期贷款增加 6494 亿元，中长期贷款增加 5.68 万亿元；非金融企业及机关团体贷款增加 6.1 万亿元，其中，短期贷款增加 7283 亿元，中长期贷款增加 4.18 万亿元，票据融资增加 8946 亿元；非银行业金融机构贷款增加 992 亿元。

2016 年 12 月末，外币贷款余额 7858 亿美元，同比下降 5.4%。全年外币贷款减少 445 亿美元，同比少减 57 亿美元。12 月份，外币贷款减少 166 亿美元，同比多减 63 亿美元。

2016 年 12 月末，广义货币 (M2) 余额 155.01 万亿元，同比增长 11.3%，增速分别比上月末和上年同期低 0.1 和 2 个百分点；狭义货币 (M1) 余额 48.66 万亿元，同比增长 21.4%，增速比上月末低 1.3 个百分点，比上年同期高 6.2 个百分点；流通中货币 (M0) 余额 6.83 万亿元，同比增长 8.1%。全年净投放现金 5087 亿元。

根据中国人民银行的数据，2016 年全年人民币银行贷款为 106.6 万亿元，占全年广义货币（M2）的 68.78%。

由此可见，银行贷款是我国金融市场的一个主要组成部分。

### （四）银行贷款与信托贷款的比较

由银行与信托公司联手推出的信托贷款理财项目频频出现，在受到市场追捧的同时，也引起了各方的议论。那么，银行贷款和信托贷款有什么区别？信托贷款与银行贷款在具体操作上有重大差别。信托贷款与信托投资是相互结合和能互相转化的，能满足信托资金运用效率的最大化，在风险与收益的结合点上力求达到最大平衡。信托贷款的直接投资功能，使其可以在发放贷款的同时直接进行股本权益性投资，更增强了对投资项目的控制力。如果项目净资产回报率高，那么信托公司不但可以保证贷款安全，而且还可以分享企业资本的增值性收益，如果将来上市，长期投资的综合收益率较高。有的信托公司推出夹层融资，即通过股权和债权的混合融资，更是兼顾多种运用方式之利。

信托公司在阶段性信托投资时，通过公司股东回购股权的方式，将股权融资转换成债权融资，既可以以股东资格指派董事参与经营和决策，也可以在设计产品时让股东承担回购义务以及第三人对该回购义务提供担保，这就扩大了债务偿还的保障渠道。除了股权外，信托公司还可以通过附加条件转移所有权的方式购买企业的不动产、应收债权等资产，向企业融资或者以担保信托的模式为信托贷款提供担保。这些灵活的组合方式也为金融产品创新注入了新的活力。

### 1. 银行贷款和信托贷款是不同的融资工具

从表面上看，信托贷款和银行贷款是有类似之处的，但也仅是类似。它们分别属于性质完全不同的两个金融机构，有各自的业务范畴。从贷款资金的来源看，信托贷款的资金全部来源于信托资金，而信托资金直接来源于投资者；再看银行贷款的资金，则来源于各种负债和自有资金，通过银行贷款间接融资于企业。所以，信托贷款是直接融资，银行贷款是间接融资。

### 2. 承担风险不同

金融产品的法律结构影响着人们对风险的预期和处理方式。存款自愿、取款自由，这是银行的信用，所以银行要承担流动性风险。信托则受到信托财产的约束，除非信托文件约定流动性，如受益权赎回，否则受托人并不承担流动性的义务，因此不承担流动性风险。

### 3. 信托贷款具有很强的灵活性

银行贷款是比较标准化的产品。产品的价格，即利率的弹性比较小，银行为了减少管理成本，防止操作风险和道德风险，贷款的规则比较一般化。从借款人的角度衡量，则缺乏弹性；与银行贷款一刀切的风格不同，信托贷款具有很强的个性化色彩，具有很强的灵活性，主要表现为：定价灵活、风险与收益匹配灵活、放款灵活，可以满足客户的个性化需求。

## 二、银行理财产品

### （一）银行理财产品的概念

银行理财产品，即商业银行在对潜在目标客户群分析研究的基础上，针对特定目标客户群开发设计并销售的资金投资和管理计划。在理财产品这种投资方式中，银行只是接受客户的授权管理资金，投资收益与风险由客户或客户与银行按照约定方式承担。

银监会出台的《商业银行个人理财业务管理暂行办法》对于"个人理财业务"的界定是："个人理财业务是商业银行为个人客户提供的财务分析、财务规划、投资顾问、资产管理等专业化服务活动。"商业银行个人理财业务按照管理运作方式的不同，分为理财顾问服务和综合理财服务。我们一般所说的"银行理财产品"，其实是指其中的综合理财服务。银行理财产品主要有以下两类。

**1. 非保本预期收益型理财产品**

非保本预期收益型理财产品的底层资产包括债券、存款等高流动性资产，以及债权类资产或者资产组合，有固定期限和无固定期限两种方式，风险较低，本金和产品收益具有不确定性，面向的对象包括普通客户和私人银行客户。

**2. 净值型理财产品**

净值型理财产品的底层资产包括境内外高流动性资产、债权类资产、权益类投资工具以及其他资产组合，有固定期限和无固定期限两种方式，风险适中，不保障本金，风险对本金和预期收益均有影响，面向的对象主要是普通客户和私人银行客户。

银行理财产品的结构：以中短期非保本为主，其中主要投向固定收益，主要为非保本理财，多数期限在半年以下。银行发售的理财产品中，超过一半的存续期限在1~3个月，25%左右的存续期限在3~6个月，15%左右的存续期限在6~12个月，大部分产品存续期在半年以下，也有部分产品存续期在一年以上。

银行理财产品的基础资产：固定收益类占比高。根据以各资产为基础资产的理财产品的数量的统计，银行理财产品整体结构变化不大，股票类产品占比在2016年之后有所上升，但依然与比较小。

## （二）我国银行理财产品的现状

2015年，我国宏观经齐增速持续放缓，年度GDP增速创十年新低（6.9%），其中固定资产投资增长10% 同比下降5.7个百分点；进出口数据同比萎缩7.5%。就信贷市场而言，2015年最显著的冲击来自利率市场化和P2P乱象。在这样的背景下，我国银行理财产品的规模仍然持续增长。

截至2015年年底，各类银行理财存续产品60879只，账面余额超过23.5万亿元，同比增加8.48亿元。无论从存续产品数还是存量规模来看，我国银行理财产品的规模仍有增长。

**1. 发行情况**

根据 Wind 统计数据，2015 年我国 414 家银行共发行理财产品达 7.88 万只，募集金额达 47.3 万亿元，较上年增加 9%；但和上个年度相比，发行数量和增速都有所下滑。其主要原因是：第一，资产管理牌照的放松使得银行理财业务垄断优势缩小，券商、基金、保险、信托等机构乘机大规模扩张，蚕食了银行理财的市场份额。第二，银行理财产品在以前很大程度上充当银行调整存贷比监管指标的角色，即季末的下一个月都会出现巨额的存款负增长现象，然而，随着同业和大额存单的推出，取消存贷比限制、逐渐放开利率管制等措施的实施，传统银行理财业务作为存贷款替代工具的作用被削弱了。第三，2015 年上半年股票市场的大牛市对银行理财市场的资金产生了一定的"虹吸效应"，对银行理财业务造成冲击。

从投资者类型来看，据中债登披露的数据，2015 年一般个人类理财产品募集金额占 64.10%，机构专属类理财产品募集金额占 22.98%，银行同业类理财产品募集金额占 7.27%，私人银行类理财产品募集金额占 5.68%。一般个人类投资者占比很高，说明我国银行理财市场的客户以个人为主。这与目前我国银行在渠道、网点及客户资源上的巨大优势有关。

从期限结构上看，根据 Wind 披露的数据，历年银行理财产品的期限结构较为稳定，三个月以内的短期理财产品占比达到 65%，半年以内的理财产品占比达到 85%，一年以上的理财产品占比只有 1% 左右。这种以短期产品为主的期限结构与银行将理财产品作为规避存贷比监管并将其作为存贷款的一种替代工具有很大关系。

从风险等级角度来看，根据银监会发布的《商业银行理财产品销售管理办法》，商业银行应当对客户风险承受能力进行评级，确定客户风险承受能力等级。等级由低到高划分为五级，最低风险等级（即一级）的产品适合所有的投资者购买，几乎等同于无风险产品。根据中债登披露的数据，2015 年发行的理财产品中，风险等级为一级与二级的理财产品占比近 86%，风险等级为四级与五级的理财产品合计只有0.5%。总体来说，目前银行发行的理财产品还是以低风险产品为主，高风险产品占比很低，可见银行理财产品安全性整体较高。

从收益类型角度来看，2015 年新发行的理财产品中，非保本型产品规模上升，保本固定型产品规模下降，保本浮动型产品规模与 2014 年基本持平。2015 年，非保本型产品占整个理财市场的比例为 69.8%，较 2014 年年底上升 2 个百分点；保本浮动收益型产品占整个理财市场的比例为 20.6%；保本固定型产品占整个理财市场的比例为 9.6%，较 2014 年年底下降 2 个百分点。最近银保监会规定，所有理财产品都不能保本保息。

从银行理财的基础资产来看，2015 年非标产品的占比最高，达 42.06%，比上一年度提高 8 个百分点。以国债、金融债、央行票据、企业债为主要投资方向的债券占比从 27.43% 降至 24.59%，与境内外货币的利率挂钩的理财产品占比从 31% 降至 27%，相比之下，与股票、信贷资产、票据和大宗商品期货挂钩的产品仍然占非常小的份额。非标产品的大幅增长体现了银行在激烈的市场竞争压力下，为提高资产端的收益率而不断做出努力。

**2. 投资情况**

受竞争压力、行业监管及市场需求驱动，银行理财业务创新不断提速——以同业通道为桥梁，银行理财产品覆盖了货币、利率、汇率、资本、商品、产权和债权等多个市场，较大程度上满足了居民与企业的财富管理需求。根据 Wind 披露的数据，银行理财产品的基础资产中债券等安全性较高的资产占比在 50% 以上，这与银行理财产品追求较高的安全性有关。同时值得关注的是，"其他类资产"占比在 2015 年大幅上升，达到 42%。我们认为，"其他类资产"大部分投资于非标债权类资产。非标产品比例的大幅提高，说明了银行在大资管环境下不得不提高风险资产比例，以满足投资者对收益率的需求。

截至 2015 年年底，银行理财产品所投资的非标资产中，评级为 AAA 的占比为 15.10%，评级为 AA+ 的占比为 16.13%，评级为 AA 的占比为 25.75%，评级为 A- 以下的占比仅为 6.33%。这说明银行理财产品投资于非标资产的部分安全性也较高。

截至 2015 年年底，有 15.88 万亿元的理财资金通过配置债券、非标资产、权益类资产等方式投向了实体经济，占理财资金投资各类资产余额的 67.09%，比 2014 年增加 5.17 万亿元，增幅为 48.27%。从行业方向来看，银行理财资金投资规模最大的五个行业依次为：土木工程建筑、公共设施管理、房地产、道路运输、电力热力生产和供应等，合计占比为 46.42%。这其中不少是在银行间交易市场中发行的企业短期融资和中期债券。

## （三）银行理财产品的收益

银行理财产品的收益，一般用预期收益率和实际收益率来表示。

预期收益率：当前绝大多数在 3%~8%。根据 Wind 披露的数据，2015 年以来发售的银行理财产品预期收益率绝大多数（超过 90%）在 3%~8%，仅不到 4% 的理财产品能获得 8% 以上的高收益率。

实际收益率：对已公布收益的银行理财进行统计，发现绝大部分银行理财均能实现兑付，实际收益率等于预期收益率的理财产品占绝大部分，只有少数理财产品实际收益率大于和小于预期收益率。

当前在售产品预期收益率上限排名前十的银行理财产品均为非保本产品，交通银行和平安银行的结构化理财居多（见图4-1）。2017年在售的理财产品中，收益上限最高的十只理财产品均为交通银行和平安银行发售。

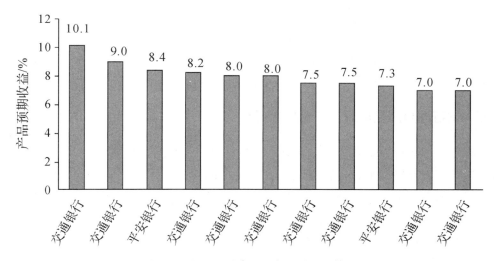

图 4-1　银行理财产品预期收益上限排名

根据中债登披露的数据，2015年，银行理财市场累计兑付客户收益8651.0亿元，比2014年增长1529.7亿元，增幅21.48%。其中，封闭式非净值型理财产品加权平均兑付客户年化收益率为4.68%，比2014年下降38个基点；封闭式净值型理财产品加权平均兑付客户年化收益率为4.97%，比2014年下降10个基点。另外，开放式非净值型理财产品加权平均兑付客户年化收益率为3.72%，比2014年下降17个基点。2015年，终止到期的理财产品中有44只产品出现了亏损，主要为外资银行发行的结构化理财产品，占全部终止到期产品的0.03%，亏损理财产品本金的平均偿还率是89.24%。

从2015年新发行的银行理财产品预期收益率来看，根据Wind披露的数据，九成多的理财产品预期收益率在3%~8%，其中预期收益率在3%~5%的产品占比为47.54%，预期收益率在5%~8%的产品占比为45.73%。目前银行理财产品以6个月内短期限品种为主。考虑到目前我国银行存款利率水平较低，而理财产品的"预期收益率"较高，对银行来说，通过银行理财产品吸纳资金的成本较高，这对银行理财资金的投资水平提出了较高的要求。

从投资者类型角度来看，理财产品兑付客户收益率也有所区别。2015年，封闭式非净值型理财产品中，私人银行类产品因为要承担较高的风险，加权平均兑付客户年化收益率最高，为 5.53%；其次为一般个人类产品，加权平均兑付客户年化收益率为 5.04%；而机构专属类产品加权平均兑付客户年化收益率最低，为 4.11%。开放式非净值型理财产品中，私人银行类产品加权平均兑付客户年化收益率最高，为 4.73%；银行同业类产品加权平均兑付客户年化收益率最低，为 3.23%。

从理财产品发行银行性质来看，2015 年，城市商业银行加权平均兑付客户年化收益率最高，为 5.06%；其次为农村金融机构，为 4.99%；国有大型银行为 4.71%；全国性股份制银行为 4.61%；外资银行最低，为 3.51%。

## （四）银行理财产品与 P2P 产品的区别

P2P 是 peer-to-peer 的缩写，peer 有"同行者""同事""伙伴"等意义。P2P 是指通过第三方互联网平台进行资金借、贷双方的匹配，需要借贷的人群可以通过互联网平台寻找到有出借能力且愿意基于一定条件出借的人群，帮助贷款人取得借款，也帮助借款人在充分比较的信息中选择有吸引力的利率条件。

在我国，最早的 P2P 网贷平台成立于 2006 年。直到 2010 年，P2P 网贷平台才被许多创业人士看中，开始陆续出现了一些试水者。2011 年，P2P 平台进入快速发展期，一批网贷平台踊跃上线。2012 年，我国网贷平台进入爆发期，达到 2000 余家，比较活跃的有百余家。据不完全统计，仅 2012 年，国内含线下放贷的网贷平台全年交易额已超百亿元人民币。2013 年全年，P2P 行业总成交量 1058 亿元，呈现爆发式增长。

P2P 网贷理财产品和银行理财产品的主要区别如下：

（1）投资门槛：P2P 网贷低、银行理财高。银行理财产品的起购金额高，大多数都需要五万或十万元的起步金额，而 P2P 则很低，大多数都是 1000 元起。

（2）年化收益率：P2P 网贷高、银行理财低。据数据统计，2014 年上半年所有银行理财产品平均收益率为 5.2%，而 P2P 网贷产品，最低的收益率（以一年期为例）也有 7%~8%。

（3）手续费：P2P 网贷收费少、银行理财收费项目繁多。银行理财需要收取手续费、托管费、管理费等多种项目，无形中减少了理财投资者的收益。而 P2P 网贷平台中一般仅收取少量的充值提现手续费和服务费，甚至有些平台连提现手续费都不收。P2P 网贷平台的收费内容更加透明。

（4）流动收益：P2P 网贷流动性高、银行理财到期付。银行理财大多数都是一次性付清本息，这就导致资金的流动性大打折扣，而规范的 P2P 网贷则不同，大多采用等额本息的还款形式，每个月都会有资金返回到账户上。除此之外，如果急需用钱，大多数 P2P 网贷平台都有债券转让服务，加大了资金的流动性。

以上是 P2P 网贷平台的理想模式，但是对 P2P 网贷平台的监管一开始几乎是空白的，直到 2015 年十部委下发《互联网金融指导意见》才逐步开始规范。P2P 行业鱼龙混杂，一些 P2P 网贷平台为了扩大影响或为了赚钱，风险管理非常松懈，导致大量客户损失惨重。我国从 2016 年开始逐步整顿，到目前为止还在完善之中。有些省份已经暂停了 P2P 业务。

而银行理财产品虽然也有风险，但银行风险控制得比较好，违约率很低，所以 P2P 网贷的规模和银行理财产品仍是无法相比的。

# 三、票据融资

## （一）票据融资的概念

票据融资是指票据持有人在资金不足时，将商业票据转让给银行，银行按票面金额扣除贴现利息后将余额支付给收款人的一项银行授信业务，持票人以该票据向银行申请贴现套取资金，实现融资目的。票据是市场经济不断发展的产物，现已成为资金融通和结算过程中必不可少的工具。在国内，银行承兑汇票（银票）和商业承兑汇票（商票）被广泛使用，是买方向卖方进行支付的一种常用方式。过去，票据作为支付手段的功能得到了充分运用和强调；而近年来，票据的融资功能也日益被企业和银行所推崇。

中国人民银行颁布的《商业汇票办法》中，对贴现票据作了如下规定：

贴现的对象：商业汇票的收款人或被背书人需要资金时，可持未到期的商业承兑汇票或银行承兑汇票并填写贴现凭证，向其开户银行申请贴现。这从原则上规定了贴现对象，即汇票的收款人或被背书人都可申请办理贴现，并且只能向其开户银行申请办理。之所以作如此限制，就在于如未开户的银行为其办理贴现，一旦发生退票，持票人不便追索票款。

贴现期限：贴现的期限从其贴现之日起至汇票到期日止。

贴现利率：略低于信用贷款相应利率，是考虑到贴现先收利息的复利因素。

贴现利息：按实际贴现天数计算。其计算公式是：

贴现利息 = 贴现票据票面金额 × 实际贴现天数 ( 贴现日至汇票到期的前一日 ) × ( 月贴现率 /30)

实付贴现金额：按票面金额扣除贴现日至汇票到期前一日的利息计算。其计算公式是：

$$实付贴现金额 = 汇票金额 - 贴现利息$$

## （二）票据融资成本（贴现率）

### 1. 银行承兑汇票查复利率（2017 年）

大型商业银行和全国股份制银行报价区间在 3.20%~3.24%；

城市商业银行报价区间在 3.34%~3.37%；

农村商业银行报价区间在 3.59%~3.62%。

### 2. 银行承兑汇票买断利率（2017 年）

大型商业银行和全国股份制银行报价区间在 3.29%~3.34%；

城市商业银行报价区间在 3.40%~3.45%；

农村商业银行报价区间在 3.63%~3.66%。

## （三）我国票据融资的规模

2016 年，受经济增速放缓、风险事件频发、监管趋严以及金融行业"去杠杆"等因素影响，票据市场整体保持活跃但略有回落。前三季度，企业累计签发商业汇票 13.6 万亿元，同比下降 18.1%；三季度末商业汇票未到期金额 9.5 万亿元，同比减少 10.7%，承兑环节首次出现大幅下降，说明实体经济有效资金需求不足，经济增速仍处于寻底阶段。前三季度，金融机构累计贴现 70.2 万亿元，同比下降 6.7%，票据交易量首次出现负增长，说明市场风险提高，金融机构交易意愿下降；三季度末贴现余额 5.7 万亿元，同比增长 32.5%，呈逐月上升趋势，占各项贷款比重 5.5%，同比上升 0.8 个百分点，整体信用环境不佳，银行不良贷款率上升，导致惜贷情绪出现，银行更愿意将更多资源投放在收益率偏低但具有银行信用担保的银行承兑汇票上。因此，中国人民银行召集多家银行进行窗口指导，要求控制票据转贴现额度。

## （四）票据融资与银行贷款的比较

票据业务的主要特点是"两高两低"，即高收益、高流动、低风险、低资本占用。目前，票据按信贷规模进行统计，但不能按普通信贷业务进行管理和操作。票据贴现和发放贷款，都是银行的资产业务，都是为客户融通资金，但两者之间有本质差别。

（1）基础关系不同。前者必须有真实的贸易背景，而后者不一定是贸易。

（2）主债务人不同。前者承兑行为主债务人，即付款人；而后者借款人即债务人，即付款人。

（3）当事人之间关系不同。前者贴现行与贴现申请人之间是给付对价的关系，即买卖关系；而后者贷款人与借款人之间是借贷关系，即债权债务关系。

（4）执行利率不同。前者实行市场化利率，即双方可以议价；而后者执行法定利率，即只能在中国人民银行规定的利率幅度内定价。

（5）所需资料不同。前者，贴现申请人办理贴现必须具备下列条件：第一，是在银行开立存款账户的企业法人或其他组织；第二，与出票人或者直接前手之间具有真实的商品交易关系；第三，提供与其直接前手之间的增值税发票和商品发运单据复印件。在此基础上，各银行根据自己的情况有所补充。而后者所需资料众多，如公司章程、最近三年的财务报表等，手续繁杂、流程较长。

（6）业务受理范围不同。前者可以跨地域办理；而后者必须在所辖地区办理。

（7）流动性不同。前者，票据贴现后，贴现行可将票据进行转贴现、再贴现、回购、买入返售等，从而实现资金的迅速回笼；而后者是有固定期限的，回收和卖出很困难。可见，前者的流动性远强于后者，它可以及时、有效地调节和优化资产结构。

（8）风险权重不同。前者银行承兑汇票是银行信用，风险权重较低；后者是商业信用，风险权重较高，它们对资本充足率等指标的影响不同。

（9）利息收取方式不同。前者是先扣除利息再划款，即事前收息；后者是先贷款，之后定期收取利息或者到期利随本清。

（10）期限不同。前者期限最长不得超过6个月；后者根据借款人的需求不同，期限长短不一。

（11）收益获取途径不同。前者主要靠流转，靠累计叠加效应；而后者主要靠固定的利息收入。

（12）企业融资成本不同。前者融资成本通常要比后者低，手续亦简单便捷，有利于加速资金周转，提高资金利用效率。

（13）资金使用范围不同。前者贴现的资金如何使用，申请人拥有完全自主权；而后者有规定的用途。

综上所述，票据业务是一种融资性很强的资金业务，全国大多数银行都把这项业务放到资金部门进行经营，有些银行还专门成立了票据专营机构。实践证明，做大做强票据业务的前提是必须充分认识此项业务、科学定位，才能使这项业务在健康的轨道上快速发展。

# 四、货币市场基金

## （一）货币市场基金的概念

货币市场基金是投资于货币市场的投资基金，主要投资于短期货币工具，如国债、银行大额可转让存单、商业票据、公司债券等品种。与传统的基金相比，它具有以下特点：

（1）货币市场基金的单位资产净值是固定不变的，一般一个基金单位是1元，这是与其他基金最主要的不同点。投资货币市场基金后，投资者可利用收益再投资，增加基金份额，投资收益就不断累积。

（2）货币市场基金的评价标准是收益率，这与其他基金以净资产价值增值获利不同。

（3）货币市场基金的流动性好、安全性高。

（4）货币市场基金的风险低、投资成本低。货币市场基金的到期日通常很短，货币市场基金投资组合的平均期限一般为4~6个月，因此风险较低，其价格通常只受市场利率的影响。货币市场基金通常不收取赎回费用，并且管理费用也较低，货币市场基金的年管理费用大约为基金资产净值的0.25%~1%，比传统的基金年管理费率（1%~2.5%）低很多。

货币市场基金除具有收益稳定、流动性强、购买限额低、资本安全性高等特点外，货币市场基金通常还被作为进行新的投资之前暂时存放现金的场所，这些现金可以获得高于活期存款的收益，并可随时撤回用于投资。一些投资人大量认购货币市场基金，然后逐步赎回用以投资股票、债券或其他类型的基金。许多投资人还将以备应急之需的现金以货币市场基金的形式持有。有的货币市场基金甚至允许投资人直接通过自动取款机抽取资金。

## （二）货币市场基金的价格和收益率

### 1. 货币市场基金申购和赎回的计算公式

（1）申购份额的计算公式：

净申购金额＝申购金额 ÷（1 ＋申购费率）

申购费用＝申购金额－净申购金额

申购份额＝净申购金额 ÷ 申购当日基金份额净值

（2）赎回额的计算公式：

赎回总额＝赎回份额 × 当日基金份额净值

赎回费用＝赎回总额 × 赎回费率

赎回净额＝赎回总额－赎回费用

### 2. 收益份额计算公式

份额 ＝ 投资金额 ×（1 －认／申购费率）÷ 认／申购当日净值 ＋ 利息

收益 ＝ 赎回当日单位净值 × 份额 ×（1 －赎回费率）＋ 红利－投资金额

### 3. 货币市场基金的收益率的相关因素

货币市场基金的收益率与利率水平高度正相关。货币市场基金的收益率受货币政策和可投资的货币市场工具收益率等综合因素的影响，而银行利率一般会同向地、间接地影响货币市场工具收益率水平。也就是说，当银行利率调高时，货币市场基金的投资对象如央行票据、短期债券、债券回购、同业存款等产品的利率也会相应随之升高，这就使得货币市场基金收益率随着利率的调高而上升。Shibor（上海银行间同业拆放利率）是一个参考利率，可以反映市场资金宽裕程度，如果资金充裕，利率就低，反之就上涨。无论是存贷款利率、货币市场利率，还是金融期货或衍生品，定价都以它为基准。我们将货币市场基金历史收益数据与 Shibor 进行对比，发现货币市场基金的收益率与 Shibor 的相关度非常高。

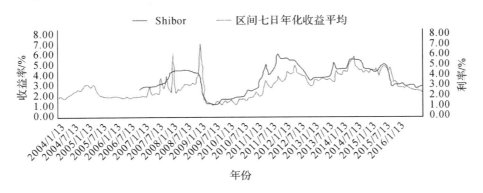

图 4-2　货币市场基金收益率（月度）与 Shibor（3 月）的关系

货币市场基金收益率与股市指数有一定负相关，但不显著。在国外，货币市场基金堪称市场的风向标，如果资金大规模从货币市场基金流向股票型基金，就说明股市的投资价值出现。在国内，货币市场基金也呈现这一特点。这一特点更显著地表现在规模的变化上，而不是收益率的变化上。事实上，货币市场基金的收益率和股市大盘的走向，都受到资金面的影响，但两者所受影响的程度和必然性都不相同。从历史数据来看，货币市场基金的收益率与股市有一定的反向关系，但这一关系在统计上是不显著的。

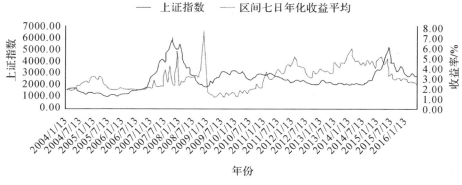

图 4-3　货币市场基金收益率（月度）与股市的关系

　　货币市场基金收益率与债市收益率有一定正相关关系，但不显著。由于货币市场基金的资产主要投资于短期货币工具，如国库券、商业票据、银行定期存单、银行承兑汇票、政府短期债券、企业债券等短期有价证券，因此货币市场基金的收益率从理论上来说，应该与债券市场的收益率高度相关。但由于债券市场同时也包含了大量长期工具，这些工具对总体债市的影响更大，所以从月度收益率的数据上看，货币市场基金收益率与债市收益率有一定正相关关系，但从统计上来说是不显著的。

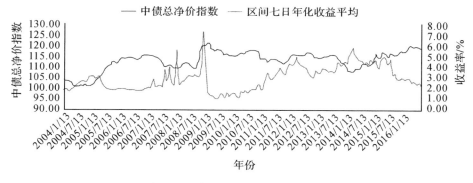

图 4-4　货币市场基金收益率（月度）与债市的关系

### 4. 我国货币市场基金的历史收益情况

　　从货币市场基金的季度平均七日年化收益率来看货币市场基金的历史收益情况（见图 4-5），2004—2005 年年初，货币市场基金的收益率逐渐上升，主要原因是当时银行大量推出人民币理财产品，这些理财产品的投资标的与当时的货币市场基金的投资标的有所重复，需求的增长导致价格上涨，于是货币市场基金获得了一定的资本利得（价差收入）。但总体来说，2004—2006 年存款利率都很低，因此货币市场基金的收益率维持在较低的水平。2007 年，随着存款利率的逐渐上升，货币市场基金投资对象的收益率逐渐上升，货币市场基金的收益率也随之上升。货币市场基金的收益率在 2009 年达到最低，当时流动性极度宽松，货币市场基金收益率下降到历史最低水平（1.4%），2010 年之后收益率随着流动性逐渐收紧以及政策利好逐渐上升。在 2013 年两次"钱荒"（指由于流通领域内货币相对不足而引发的一种现象）的作用下，货币市场大为震动，市场上流动性季度紧缺，货币市场基金因此在 2014 年出现历史最高收益。2014 年以来，央行多次降息，一年期定存利率从 2014 年年底的 2.75% 下降到 1.50%，货币市场基金的收益率也随之下降。

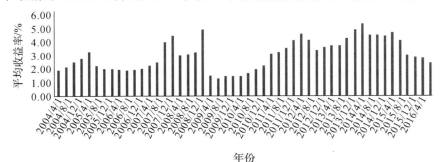

图 4-5　货币市场基金 2004-2016 年的季度平均收益率

### （三）我国货币市场基金的历史与现状

#### 1. 我国货币市场基金的历史

2003 年 12 月 30 日，国内第一只货币市场基金——华安现金富利 A 成立。

2011 年年末，证监会发布《关于加强货币市场基金风险控制有关问题的通知》，不再将协议存款视作定期存款，使得协议存款突破了投资定期存款比例不得超过30% 的限定，同时还取消了对货币市场基金提前支取协议存款的规定，使得货币市场基金能够以活期存款的支取方式实现定期存款的利率水平。这一政策红利为货币市场基金在其后两年提供了"超额回报"的可能，推动货币市场基金规模快速扩大。

2013 年，在"钱荒"的作用下，货币市场基金的收益突飞猛进。

2013 年以来，互联网技术的发展使得电子商务和第三方支付渗透率大大提升，投资者对于现金管理的需求加强。货币市场基金本身进行了许多产品上的创新，余额宝作为互联网金融产品的代表应运而生，其依托淘宝和支付宝积累的大量用户得以快速发展，开启了全民理财时代。而场内货币市场基金的诞生，大大提高了资金使用效率，进一步推动了货币市场基金的发展。

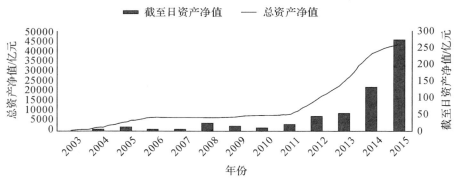

图 4-6　货币市场基金发展的几个阶段

### 2. 我国货币市场基金的现状与规模

2012 年以来，在政策红利与技术发展、产品创新的共同作用下，货币市场基金发展迅速。截至 2015 年年底，货币市场基金共 262 只，占比 9.74%，资产净值达到45761 亿元，占比 54.83%，如图 4-7 所示。

**表 4-2　银行理财产品预期收益上限排名**

| | 货币市场型基金 | | | | |
|---|---|---|---|---|---|
| 截止日期 | 总数/只 | 占公募基金总数比重/% | 截止日份额/亿份 | 占公募基金总份额比重/% | 截止日资产净值/亿元 | 占公募基金总净值比重/% |
| 2003年 | 2 | 1.82 | 45.83 | 2.80 | 42.54 | 2.48 |
| 2001年 | 10 | 6.21 | 634.09 | 19.16 | 645.1 | 19.80 |
| 2005年 | 26 | 11.93 | 1867.90 | 39.62 | 1867.8 | 39.82 |
| 2006年 | 40 | 12.99 | 794.88 | 12.78 | 794.88 | 9.28 |
| 2007年 | 40 | 11.56 | 1110.46 | 4.97 | 1110.46 | 3.39 |
| 2008年 | 40 | 9.11 | 3891.74 | 15.12 | 3891.74 | 20.07 |
| 2009年 | 43 | 7.72 | 2595.27 | 10.58 | 2595.27 | 9.72 |
| 2010年 | 46 | 6.53 | 1532.77 | 6.33 | 1532.77 | 6.14 |
| 2011年 | 51 | 5.58 | 2948.95 | 11.12 | 2948.95 | 13.60 |
| 2012年 | 95 | 8.09 | 7074.89 | 22.42 | 7075.41 | 25.30 |
| 2013年 | 148 | 9.54 | 8801.44 | 28.23 | 8802.29 | 30.06 |
| 2014年 | 230 | 12.16 | 21900.73 | 51.95 | 21873.84 | 49.14 |
| 2015年 | 262 | 9.74 | 45763.00 | 59.54 | 45761.33 | 54.83 |

资料来源：Wind，凯石金融产品研究中心

根据美国投资公司协会（ICI）最新发布的数据，2016 年度中国货币市场基金规模达到了 6169 亿美元，最近 3 年来增加了近 5000 亿美元，超过了爱尔兰、法国、卢森堡等国家，排名全球第二。该年度美国的货币市场基金规模达到了 2.73 万亿美元，最近 3 年来只增加了 100 亿美元。

中国货币市场基金规模之所以能全球排名第二，很大程度上是因为中国人口众多，特别是余额宝等互联网基金吸引大量小客户参与货币市场基金投资。2016年基金年报显示，中国货币市场基金总持有人户数达到4.2亿户，其中阿里巴巴旗下余额宝一只基金就有3.25亿户，超过了美国的人口总数。

中国基金业另一个全球排名较高的数据是净销售额，2016年全年开放式基金净销售额为1227亿美元，高于德国和卢森堡的基金净销售额，排名全球第四，仅次于美国、爱尔兰和日本。

### （四）货币市场基金与其他金融工具的比较

#### 1. 与银行理财产品的比较

货币市场基金和银行理财产品都是投资者广泛选择的理财方式，尤其是初级投资者。货币市场基金与银行理财产品的主要区别在哪里呢？对于货币市场基金来说，其资金主要投向短期债、央行票据、债券回购等，与银行理财产品投资范围大致相同。两者的差别主要集中于安全性、收益率、流动性、灵活性、起购点等方面。

（1）从安全性上看，货币市场基金更强。作为基金产品，货币市场基金既受《信托法》保护，也受《基金法》保护，基金资产必须托管在具有托管资格的银行，且其账户设立和运作均严格独立于基金管理人和托管人，确保了基金资产的安全性和独立性。同时，有关部门专门出台了针对货币市场基金的管理规定，对于货币市场基金的投资范围和期限结构等都有明确的规则和限制，对基金的信息披露也有严格要求。因此，相对于目前银行发行的理财产品而言，货币市场基金的运作相对更加透明，风险监控的机制措施也更加严格和完备。

（2）从收益率来看，两者相差不大。银行理财产品的收益率比较固定，不过货币市场基金具有税收优惠效应，就是基金分红不仅对个人投资者可免利息税，企业也可按规定免所得税。

（3）从流动性上看，货币市场基金更高。银行理财产品均有一段时间的锁定要求，而货币市场基金一般没有，所以流动性有十分突出的优势。货币市场基金可随时申购、赎回，提出赎回申请后一般两天内款项就可到账。

（4）从灵活性上看，货币市场基金更大。银行理财产品不像其他产品可以相互转换，即使是同产品不同期限也不存在转换空间。货币市场基金则可与同一基金公司旗下其他类型的基金产品相互转换，使投资者在投资货币市场的同时，也可十分及时、方便地捕捉资本市场的机会。

（5）从起购点上看，货币市场基金更低。银行理财产品购买起步多为50000元，投资起点相对较高。而货币市场基金的认购起点多在1000元左右。

### 2. 与债券基金的比较

货币市场基金是一种开放式基金，投向货币市场，以投资于债券、央行票据、回购等安全性极高的短期金融品种为主；而债券基金是专门投资于债券的基金，主要是国债、金融债和企业债。两者的主要区别如下：

（1）投资标的不同。债券基金最主要的品种如中央银行票据等银行间交易的，是普通个人投资者无法参与的；而货币市场基金主要投资于短期货币工具，如国债、商业票据等。

（2）风险规避不同。债券基金通过对不同种类和期限结构的债券品种进行投资组合，会比单只债券创造更多的潜在收益，也能够在一定程度上规避部分利率风险和流动性风险；货币市场基金则做不到。

（3）流动性不同。货币市场基金的收益仅高于银行的定期存款利率，随时可以赎回，资金一般可在申请赎回的第二天到账，所以货币市场基金非常适合追求低风险、高流动性、稳定收益的单位和个人。

# 第五章 债券类

## 一、国债发行

国债，又称国家公债，是国家以其信用为基础，按照债券的一般原则，通过向社会筹集资金所形成的债权债务关系。在各类金融工具中，国债作为市场的基准投资收益回报率，具有低风险、低收益的特点。国债发行不仅为国民经济发展提供了大量建设资金，也在一定程度上满足了社会各类投资者的投资需要。同时，不断扩大的国债发行规模，为金融市场提供了更多的流动性，有利于活跃和稳定金融市场，保证财政政策和货币政策的有效实施。1949 年我国首次发行国债，称为"人民胜利折实公债"；1958 年国债发行中止；1981 年恢复发行国债。人民币债券占据当前中国债券市场的绝大部分份额，占托管量和交易结算量的 99% 以上。到 2017 年国债发行数量 1290只，规模达 8.3 万亿元，存量已达 27.8 万亿元，交易量突破 200 万亿元。

国债发行市场又称国债一级市场，从狭义上看，它指国债发行者将新的国债销售给投资者的场所；从广义上看，这一场所已经不是单纯地指出售国债的有形柜台，而是泛指实现国债销售的完整过程。目前，我国国债采用市场化的招投标发行方式已经有十多年的历史，在一级市场招投标的系统建设、技术支持、招投标方式、参与者成熟程度等方面已经具备足够的经验和基础。目前国内国债发行方式已经和国外市场化程度相当，但在市场对冲工具方面依然和国外市场存在一定差距，市场参与主体方面也仅限于承销团成员，市场参与广度不如国外。

### （一）国债发行条件

国债发行条件是指国家对发行的国债以及与发行有关的方面所作的规定。

#### 1. 发行额度

发行额度是指每次国债发行的计划数量。发行额度的决定权限，主要掌握在中央政府手中，但也会受到立法机构的限制。

### 2．发行对象

发行对象是指可以购买某种国债的人。指定发行对象实际上就是指定国债承购者的范围。

### 3．发行费用

发行费用属于发行成本范畴。从广义的角度看，国债发行成本包括额外损失、国债利息和发行费用三项。额外损失是指国债发行使国债承购者的经济行为发生变化而带来的福利损失。在强制发行的情况下，这种福利损失表现得尤为明显，但是目前的研究水平还很难对其量化。

### 4．发行价格

发行价格是指国债在发行期间的出售价格。对于国债投资者而言，这一价格也是他接受新发行债券的购买价格。国债发行价格的种类，通常就是根据它与国债票面额的关系来划分的，一般分为平价发行、溢价发行和折价发行三种。

影响国债发行价格的主要因素是国债票面利率与市场利率的相对变动。如果国债票面利率高于市场利率，发行价格就有可能高于票面额；如果国债票面利率低于市场利率，发行价格就有可能低于票面额；只有两者大体一致时，才宜采用平价发行。

此外，还有一些其他因素也会影响国债发行价格的高低，主要有：

（1）国债信用程度。信誉高的国债，其安全性较强，对投资者的吸引力大，发行价格就可以高一些；反之就要定得低一些。在国际金融市场上当多个国家的国债同时发行时，这一点较能体现。

（2）国债市场流通程度。流动性强的国债一般对投资者有较强的吸引力，所以，在其他条件同等的情况下，国债的流动性越强，其发行价格可以越高；反之，流动性差，发行价格就要低。

（3）国债期限的长短。一般情况下，期限与利率同向变化，期限长则利率高，期限短则利率低。

### 5．发行时间

国债发行时间也是国债发行条件之一，它是指国债正式向社会销售的时间。对于公募性质的国债，其发行时间一般要在发行前向社会公告。由于国债的发行量比较大，因此其发行时间不一定只是一天，而可能是一段时间，即确定一个发行期。

### 6．发行凭证

国债的发行凭证是记录国债债权债务关系的合法证明。对于国债发行者，签发凭证表明其债务的开始；对于国债承购者，得到凭证表明其债权已经确定。因此，国债凭证的签发一般是在收到国债认购款项的当时。

### 7．国债发行公告

国债发行公告并非国债发行条件，但是许多国债发行条件记载于国债发行说明书中。一般来说，对于公募性质的国债，一旦决定发行，就必须将有关事项公布于众。国债发行公告是指这一类公布有关国债发行事宜的文件。

### 8．其他条件

其他条件包括国债期限、发行利率、发行方式、流通方式、付息方式、还本方式、国债课税等。

## （二）国债利率变化

我们统计了 2000 至 2017 年近 350 只国债，根据年限，分成 1 年期、3 年期、5 年期、7 年期、10 年期、15 年期、20 年期、30 年期以及 50 年期国债，绘制其同样年份各发行变化曲线，并对其进行分析。由于我们所统计的数据中，1 年期国债在 2001 至 2005 年数据过少，不具说服力，暂时不分析这一段时间。由图 5-1 可以看到，自 2006 年起，1 年期国债利率呈上下均匀波动趋势，并且多数维持在 2%~3%。

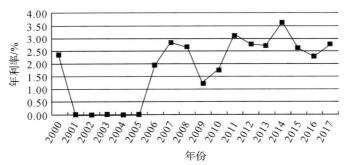

图 5-1　1 年期国债利率波动情况

在图 5-2 中，3 年期国债利率波动也较为平缓，各年利率都维持在 2.00% 以上，和 1 年期国债相比，利率水平明显较高。

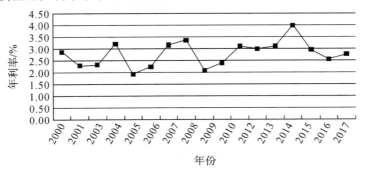

图 5-2　3 年期国债利率波动情况

在图 5-3 中，5 年期国债利率波动曲线在 2004 年出现较大波动，其他年份波动幅度不大，并且最高利率水平高于 3 年期国债。

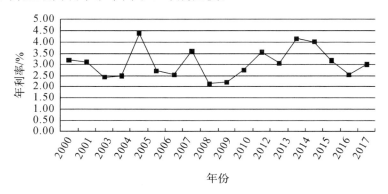

图 5-3　5 年期国债利率波动情况

在图 5-4 中，除 2004 年外，7 年期国债利率波动极其平稳，维持在 3%~4%，并且大多数年份利率均高于 5 年期国债。

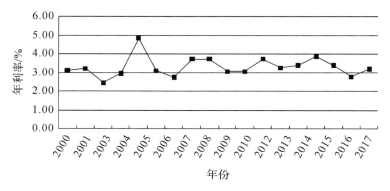

图 5-4　7 年期国债利率波动情况

通过对比发现，10 年期国债利率变化曲线（见图 5-5）和 7 年期国债利率变化曲线大体一致。

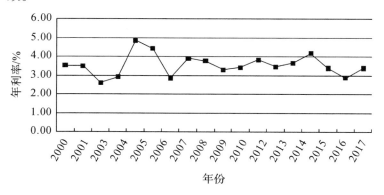

图 5-5　10 年期国债利率波动情况

对数据进行统计后发现，15 年期国债数据过少，只能绘制出几年的数据曲线，大致如图 5-6 所示。

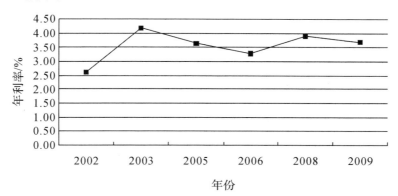

图 5-6　15 年期国债利率波动情况

在图 5-7 中，20 年期国债利率在 3.00%～5.00% 平稳波动，多数在 4.00% 左右。

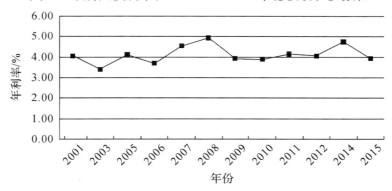

图 5-7　20 年期国债利率波动情况

图 5-8 缺少 2004 至 2006 年的数据，不过从收集到的数据还是可以看出，30 年期国债利率在 2003 年时过低。2007 年之后，利率在高位徘徊。

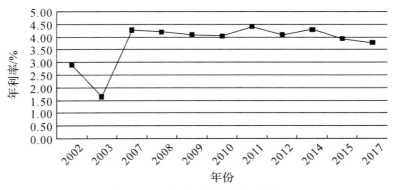

图 5-8　30 年期国债利率波动情况

在图 5-9 中，50 年期国债利率在 2009—2016 年期间波动平稳。

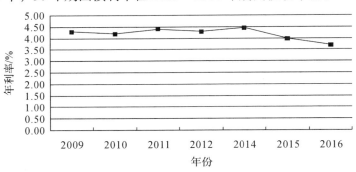

图 5-9　50 年期国债利率波动情况

### （四）国债收益率

对于国债收益率，我们找到了 2008 年以来的数据，有 1 年期、3 年期、5 年期、7 年期、10 年期、15 年期、20 年期、30 年期及 50 年期。根据同一年份不同年限制成折线图，如图 5-10 至图 5-19 所示。

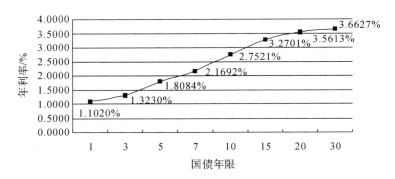

图 5-10　2008 年 12 月 31 日国债收益率

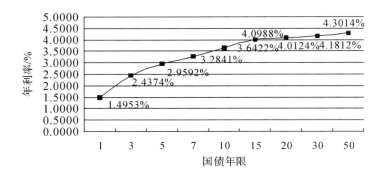

图 5-11　2009 年 12 月 31 日国债收益率

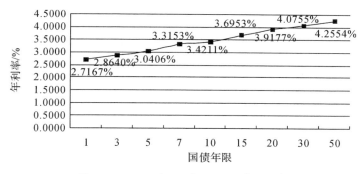

图 5-12　2010 年 12 月 31 日国债收益率

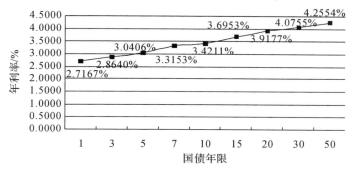

图 5-13　2011 年 12 月 31 日国债收益率

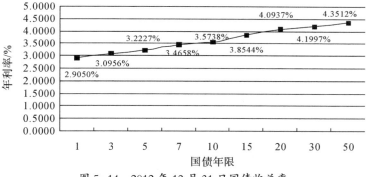

图 5-14　2012 年 12 月 31 日国债收益率

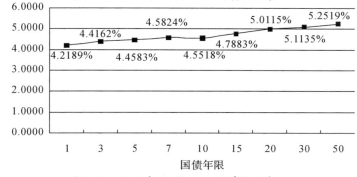

图 5-15　2013 年 12 月 31 日国债收益率

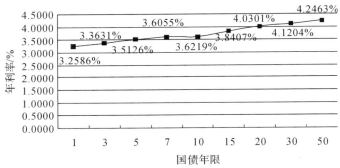

图 5-16　2014 年 12 月 31 日国债收益率

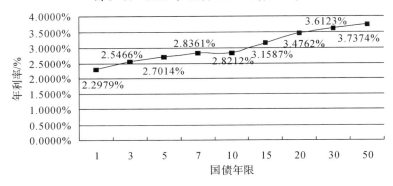

图 5-17　2015 年 12 月 31 日国债收益率

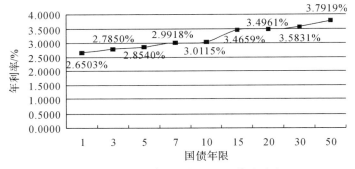

图 5-18　2016 年 12 月 31 日国债收益率

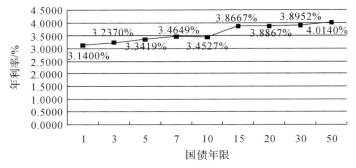

图 5-19　2017 年 4 月 26 日国债收益率

# 二、国债交易

## （一）国债交易价格确定

国债价格一般是指国债发行时的价格。理论上，债券的面值就是它的价格。但实际上，由于发行者的种种考虑或资金市场上供求关系、利息率的变化，债券的市场价格常常脱离它的面值，有时高于面值，有时低于面值。也就是说，债券的面值是固定的，但它的价格是经常变化的。发行者计息还本，是以债券的面值为依据，而不是以其价格为依据的。债券价格主要分为发行价格和交易价格。

债券价格 $P$ 的计算公式：

$$P=M(1+r \times N)/(1+R \times n)$$

式中：$M$ 为债券的面值；

　　　$r$ 为债券的票面利率；

　　　$N$ 为债券的期限；

　　　$n$ 为待偿期；

　　　$R$ 为转让时的收益率。

其中，$M$ 和 $N$ 是常数。所以，影响债券价格的主要因素就是票面利率、待偿期、转让时的收益率。

## （二）国债现券交易规模变化

图 5-20 和图 5-21 分别是 2008—2017 年的国债现券交易量及变化曲线。

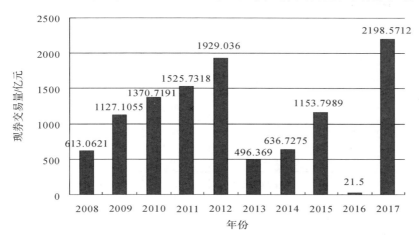

图 5-20　国债现券交易量

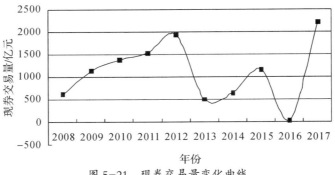

图 5-21　现券交易量变化曲线

## （三）国债占金融资产比重变化

国债占金融资产比重变化分为国债发行额占金融资产比重变化及国债回购成交金额比重变化。2002—2015 年国债发行额、回购成交金额如表 5-1 所示，占比变化如图 5-22 所示。

表 5-1　国债发行额、回购成交金额占金融总资产的比重各年变化

| 年份 | 金融总资产 / 亿元 | 国债发行额 / 亿元 | 占比 /% | 国债回购成交金额 / 亿元 | 占比 /% |
|---|---|---|---|---|---|
| 2002 | 488412.92 | 5934.30 | 1.22 | 24419.63 | 5.00 |
| 2003 | 277094.32 | 6280.10 | 2.27 | 52999.85 | 19.13 |
| 2004 | 653152.37 | 6923.90 | 1.06 | 44086.61 | 6.75 |
| 2005 | 774082.88 | 7042.00 | 0.91 | 23621.17 | 3.05 |
| 2006 | 966981.49 | 8883.30 | 0.92 | 15487.33 | 1.60 |
| 2007 | 13769865.71 | 23139.10 | 0.17 | 18345.08 | 0.13 |
| 2008 | 1323445.93 | 8558.20 | 0.65 | 24268.66 | 1.83 |
| 2009 | 1774854.12 | 17927.30 | 1.01 | 35929.25 | 2.02 |
| 2010 | 2096858.99 | 19778.30 | 0.94 | 70374.00 | 3.36 |
| 2011 | 2402533.00 | 17100.00 | 0.71 | 209510.00 | 8.72 |
| 2012 | 2777164.42 | 16154.20 | 0.58 | 393551.00 | 14.17 |
| 2013 | 3155149.17 | 20230.00 | 0.64 | 661023.00 | 20.95 |
| 2014 | 3677507.77 | 21120.60 | 0.57 | 907166.25 | 24.67 |
| 2015 | 4404990.81 | 54908.00 | 1.25 | 1275299.03 | 28.95 |

（数据来源：国家统计局、中国人民银行、中国银行业监督管理委员会）

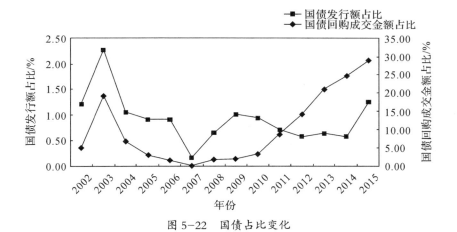

图 5-22　国债占比变化

## （四）国债现货交易

### 1．开户

投资者欲进行国债现货交易，应开立"证券账户"、"基金账户"或"国债专户"，并指定一个证券商办理委托买卖手续。

### 2．交易及清算

（1）记账式国债交易实行无纸化交易方式，投资者的买卖成交后债权的增减均相应记录在其"证券账户"、"基金账户"或"国债专户"内。

（2）市场竞价申报规定：

竞价方式：实行"集合竞价"开盘，开盘后实行"连续竞价"交易。

交易单位：1 手 =1000 元面额。

计价单位：百元面额。

每笔申报限制：最小 1 手，最大 10000 手。

价格变动单位：0.01 元。

申报价格限制：买入不得高于即时揭示价 10%；卖出不得低于即时揭示价 10%。

（3）交收制度：国债现货交易实行"T+0"回转交易制度、"T+1"资金交收方式，投资者与所指定的证券商在成交后的第二个营业日办理交割手续。

### 3．托管、兑付及付息

（1）中债登为全国国债市场法定国债托管人并建立相应国债集中托管制度。

（2）国债现货到期兑付及付息时，中债登通过清算系统自动向证券商划付兑付款及利息并自动转入投资者资金账户。投资者可根据国债到期兑付及付息公告，到指定的证券商直接办理。

### 4．交易费用

（1）佣金（投资者交给证券商）：标准为不超过总成交金额的 0.1%，佣金不足 5 元的按 5 元收取。

（2）经手费（证券商交给交易所）：标准为成交金额的 0.01%。

（3）印花税：根据国家规定免征。

## （五）国债净价交易

为促进国债二级市场发展，实现国债交易方式与国际通行做法逐步接轨，财政部、中国人民银行、中国证券监督管理委员会决定，在上海、深圳两地证券交易所试行国债净价交易。

2002 年 3 月 14 日，上海证券交易所向会员单位发出《关于实施"试行国债净价交易"有关事宜的通知》，文件明确，从 2002 年 3 月 25 日（星期一）起实施。

净价交易是指在现券买卖时，以不含有自然增长的应计利息的价格报价并成交的交易方式。

在净价交易条件下，由于国债交易价格不含有应计利息，所以其价格形成及变动能够更加准确地体现国债的内在价值、供求关系及市场利率的变动趋势。

实行国债净价交易后，应计利息额的计算方法为：

应计利息额 = 票面利率 ÷365（天）× 已计息天数

应计利息额计算公式各要素具有以下含义：

应计利息额：对于零息国债，是指发行"起息日"至"成交日"所含利息金额；对于附息国债，是指本付息期"起息日"至"成交日"所含利息金额。

票面利率：对于固定利率国债，是指发行票面利率；对于浮动利率国债，是指本付息期计息利率。

年度天数及已计息天数：1 年按 365 天计算，闰年 2 月 29 日不计算利息；已计息天数是指"起息日"至"成交日"的实际日历天数。

当票面利率不能被 365 天整除时，计算机系统将按每百元利息额的精度（小数点后保留 8 位）计算；交割单所列"应计利息额"按"四舍五入"原则，以元为单位保留 2 位小数列示。

国债交易计息原则是"算头不算尾"，即"起息日"当天计算利息，"到期日"当天不计算利息；交易日挂牌显示的"每百元应计利息额"是包括"交易日"当日在内的应计利息额；若国债持有到期，则应计利息额是自"起息日"至"到期日"（不包括到期日当日）的应计利息额。

## （六）国债回购交易

### 1. 回购交易的概念

（1）回购交易主体：融资方、融券方。

融资方：放弃一定时间内的债券抵押权，获得相同时间内对应数量的资金使用权，到期后，以购回债券抵押权的方式归还借入的资金，并按成交时商定的利率支付利息。

融券方：放弃一定时间内的资金使用权，获得相同时间内对应数量的债券抵押权，到期后，以卖出债券抵押权的方式收回借出的资金，并按成交时商定的利率收取利息。

### 2. 债券主席位的确认、连通与变更

（1）确认：会员申请开通交易席位后，可以自行确定一个席位为债券主席位，以后若要使用其他席位进行国债现货、国债回购交易时，必须向中债登清算部办理"债券席位连通"手续。办妥"债券席位连通"手续后，方可在所属席位上进行国债交易业务。

（2）连通与变更：为方便会员单位多个席位的债券现货及回购交易，会员单位可向中债登提出办理债券结算席位的连通或变更（与股票指定交易的连通和变更不是一个概念），并以一个结算主席位合并计算债券库存余额。

### 3. 国债现券用于回购业务应办理"回购登记"程序

（1）投资者进行国债回购交易时，必须将其"证券账户"通过指定的交易席位办理"回购登记"操作。

（2）交易系统根据"回购登记"的申报，将其"证券账户"当日国债余额记入券商债券主席位"国债标准券"库存。

（3）投资者在办理有效"回购登记"申报后，方可进行国债回购交易。

（4）投资者撤销"回购登记"的申报，必须将原"证券账户"通过指定的交易席位办理"回购注销"操作。

（5）在国债回购交易未到期前，其"证券账户"不得变更指定交易席位。

（6）透支处罚：按每天透支金额的 0.5% 处罚金。

### 4. 回购交易与清算的规则

实行"一次成交、两次清算"办法，即投资者完成申报并确认后，由中债登在成交日和购回日分别进行两次计算机自动清算。

第一次（成交）清算：在成交当日闭市后，对双方进行融资融券的成本资金进

行清算，并据此计算出融资方、融券方应收（付）的资金和抵押券并划付有关佣金和经手费。

第二次清算：在到期购回日闭市后，对融资方、融券方应收（付）的购回资金进行清算并根据成交日的收益率计算出融资方、融券方应收（付）的资金和抵押券，并直接进行自动划付。

回购交易清算时间与现券及股票清算时间相同，会员单位只需在成交日和到期日按时接收清算数据并与客户完成逐笔交割即可。

### 5. 国债回购的购回价

如果借贷成本以 100 元面额（国债）予以固定，则：

购回价格 =100 元 + 利息 =100 元 +100 元 × 年收益率 × 回购天数 /360 天

其中，年收益率是指成交日由交易双方竞价产生的某一回购品种的场内挂牌"价格"。

### 6. 佣金

3 天、7 天、14 天、28 天回购品种成交，佣金分别按最高不超过回购成交金额的 0.0075%、0.0125%、0.025% 和 0.05% 收取，91 天、182 天回购品种成交，佣金收取标准统一为最高不超过回购成交金额的 0.15%。

### 7. 经手费

经手费按对应国债回购成交金额佣金标准的 5% 收取。

### 8. 印花税

根据国家规定免征印花税。

# 三、企业债券

## （一）企业债券的概念及主要参与主体

根据《企业债券管理条例》（国务院令〔1993〕第 121 号），企业债券是指企业依照法定程序发行、约定在一定期限内还本付息的有价证券。

发行人：我国境内具有法人资格的企业。

中介机构：主承销商，信用评级机构，具有证券从业资格的会计师事务所、律师事务所，监管银行，分销商等。

投资者：以机构投资者为主、个人投资者为辅。

## （二）企业债券发行条件

企业债券发行一般需要以下几方面的条件。

### 1. 财务要求

股份有限公司净资产不低于 3000 万元，有限责任公司和其他类型企业净资产不低于 6000 万元。

累计债券余额不得超过其净资产的 40%。

最近三年平均年净利润足以支付企业债券一年的利息。

### 2. 募集资金投向要求

用于固定资产投资项目的，应符合固定资产投资项目资本金制度的要求，原则上累计发行额不得超过该项目总投资的 60%。

用于收购产权（股权）的，比照上述比例执行。

用于调整债务结构的，不受上述比例限制，但企业应提供银行同意以债还贷的证明。

用于补充营运资金的，不超过发债总额的 20%。

### 3. 其他要求

最近三年没有重大违法违规行为。

募集资金的投向符合国家产业政策和行业发展方向。

已发行的企业债券或其他债务未处于违约或者延迟支付本息状态。

一般要求企业信誉在 AA 级以上。

## （三）我国企业债券现状

2008 年，国家发改委发布了《关于推进企业债券市场发展、简化发行核准程序有关事项的通知》，企业债券的发行制度发生了重大变革。核准程序将由原来的"先核准规模，后核准发行"两个环节简化为"直接核准发行"一个环节。改革前，企业发债从上报审批到拿到额度大约需要半年时间；而新的发行制度规定国家发改委自受理企业发债申请之日起要在 3 个月内做出核准或者不予核准的决定（不包括发行人及主承销商根据反馈意见补充和修改申报材料的时间）。企业债券发行制度的改革，简化了审批手续，降低了企业发债门槛，使企业债券市场的直接融资功能得到更好发挥。企业债券发行效率的提高也为企业债券市场规模的扩大奠定了制度基础。随着对企业债券的限制因素越来越少，企业债券发行节奏明显加快。

## （四）银行间市场非金融企业债务融资工具

### 1. 短期融资券

短期融资券是指具有法人资格的企业，依照规定的条件和程序在银行间债券市场发行（即由国内各金融机构购买而不向社会发行）和交易并约定在一年期限内还本付息的有价证券，是企业筹措短期（一年以内）资金的直接融资方式。2016年短期融资券发行2636只，规模达3.3万亿元。2017年发行2134只，规模达2.3万亿元。到2017年年底，短期融资券的存量达1.5万亿元。

（1）分类

①按发行方式分类，短期融资券可分为经纪人代销的融资券和直接销售的融资券。

②按发行人的不同分类，短期融资券可分为金融企业的融资券和非金融企业的融资券。

③按发行和流通的范围分类，短期融资券可分为国内融资券和国际融资券。

（2）短期融资券发行程序

①公司做出发行短期融资券的决策；

②办理发行短期融资券的信用评级；

③向有关审批机构提出发行申请；

④审批机关对企业提出的申请进行审查和批准；

⑤正式发行短期融资券，取得资金。

（3）收益率确定

在计算价格之前，我们先引入一个 β 系数；β 系数是衡量企业风险大小的一种风险指数，全体市场本身的 β 系数为1。通过以整个市场作为参照物，用单项资产的风险收益率与整个市场的平均风险收益率作比较：

β=1，说明其风险与整个市场平均风险大致相同；

β<1，说明其风险小于整个市场的平均风险；

β>1，说明其风险大于整个市场的平均风险。

收益率公式为：

$$k=R_f+\beta（R_m-R_f）$$

其中，$k$ 为企业债券的投资利率，即债券的收益率；

$R_f$ 为无风险利率（近似于国债报酬率）；

$R_m$ 为市场利率；

$R_m-R_f$ 为平均债券风险的报酬率。

### 2. 中期债券

中期债券是指企业依照《银行间债券市场非金融企业债务融资工具管理办法》规定的条件和程序在银行间债券市场发行和交易并约定在一定期限内还本付息的有价证券，是企业筹措中期（一到三年）资金的直接融资方式。2016年中期债券发行897只，规模达1.1万亿元；2017年发行910只，规模达1.02万亿元。到2017年年底，中期债券的存量达 4.8 万亿元。如表 5-2 所示为 2015—2018 年债券市场发行和存量情况。

表5-2 2015—2018 年债券市场发行和存量情况

| 券种类别 | 2015年发行情况 | | 2016年发行情况 | | 2017年发行情况 | | 2018年发行情况 | |
|---|---|---|---|---|---|---|---|---|
| | 期数/期 | 规模/亿元 | 期数/期 | 规模/亿元 | 期数/期 | 规模/亿元 | 期数/期 | 规模/亿元 |
| 政府债 | 1126 | 58226.00 | 1298 | 89886.10 | 1290 | 83089.34 | 3627 | 278233.21 |
| 国债 | 91 | 19875.38 | 140 | 29457.69 | 156 | 38508.40 | 250 | 130784.97 |
| 地方政府债 | 1035 | 38350.38 | 1159 | 60458.40 | 1134 | 43580.94 | 3377 | 147448.24 |
| 金融债 | 613 | 32115.79 | 817 | 41065.50 | 786 | 38691.51 | 1437 | 168130.50 |
| 政策性银行债券 | 460 | 25790.15 | 624 | 33470.00 | 545 | 28819.78 | 568 | 131938.68 |
| 商业银行债券 | 117 | 407.64 | 154 | 6230.50 | 198 | 8707.73 | 598 | 31425.82 |
| 非银行机构券 | 36 | 1618.00 | 39 | 1365.00 | 43 | 1164.00 | 471 | 4766.00 |
| 政府支持机构债券 | 30 | 2900.00 | 19 | 2250.00 | 25 | 3010.00 | 135 | 14945.00 |
| 企业债券 | 303 | 3431.02 | 498 | 5925.70 | 382 | 3730.95 | 2837 | 30483.00 |
| 一般企业债 | 293 | 3326.80 | 455 | 5485.30 | 349 | 3530.25 | 2744 | 29709.38 |
| 集合企业债 | 2 | 15.22 | 3 | 50.00 | 0 | 0.00 | 12 | 95.32 |
| 项目收益债 | 8 | 89.00 | 40 | 390.40 | 33 | 200.70 | 81 | 678.30 |
| 中期票据 | 912 | 12416.70 | 897 | 11077.10 | 910 | 10212.55 | 3590 | 48497.57 |
| 集合票据 | 2 | 4.26 | 0 | 0.00 | 0 | 0.00 | 2 | 4.26 |
| 短期融资券 | 2535 | 32427.30 | 2636 | 33207.85 | 2134 | 23361.90 | 1522 | 15199.00 |
| 短期融资券 | 1105 | 948.3.00 | 687 | 6062.95 | 463 | 3949.70 | 460 | 3917.20 |
| 超级短期融资券 | 1430 | 22944.30 | 1949 | 27144.90 | 1671 | 19412.20 | 1062 | 11281.80 |
| 证券公司短期融资券 | 173 | 2795.60 | 60 | 1178.60 | 19 | 392.00 | 7 | 152.00 |
| 资产支持证券（银行间） | 380 | 3986.71 | 332 | 3561.39 | 400 | 5972.29 | 665 | 6766.95 |
| 资产支持证券（交易所） | 1101 | 1973.40 | 1786 | 4058.38 | 1748 | 7544.46 | 3425 | 10710.13 |
| 非金融企业资产支持票据 | 9 | 35.00 | 38 | 166.57 | 113 | 574.95 | 155 | 726.54 |
| 非公开定向债务融资工具 | 1112 | 8811.75 | 746 | 6028.85 | 725 | 5954.61 | 2329 | 20301.00 |
| 公司债 | 878 | 10266.05 | 2260 | 2749.68 | 1198 | 11003.15 | 4425 | 50805.90 |
| 一般公司债 | 320 | 5250.99 | 881 | 12856.77 | 537 | 5636.72 | 1966 | 26791.65 |
| 私募债 | 558 | 5015.06 | 1379 | 14892.91 | 661 | 5366.43 | 2459 | 24014.25 |
| 证券公司债 | 237 | 7549.20 | 165 | 4260.10 | 264 | 6339.40 | 511 | 13135.75 |
| 可转债 | 3 | 98.00 | 11 | 212.52 | 44 | 947.11 | 27 | 1198.18 |
| 可交换债 | 31 | 251.35 | 70 | 671.19 | 80 | 1167.84 | 149 | 1827.69 |
| 项目收益票据 | 6 | 51.00 | 11 | 38.50 | 5 | 21.10 | 25 | 118.60 |
| 同行业存单 | 5941 | 52975.90 | 16452 | 1299340 | 26931 | 201872.40 | 12394 | 79926.10 |
| 国际机构债 | 1 | 30.00 | 4 | 125.00 | 4 | 60.00 | 11 | 230.00 |
| SDR 债券 | 0 | 0.00 | 2 | 6.00 | 0 | 0.00 | 2 | 6 |
| 合计 | 15393 | 230345.03 | 28100 | 361394.03 | 37058 | 403945.56 | 37303 | 741391.39 |

注：1. "非银行金融机构债"中包含保险公司资本补充债、资产管理公司金融债以及其他金融机构债，不
包括证券公司债。
　　2. "政府支持机构债券"中包括汇金公司发行的债券、2013年以来铁路总公司发行的短期融资券、中
期混搭、企业债券以及原铁道部发行的所有债券。

短期融资券和中期债券都是在银行间交易的非金融企业债务融资工具，一般是一个银行间交易会员认为某一个企业或一种金融资产符合标准，可以把它按规定打包，并推荐到银行间交易市场进行发行并挂牌交易，另一个银行间交易会员觉得可以，就可以代销。一般是商业银行以理财产品的名义对商业银行客户进行销售。

一般发行的银行间交易，会员收取 0.5%~1.5% 的发行手续费；代销的银行间交易，会员收取 1%~1.5% 的代销费。

# 第六章　股票类

## 一、股权投资

### （一）股权投资的概念

股权投资是指通过投资取得被投资公司的股份，即企业或个人购买的其他公司（待上市或未上市公司）的股票，或以货币资产直接投资于该公司，并非为了控制企业，而只是作为财务投资人。其会在适当的时候出让股权，最终目的是赚取较大的经济利益。

### （二）私募股权投资的含义

私募股权投资，是指通过私募形式对非上市企业进行权益性投资，在交易实施过程中附带考虑了将来的退出机制，并以策略投资者的角色积极参与投资标的的经营与改造。其一般通过公司上市、兼并与收购、高层回购等方式退出并获利。私募股权投资团队积极探索和发现优秀的、具备成长性的未上市企业，然后注资，获得一部分的股份，推动企业发展、上市，最后通过转让股权获利。

私募股权投资也有狭义和广义之分。狭义的私募股权投资主要指对已经形成一定规模并产生稳定现金流的发展成熟企业的投资，即将私募股权投资的投资阶段限定在公司首次公开发行股票之前的发展成熟阶段，主要是指创业后期的私募股权投资部分。广义的私募股权投资涵盖企业首次公开发行股票前各阶段的权益投资，包括萌芽期、初创期、发展期、扩展期、成熟期。该资本按投资阶段分，可分为天使投资、创业投资、Pre IPO（上市前投资）、上市资本，以及上市后的私募投资、并购投资、不良债权和不动产投资等。在中国私募股权投资市场中，私募股权基金分为直接投资到中国境内企业的私募，以及通过在海外创建离岸公司方式进行投资的共筹私募。

### （三）我国私募股权投资的发展

1995 年开始，中国市场中的创业生态持续变化，一系列优惠政策激励着资本和创业的结合；私募股权投资的市场更是受到政策的最直接影响，募集资金的门槛不断放低，投资空间逐渐放大，退出渠道加速通畅，且随着保险公司、证券公司等相继准入私募股权投资市场，私募股权投资产业成为中国经济最活跃的板块之一。而全观中国私募股权投资市场现况，中国也正处于从"量变"向"质变"的转换关键期。长期高速的增长，造就中国经济成为亚洲最活跃的私募股权投资市场。预计未来十年，中国私募股权投资仍会是飞速发展的黄金期。

可以说，我国目前进入了私募股权投资高速发展的时期。回顾我国私募股权投资的发展历程，大致经过了以下三个阶段。

#### 1. 初级发展阶段

我国的私募股权投资最早可以追溯到 1995 年，1995—2004 年为初级发展阶段，这个阶段的私募股权投资以外资为主。

在 1995 年以前中国没有接触过真正的私募股权投资，1995 年我国政府通过了《设立境外中国产业基金管理办法》，鼓励境外风险投资来华投资，大批风险投资基金如红杉、华平、新桥、凯雷、鼎辉、戈壁创投、德同等纷纷来中国大陆"赶潮"。这个时候，我国的私募股权投资主要是风险投资。

#### 2. 分立阶段

从 2004 年开始，私募股权投资与风险投资逐步分立，风险投资日趋弱化，狭义的私募股权基金（包括并购、成长、过桥资本）成为市场主流。

全球最大的几家私募股权投资基金如百仕通、凯雷、高盛等悉数开始在中国启动私募股权投资，2004 年新桥收购深发展，2005 年凯雷收购太平洋保险和徐工科技（未成功），2006 年高盛收购双汇就是重要的标志。

#### 3. 高速发展阶段

从 2007 年 6 月起，随着《创业投资企业管理暂行办法》（2006 年 3 月 1 日生效）、《关于外国投资者并购境内企业的规定》（简称"10 号文"，2006 年 9 月 8 日生效）、《中华人民共和国合伙企业法》（2007 年 6 月 1 日生效）等一系列政策法规的出台，促使中国政府、企业和民间资本纷纷涌入私募股权投资领域。各地纷纷诞生了各种类型的合伙企业型私募股权基金和信托型私募股权基金，代表性的有渤海产业基金、南海成长基金等，我国本土的私募股权投资产业进入了高速发展阶段。

2009 年 10 月 23 日，我国证券市场的创业板正式启动，成为中国多层次资本市场建设的又一重要里程碑，为成长型中小企业融资构筑了新的平台，也为私募股权投资打通了重要的退出通道，对私募股权基金行业产生了深远影响。

## （四）国内股权投资发展现状

（1）目前我国股权投资存量规模：已经有 1 万家投资机构，20 万名从业人员，管理着 7 万亿元的巨额资本。如图 6-1 所示。

图 6-1 国内股权投资规模现状（截至 2016 年）

（2）2016 年我国股权投资募集情况：新募基金数 2438 只，共计金额 1.37 万亿元，如图 6-2 所示。

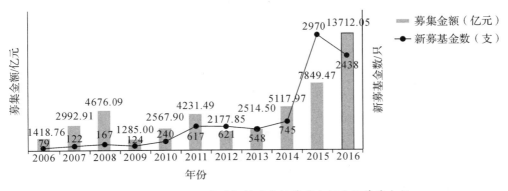

图 6-2 2006—2016 年股权投资市场募集金额和新募基金数

（3）2016 年我国股权投资情况：投资案例数 9124 笔，共计金额 7449 亿元，如图 6-3 所示。

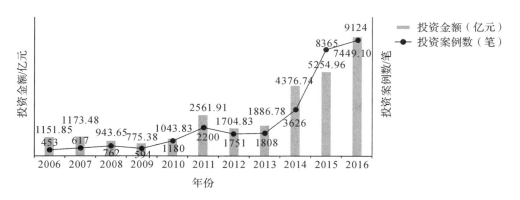

图 6-3　2006—2016 年股权投资市场投资金额与投资案例数

## （五）股权投资回报率计算

（1）2016 年我国股权投资退出情况：共退出 606 笔，有 IPO（首次公开募股）、并购、股权转让、管理层收购、清算回购等各种方式，如图 6-4 所示。

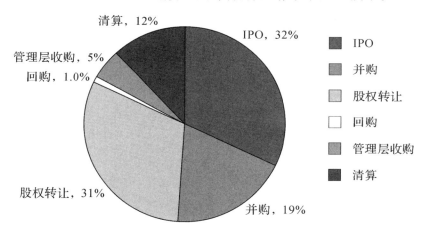

图 6-4　2016 年股权投资退出情况

（2）2016 年股权投资回报率计算：不同的退出方式所得到的投资回报率是不同的，每一笔投资从投资到退出后若干年的回报倍数也是不一样的。一般地，IPO 的最高，管理层收购和转让的低一些，既然是风险投资，也往往可能被清算，颗粒无收。此案例占 12%

不同退出方式下，年平均内部收购率和投资回报倍数的情况，如图6-6所示。

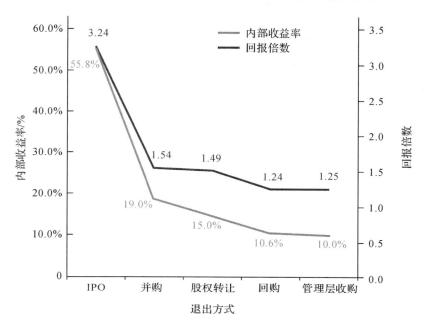

图6-5　不同退出方式下的年平均回报率和投资回报倍数

以上数据来源：清科研究中心《国内股权投资市场回顾——Useit 知识库》

根据图6-4的数据，用不同退出方式所占比例和图6-5不同退出方式所得到的回报率，再利用加权平均法可以算出某年退出时的股权投资年综合平均回报率。该年年平均回报率为：

$$\frac{32\%\times55.8\%+19\%\times19\%+31\%\times15\%+1\%\times10.6\%+5\%\times10\%+12\%\times0}{32\%+19\%+31\%+1\%+5\%+12\%}=26.7\%$$

# 二、股票交易

## （一）股票价格

股票价格即股票在股票市场上买卖的价格。

### 1. 发行价格的种类

（1）面值发行：即以股票的票面金额为发行价格。采用股东分摊的发行方式时一般按平价发行，不受股票市场行情的左右。由于市价往往高于面额，因此以面额为发行价格能够顺利使认购者得到因价格差异而带来的收益,使股东乐于认购,又保证了公司顺利地实现筹措股金的目的。

(2)溢价发行:指发行人按高于票面金额的价格发行股票,其可使公司用较少的股份筹措到较多的资金,同时还可降低筹资成本。

(3)中间价发行:指以介于票面金额和市价之间的价格来发行股票。我国《公司法》规定,股票发行价格可以按面值发行,也可以超过票面金额发行,但不得低于票面金额。

(4)折价发行:又称低价发行,是指以低于票面金额的价格出售新股,即按票面金额打一定折扣后发行股票。折扣的大小主要取决于发行公司的业绩和承销商的能力。

### 2.发行价格的定价

(1)固定价格法

固定价格法是由发行人和主承销商在新股公开发行前商定一个固定价格,然后根据这个价格进行公开发售。

市场上惯用的计算公式为:

$$P = A \times 40\% + B \times 20\% + C \times 20\% + D \times 20\%$$

其中,$P$ 为新股发行价格;

$A$ 为公司每股税后纯收益 × 类似公司最近 3 年平均市盈率;

$B$ 为公司每股股利 × 类似公司近 3 年平均股利率;

$C$ 为近期每股净值;

$D$ 为预计每股股利 /1 年期定期存款利率。

(2)市盈率法

市盈率又称价格盈余倍数,是股票市价与每股净收益的比值,其本质上反映的是投资与股票的投资回报期。

市盈率倍数的确定要考虑多方面的因素,如其他可比公司的市场数据、市场资本报酬率、投资增值(即未来投资项目的收益)的现值等。

市盈率水平一般有某种规定或行业习惯,如我国限制发行价格时一般市盈率不能低于 15 倍,不能高于 18 倍,也可以根据交易市场的平均市盈率而定,但一般应略低于平均水平。

市盈率估值发生过程中的价格是股票当前的价格,而每股净收益是上一年的每股收益,投资者购买股票是为了获得未来的盈余,所以当出现以下两种情况时,根据市盈率进行分析将产生严重错误：

①所评估的是一家高成长公司。现实的公司经营中存在一定的偶然性，而当前的每股收益较低并不意味着其未来的每股收益也一定较低。

②市盈率反映的是投资于股票的投资回收期。当某年公司的每股收益为负时，由此计算的市盈率即失去了经济意义。

股票每一股的发行价和其净资产的差额是一级市场利润。证券市场仍然是需方市场，当股票 IPO 后，往往会有几个涨停板，这时候的价格与发行价的差额称为一级半市场的利润；当这个股票发行后涨停板打开，那就属于二级市场的利润了。

## （二）股票收益率

股票收益率是指投资于股票所获得的收益总额与原始投资额的比率。收益率就是股票收益率。

### 1. 股利收益率

股利收益率，又称获利率，是指股份公司以现金形式派发的股息或红利与股票市场价格的比率。

### 2. 持有期收益率

持有期收益率是指投资者持有股票期间的股息收入加买卖差价之和与股票买入价的比率。

### 3. 拆股后的持有期收益率

投资者在买入股票后，在该公司发放股票股利或进行股票分割（即拆股）的情况下，股票的市场价格及其投资者持股数量都会发生变化。

## （三）上证指数

上海证券综合指数简称"上证指数"或"上证综指"，其样本股是在上海证券交易所全部上市股票，包括 A 股和 B 股，反映了上海证券交易所上市股票价格的变动情况，自 1991 年 7 月 15 日起正式发布。上证指数作为参考股市行情的重要综合指数，与其类似的还有上证 50 指数、上证 100 指数、上证 180 指数、上证 380 指数（数字代表成分股样本数）。

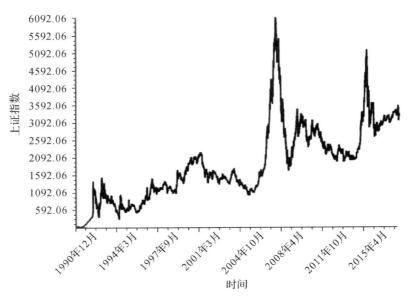

图 6-6　上证指数统计（月数据）

2007 年是中国股市最为气势磅礴的一年。这一年，股民开户数达 3540 万户，大量资金涌入股市，交易活动空前活跃。在 10 月 16 日，股市创造了历史最高点6124.04 后，大盘开始回落。进入 2008 年后，股市仍然继续走低，尽管政府出台了下调印花税的政策，但也难以承担救市的重任。加之 2007 年美国次贷危机爆发，间接导致我国大量资金外流，进一步加剧了中国股市的下跌。

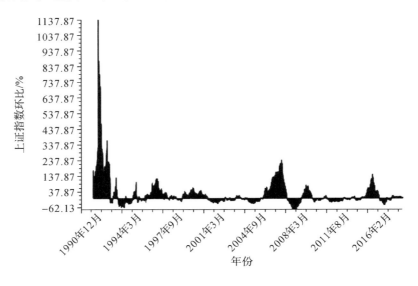

图 6-7　上证指数环比（日收益率）

但是股票投资是权益类投资，是可以长期持有的，但价格会受市场环境的影响而不断变化，不像债权类金融工具有时间限制，比较容易计算年平均回报率。权益类金融工具只能按持有期间的收益计算。根据图 6-7 所示的数据，我们可以大致算出每一阶段所获得的利润（交易所需的手续费和分红暂忽略不计）。下面举例说明：

1991 年 1 月 7 日指数 132.06 至 2015 年 1 月 7 日指数 3312.21 的年平均回报率 $r$：

$$(1+r)^{24}=3312.211\%-132.06\%$$

$$r=15.51\%$$

一些散户在买入股票时，往往只想做个短线，希望在短期内能够获利出局。但有时往往因大盘指数下跌，导致个股纷纷下跌，手中股票立马被套。此时，会有很大一部分股民选择抛售股票降低亏损率。从图 6-6 中可以看出，上证指数在短期内有可能会上升，有可能会下跌，但从长期来看，上证指数是呈上升趋势的。

# 三、融资融券

## （一）融资融券交易概念

融资融券交易，又称信用交易，分为融资交易和融券交易。

2008 年 4 月 23 日，国务院颁布的《证券公司监督管理条例》对融资融券做了如下定义：融资融券业务，是指在证券交易所或者国务院批准的其他证券交易场所进行的证券交易中，证券公司向客户出借资金供其买入证券或者出借证券供其卖出，并由客户交存相应担保物的经营活动。

通俗地说，融资交易是投资者以资金或证券作为质押，向证券公司借入资金用于证券买入，并在约定的期限内偿还借款本金和利息，通常又称"做多"或"买空"；融券交易是投资者以资金或证券作为质押，向证券公司借入证券卖出，在约定的期限内，买入相同数量和品种的证券归还券商并支付相应的融券费用，通常又称"做空"或"卖空"。

总体来说，融资融券交易关键在于一个"融"字，有"融"的投资者必须提供一定的担保和支付一定的费用，并在约定期内归还借贷的资金或证券。我国各年融资规模如图 6-9 所示。

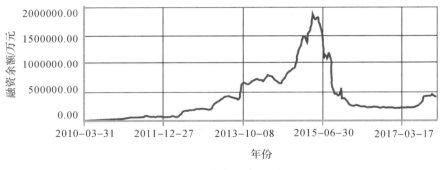

图 6-8　各年融资规模

## （二）融资融券交易发展过程

随着我国资本市场迅速发展和证券市场法制建设的不断完善，证券公司开展融资融券业务试点的法制条件已经成熟，2005 年 10 月 27 日，第十届全国人大常委会第十八次常委会议审定通过新修订的《证券法》，规定证券公司可以为客户进行融资融券服务。

2006 年 6 月 30 日，证监会发布《证券公司融资融券试点管理办法》(2006 年 8 月 1 日起施行 )。8 月 21 日，《融资融券交易试点实施细则》公布。

2008 年 4 月 23 日，经国务院常务会议审议通过的《证券公司监督管理条例》第 48 条至第 56 条对证券公司的融资融券业务进行了具体的规定。

2008 年 10 月 5 日，证监会宣布启动融资融券试点。

2008 年 10 月 31 日，证监会发布《证券公司业务范围审批暂行规定》，并于 12 月 1 日开始实施。

2010 年 1 月 8 日，国务院原则上同意开设融资融券业务试点，这标志着融资融券业务进入了实质性的启动阶段。

2010 年 3 月 19 日，证监会公布融资融券首批 6 家试点券商。

2010 年 3 月 30 日，上海、深圳证券交易所正式向 6 家试点券商发出通知，于 2010 年 3 月 31 日起接受券商的融资融券交易申报。融资融券交易正式进入市场操作阶段。

2012 年 12 月 31 日，开展融资融券业务的证券公司已有 74 家，开立投资者信用证券账户超过 50 万户。

## （三）融资融券交易主要模式

融资融券交易是境外证券市场普遍实施的一项成熟交易制度，是证券市场基本职能发挥作用的重要基础。各个开展融资融券的资本市场都根据自身金融体系和信用环境的完善程度，采用了适合自身实际情况的融资融券业务模式，大致可归结为三大类：以美国信用为代表的市场化分散信用模式、以日本为代表的单轨制集中授信模式和以中国台湾地区为代表的双轨制信用模式。

### 1. 美国：市场化分散信用模式

在美国的市场化分散信用模式中，证券交易经纪公司处于核心地位。美国信用交易高度市场化，投资者进行信用交易时，向证券公司申请融资融券，证券公司直接对投资者提供信用。而当证券公司自身资金或者证券不足时，证券公司则向银行申请贷款或者回购融资，向非银行金融机构借入短缺的证券。这种市场化模式建立在信用体系完备和货币市场与资本市场联通的前提下，证券公司能够根据客户需求，顺利、方便地从银行、非银行金融机构调剂资金和证券头寸，并迅速地将融到的资金或借入的证券配置给需要的投资者。美国的市场化分散信用模式效率高，成本低。

### 2. 日本：单轨制集中授信模式

从日本的单轨制集中授信模式看，专业化的证券金融公司处于整个融资融券业务的核心和垄断地位，严格控制着资金和证券通过信用交易的倍增效应。日本的证券金融公司主要为银行出资设立，为证券经纪商等中介机构提供服务。证券公司如果资金和证券不足，并不直接向银行、货币市场进行借贷或回购融资，也不直接向非银行金融机构融券，而是向证券金融公司申请进行资金和证券的转融通。在日本的单轨制集中授信模式下，证券金融公司不是证券公司自身，而是联通货币市场和其他非银行金融机构的中介。作为融资融券的中介，证券金融公司控制着整个融资融券业务的规模和节奏。

### 3. 中国台湾：双轨制信用模式

双轨制模式，运作起来相对复杂，而且有 4 家证券金融公司，彼此存在竞争。对证券公司实行许可证管理，有许可证的券商可以向证券金融公司融资融券，而没有许可证的券商只能从事代理服务。由于投资者可以直接向证券金融公司融资融券，而使券商比较被动，融资融券业务为券商带来的收入有限。

美国、日本、中国台湾地区三类融资证券业务模式比较如表6-1所示。

表6-1　美国、日本、中国台湾地区三类融资融券业务模式比较

| 地区 | 美国 | 日本 | 中国台湾 |
|---|---|---|---|
| 业务模式 | 市场化分散信用模式 | 单轨制集中授信模式 | 双轨制信用模式 |
| 主要融资来源 | 1. 自有资金<br>2. 抵押贷款<br>3. 债券回购<br>4. 客户保证金 | 1. 自有资金<br>2. 抵押贷款<br>3. 债券回购<br>4. 证券金融公司转融资 | 1. 自有资金<br>2. 抵押贷款<br>3. 债券回购<br>4. 证券金融公司转融资 |
| 主要融券来源 | 1. 融资业务取得的抵押券<br>2. 自由证券<br>3. 金融机构（其他证券公司、养老金、保险公司）借入证券<br>4. 客户证券余额 | 1. 融资业务取得的抵押券<br>2. 自由证券<br>3. 从证券金融公司借入证券 | 1. 融资业务取得的抵押券<br>2. 自由证券<br>3. 从证券金融公司借入证券 |

### （四）融资融券交易流程

融资交易是投资者向证券公司交纳一定的保证金，融入一定数量的资金买入股票的交易行为。投资者向证券公司提交的保证金可以是现金或者可充抵保证金的证券。而证券公司向投资者进行授信后，投资者可以在授信额度内买入由证券交易所和证券公司公布的融标的的名单内的证券。如果证券价格上涨，则以较高价格卖出证券，此时只需归还欠款，投资者就可盈利；如果证券价格下跌，则以较低价格卖出证券，这就需要投资者补入资金来归还，则投资者亏损。

在融券交易中，投资者向证券公司交纳一定的保证金，整体作为其对证券公司所负债务的担保物。融券交易为投资者提供了新的盈利方式和规避风险的途径。如果投资者预期证券价格即将下跌，可以借入证券卖出，而后通过以更低价格买入还券获利；或是通过融券卖出来对冲已持有证券的价格波动，以套期保值。

融资证券交易的流程如图 6-10 所示。

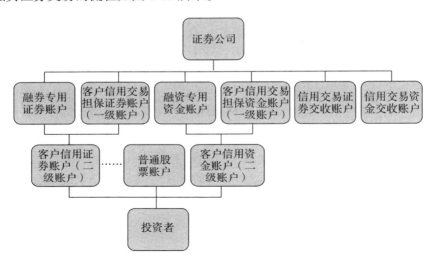

图 6-9　融资融券交易相关账户

### （五）融资融券交易与普通证券交易的区别

与普通证券交易相比，融资融券交易在许多方面有较大的区别，主要有以下几点。

（1）保证金要求不同。投资者从事普通证券交易须提交 100% 的保证金，即买入证券须事先存入足额的资金，卖出证券须事先持有足额的证券。而从事融资融券交易则不同，投资者只需交纳一定的保证金，即可进行保证金一定倍数的买卖（买多卖空），在预测证券价格将要上涨而手头没有足够的资金时，可以向证券公司借入资金买入证券，并在高位卖出证券后归还借款；预测证券价格将要下跌而手头没有证券时，则可以向证券公司借入证券卖出，并在低位买入证券归还。

（2）法律关系不同。投资者从事普通证券交易时，其与证券公司之间只存在委托买卖的关系；而从事融资融券交易时，其与证券公司之间不仅存在委托买卖的关系，还存在资金或证券的借贷关系，因此还要事先以现金或证券的形式向证券公司交付一定比例的保证金，并将融资买入的证券和融券卖出所得资金交付证券公司一并作为担保物。投资者在偿还借贷的资金、证券及利息、费用，并扣除自己的保证金后有剩余的，为投资收益（盈利）。

（3）风险承担和交易权利不同。投资者从事普通证券交易时，风险完全由其自行承担，所以几乎可以买卖所有在证券交易所上市交易的证券品种（少数特殊品种对参与交易的投资者有特别要求的除外）；而从事融资融券交易时，如不能按时、足额偿还资金或证券，还会给证券公司带来风险，所以投资者只能在证券公司确定的融资融券标的证券范围内买卖证券，而证券公司确定的融资融券标的证券均在证券交易所规定的标的证券范围之内。这些证券一般流动性较大，波动性相对较小，不易被操纵。

（4）交易控制不同。投资者从事普通证券交易时，可以随意自由买卖证券，可以随意转入转出资金。而从事融资融券交易时，如存在未关闭的交易合约时，需保证融资融券账户内的担保品充裕，达到与券商签订融资融券合同时要求的担保比例，如果担保比例过低，券商可以停止投资者融资融券交易及担保品交易，甚至对现有的合约进行部分或全部平仓。另外，投资者需要从融资融券账户上转出资金或者股份时，也必须保证维持担保比例超过30%时，才可提取保证金可用余额中的现金或充抵保证金的证券部分，且提取后维持担保比例不低于30%。

此外，与普通证券交易相比，投资者可以通过向证券公司融资融券，扩大交易筹码，具有一定的财务杠杆效应。其既可以放大盈利，也可能放大亏损。

## （六）融资融券的作用

融资融券交易作为世界上大多数证券市场常见的交易方式，其作用主要体现在以下四个方面：

（1）融资融券交易可以将更多信息融入证券价格，可以为市场提供方向相反的交易活动，当投资者认为股票价格过高和过低时，可以通过融资的买入和融券的卖出促使股票价格趋于合理，有助于市场内在价格稳定机制的形成。

（2）融资融券交易可以在一定程度上放大资金和证券供求，增加市场的交易量，从而活跃证券市场，增加证券市场的流动性。

（3）融资融券交易可以为投资者提供新的交易方式，可以改变证券市场单边市的方面，为投资者提供规避市场风险的工具。

（4）融资融券交易可以拓宽证券公司业务范围，在一定程度上增加证券公司自有资金和自有证券的应用渠道，在实施流通后可以增加其他资金和证券的配置方式，提高金融资产运用效率。

## （七）融资融券的风险

融资融券交易作为证券市场一项具有重要意义的创新交易机制，一方面为投资者提供新的盈利方式、提升投资者交易理念、改变"单边市"的发展模式，另一方面也蕴含着相比以往普通证券交易更复杂的风险。除具有普通交易具有的市场风险外，融资融券交易还蕴含其特有的杠杆交易风险、强制平仓风险、监管风险，以及信用、法律等其他风险。投资者在进行融资融券交易前，必须对相关风险有清醒的认知，才能最大限度地避免损失、实现收益。融资融券交易中可能面临的风险主要包括：

### 1. 杠杆交易风险

融资融券交易具有杠杆交易特点，投资者在从事融资融券交易时，如同普通证券交易一样，要面临判断失误、遭受亏损的风险。由于融资融券交易在投资者自有投资规模上提供了一定比例的交易杠杆，亏损将进一步放大。例如，投资者以 100 万元普通买入一只股票，该股票从 10 元 / 股下跌到 8 元 / 股，投资者的损失是 20 万元，亏损 20%；如果投资者以 100 万元作为保证金、以 50% 的保证金比例融资 200 万元买入同一只股票，该股票从 10 元 / 股下跌到 8 元 / 股，投资者的损失是 40 万元，亏损 40%。投资者要清醒认识到杠杆交易的高收益、高风险特征。

此外，融资融券交易需要支付利息费用。投资者融资买入某只证券后，如果证券价格下跌，则投资者不仅要承担投资损失，还要支付融资利息；投资者融券卖出某只证券后，如果证券的价格上涨，则投资者既要承担证券价格上涨而产生的投资损失，还要支付融券费用。

### 2. 强制平仓风险

在融资融券交易中，投资者与证券公司间除了普通证券交易的委托买卖关系外，还存在着较为复杂的债权债务关系，以及由于债权债务产生的担保关系。证券公司为保护自身债权，会对投资者信用账户的资产负债情况实时监控，在一定条件下可以对投资者担保资产执行强制平仓。

### 3. 监管风险

监管部门和证券公司在融资融券交易出现异常或市场出现系统性风险时，都将对融资融券交易采取监管措施，以维护市场平稳运行，甚至可能暂停融资融券交易。这些监管措施将对从事融资融券交易的投资者产生影响，投资者应留意监管措施可能造成的潜在损失，并且密切关注市场状况，提前预防。

（1）投资者在从事融资融券交易期间，如果发生标的证券暂停交易或终止上市等情况，投资者将可能面临被证券公司提前了结融资融券交易的风险，由此可能会给投资者造成损失。

（2）投资者在从事融资融券交易期间，如果证券公司提高追加担保物和强制平仓的条件，造成投资者提前进入追加担保物或强制平仓状态，由此可能会给投资者造成损失。

（3）投资者在从事融资融券交易期间，证券公司制定了一系列交易限制的措施，比如单一客户融资规模、融券规模占净资本的比例、单一担保证券占该证券总市值的比例等指标，当这些指标到达阈值时，投资者的交易将受到限制，由此可能会给投资者造成损失。

（4）投资者从事融资融券交易的证券公司有可能因融资融券资质出现问题，而造成投资者无法进行融资融券交易，由此可能给投资者带来损失。

### 4. 其他风险

（1）投资者在从事融资融券交易期间，如果中国人民银行规定的同期金融机构贷款基准利率调高，证券公司将相应调高融资利率或融券费率，投资者将面临融资融券成本增加的风险。

（2）投资者在从事融资融券交易期间，相关信息的通知送达至关重要。《融资融券合同》中通常会约定通知送达的具体方式、内容和要求。当证券公司按照《融资融券合同》要求履行了通知义务后即视为送达，如果投资者未能关注到通知内容并采取相应措施，就可能因此承担不利后果。

（3）投资者在从事融资融券交易期间，如果信用证券账户卡、身份证件和交易密码等保管不善或者将信用账户出借给他人使用，就可能遭受意外损失，因为任何通过密码验证后提交的交易申请，都将被视为投资者自身的行为或投资者合法授权的行为，所引起的法律后果均由该投资者承担。

（4）投资者在从事融资融券交易期间，如果其信用资质状况降低，证券公司会相应降低对投资者的信用额度，从而造成投资者交易受到限制，投资者可能因此遭受损失。

投资者在参与融资融券交易前，应认真学习融资融券相关法律法规，掌握融资融券业务规则，阅读并理解证券公司融资融券合同和风险揭示条款，充分评估自身的风险承受能力，做好财务安排，合理规避各类风险。

### （八）融资融券的影响

#### 1. 对投资者的影响

（1）有利于为投资者提供多样化的投资机会和风险回避手段。一直以来，我国证券市场属于典型的单边市场，只能做多，不能做空。投资者要想获取价差收益，只有先买进股票再高价卖出。一旦市场出现危机，往往又出现连续的"跳水"，股价下跌失去控制。因此，在没有证券信用交易制度下，投资者在熊市中，除了暂时退出市场外没有任何风险回避的手段。融资融券的推出，可以使投资者既能做多，也能做空，不但多了一个投资选择以获利，而且在遭遇熊市时，投资者可以融券卖出以回避风险。

（2）有利于提高投资者的资金利用率。融资融券具有财务杠杆效应，使投资者可以获得超过自有资金一定额度的资金或股票从事交易，人为地扩大了投资者的交易能力，从而可以提高投资者的资金利用率。例如，投资者向证券公司融资买进证券被称为"买空"。当投资者预测证券价格将要上涨，就可以通过提供一定比例担保金向证券公司借入资金买入证券，投资者到期偿还本息和一定手续费。当证券价格符合预期上涨并超过所需付的利息和手续费，投资者可能获得比普通交易高得多的额外收益。但这种收益与风险是对等的，即如果该证券的价格没有像投资者预期的那样出现上涨，而是出现了下跌，则投资者既要承担证券下跌而产生的投资损失，还要承担融资的利息成本和手续费，这样将会加大投资者的总体损失。

（3）有利于增加反映证券价格的信息。信用交易中产生的融资余额（每天融资买进股票额与偿还融资额间的差额）和融券余额（每天融券卖出股票额与偿还融券额间的差额）为测度投机程度及方向提供了重要指标：融资余额大，股市可能上涨；融券余额大，股市可能下跌。融资融券额越大，这种变动趋势的可信度越大。因此，在融资融券正式推出以后，公开的融资融券的市场统计数据可以为投资者的投资分析提供新的信息。

#### 2. 对证券市场的影响

融资融券可以放大证券供求，增加交易量，放大资金的使用效果，对于增加股市流通性和交易活跃性有着明显的作用，有效地降低了流动性风险。据统计，境外融资融券交易量占证券交易总量的比重都达到15%以上的水平，美国为16%~20%，日本为 15%，我国台湾地区为 20%~40%。同时，融资融券也有助于完善股价形成机制，对市场波动起着缓冲器作用。由于各种证券的供给有确定的数量，其本身没有替代品，如果证券市场仅限于现货交易，那么证券市场将呈现单方向运行，在供求失衡时，股价必然会涨跌不定，或暴涨，或暴跌。但是，信用交易和现货交易互相配合之后，可以增加股票供求的弹性，当股价过度上涨时，"卖空者"预期股价会下跌，便提前融券卖出，增加了股票的供应，现货持有者也不致继续抬价，或趁高出手，从而使行情不致过热；当股价真的下跌之后，"卖空者"需要补进，增加了购买需求，从而又将股价拉了回来。"买空"交易同样发挥了市场的缓冲器作用。

### 3. 对证券公司的影响

（1）有利于提高证券公司融资渠道的有效性。从境外的融资融券制度看，证券公司的债务融资主要来自银行、证券金融公司和货币市场。尤其在日本、韩国，证券金融公司担当了证券公司一个重要的融资渠道，包括证券公司业务发展所需的流动资金融资。我国证券公司当前有效的融资渠道还比较有限，回购市场融资规模比较小，也不能满足证券公司的融资需求，而股票质押贷款、短期融资券、发行债券等融资方式都很难开展起来，使得股权融资仍然是证券公司主要考虑的融资方式。这种融资结构对于金融企业来说并不合理。融资融券推出以后，特别是证券金融公司成立以后，可以为证券公司提供一种新的合规融资渠道，有利于改善我国证券公司的资产负债结构。

（2）有利于促进证券公司建立新的盈利模式。当前，我国证券公司经纪业务的交易手续费收入仍是证券公司的主要收入来源。发展融资融券交易，无疑可以为证券公司提供一个重要的收入来源。证券公司在融资融券业务中的盈利模式包括但不限于：融资融券业务本身的利息和手续费、由融资融券带来的交易放大而多收取的佣金、对融资融券账户收取账户管理费等。在美国，融资融券的业务收入占比在 5%~10%。同时，信用交易对交易活跃度的促进，也有利于改善证券公司经纪业务的生存状态。融资融券业务的导入将有利于我国证券业成功实现盈利模式的转变。

（3）有利于推动证券公司的产品创新。从证券市场的发展来看，各种创新都需要卖空机制。股指期货期权、股票期货期权等的条件之一就是存在卖空套利机制。与股票期货和期权相比，证券融资融券交易的杠杆放大作用较小，信用扩张度也较小，证券信用交易的风险介于现货和期货期权之间，它比期货期权更具有普适性。像在国际上已广为盛行的 130/30 投资策略产品，正是基于融资融券制度而产生的。因此，融资融券的推出将有利于激发证券公司的产品创新能力。

### （九）融资融券保证金

融资融券保证金是指投资者向证券公司融入资金或证券时，证券公司向投资者收取的一定比例的资金。保证金可以由证券公司认可的证券充抵，证券公司认可的证券应符合证券交易所的规定。

充抵保证金的证券，在计算保证金金额时，应当以其市值为基础，按证券公司公布的折算率进行折算（充抵保证金证券的折算率是指充抵保证金的证券在计算保证金金额时按其证券市值进行折算的比率）。按证券交易所规定，上市国债折算率不超过 95%，证券交易所交易型开放式指数基金折算率不超过 90%，其他债券和基金折算率不超过 80%，上证 180 指数和深证 100 指数成分股股票折算率不超过70%，其他股票不超过 65%。证券公司的折算率不得高于证券交易所规定的折算率。

例如，某投资者信用账户内有 100 元现金和 100 元市值的 A 证券，假设 A 证券的折算率为 70%，那么，该投资者信用账户内的保证金金额为 170 元，即 100 元（现金）×100%+100 元（市值）×70%。

保证金比例是指投资者交付的保证金与融资或融券交易金额的比例，具体分为融资保证金比例和融券保证金比例。

保证金比例用于控制投资者初始资金的放大倍数，投资者进行的每一笔融资、融券交易交付的保证金都要满足保证金比例要求。在保证金金额一定的情况下，保证金比例越高，证券公司向投资者融资融券的规模就越少，财务杠杆效应越低。

（1）融资保证金比例是指投资者融资买入时交付的保证金与融资交易金额的比例，计算公式为：

融资保证金比例 = 保证金 /( 融资买入证券数量 × 买入价格 )×100%

沪、深证券交易所融资融券交易试点实施细则规定，投资者融资买入证券时，融资保证金比例不得低于 50%。

证券公司在不超过证券交易所上述规定比例的基础上，可自行确定相关融资保证金比例。

例如，某投资者信用账户中有 100 元保证金可用余额，该投资者的融资保证金比例为 50%，则该投资者可融资买入 200 元市值 (100 元保证金 ÷50%) 的证券。

（2）融券保证金比例是指投资者融券卖出时交付的保证金与融券交易金额的比例，计算公式为：

融券保证金比例 = 保证金 /( 融券卖出证券数量 × 卖出价格 )×100%

沪、深证券交易所融资融券交易试点实施细则规定，投资者融券卖出时，融券保证金比例不得低于 50%。

证券公司在不超过证券交易所上述规定比例的基础上，可自行确定相关融券保证金比例。

## （十）融资融券费用参考

目前，我国融资券的费用如表 6-2 所示。

表 6-2　融资融券费用一览表

| 融资利率 | 融券费率 | 维持担保比例 | | 生效日期 |
|---|---|---|---|---|
| | | 类型 | 比例 | |
| 8.60% | 8.60% | 警戒线 | 150.00% | 2013年04月12日 |
| | | 平仓线 | 130.00% | |
| | | 维持担保比例下限 | 300.00% | |
| 8.60% | 10.60% | 警戒线 | 150.00% | 2012年07月06日 |
| | | 平仓线 | 130.00% | |
| | | 维持担保比例下限 | 300.00% | |
| 8.85% | 10.65% | 警戒线 | 150.00% | 2012年06月08日 |
| | | 平仓线 | 130.00% | |
| | | 维持担保比例下限 | 300.00% | |
| 9.10% | 11.10% | 警戒线 | 150.00% | 2011年07月07日 |
| | | 平仓线 | 130.00% | |
| | | 维持担保比例下限 | 300.00% | |
| 8.85% | 10.85% | 警戒线 | 150.00% | 2011年04月06日 |
| | | 平仓线 | 130.00% | |
| | | 维持担保比例下限 | 300.00% | |
| 8.60% | 10.60% | 警戒线 | 150.00% | 2011年02月09日 |
| | | 平仓线 | 130.00% | |
| | | 维持担保比例下限 | 300.00% | |
| 8.35% | 10.35% | 警戒线 | 150.00% | 2011年12月26日 |
| | | 平仓线 | 130.00% | |
| | | 维持担保比例下限 | 300.00% | |
| 8.10% | 10.10% | 警戒线 | 150.00% | 2011年10月20日 |
| | | 平仓线 | 130.00% | |
| | | 维持担保比例下限 | 300.00% | |
| 7.86% | 9.86% | 警戒线 | 150.00% | 2011年04月05日 |
| | | 平仓线 | 130.00% | |
| | | 维持担保比例下限 | 300.00% | |

# 第七章 基金类

## 一、开放基金

开放基金又称共同基金，是指基金发起人在设立基金时，基金单位或者股份总规模不固定，可视投资者的需求，随时向投资者出售基金单位或者股份，并可以应投资者的要求赎回发行在外的基金单位或者股份的一种基金运作方式。与封闭式基金相比，开放式基金无固定期限、无发行规模限制，可以自由申购赎回。由于开放式基金有随时赎回的特点，为应对投资者随时可能发生赎回兑现的情况，必须保持基金资产的流动性，故需要持有一部分现金或具有高流动性的金融工具。

### （一）开放式基金的年化收益率

年化收益率是把当前收益率（日收益率、周收益率、月收益率）换算成年收益率来计算，是一种理论收益率，并不是真正的已取得的收益率。例如，日收益率是万分之一，则年化收益率是 3.65%（一年是 365 天）。基金年化收益率是指通过购买基金产品可获得的预期收益率换算成年收益率来计算。因此，基金年化收益率是指投资期限为一年所获的收益率。具体计算公式如下：

基金年化收益率 =（投资内收益 / 本金）/（投资天数 /365）× 100%

基金年化收益 = 本金 × 年化收益率

基金实际收益 = 本金 × 年化收益率 × 投资天数 /365

截至 2016 年，开放式基金（不包括货币型和 QDII（合格境内机构投资者））共计 5744 只，其年化收益率分布如图 7-1 所示，收益率统计如表 7-1 所示。其中收益率最高的是招商中证白酒（161725）开放式基金，年化收益率达 58.4%，收益率最差达 –42.98%。由于开放式基金的份额不固定，因此用简单平均来替代加权平均，那么近一年的收益率均值为 5%，总体的年化回报率在 4%，符合整体预期。

2018 年公募基金 5626 只，2019 年上半年增加到 5983 只，开放式基金为 5259 只。

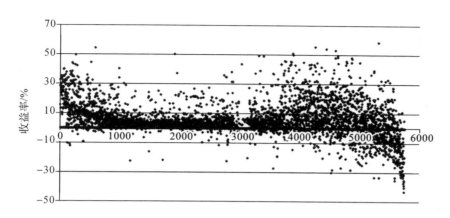

图 7-1　2016 年开放式基金（不包括货币型和 QDII）的收益率分布率

数据来源：Wind 资讯

**表 7-1　开放式基金收益率统计（截至 2016 年）**

| 时间 | 收益率 | 时间 | 收益率 |
|------|--------|------|--------|
| 近一年 | 5% | 近五年 | 11% |
| 近两年 | 7% | 成立以来 | 34% |
| 近三年 | 7% | 年化回报 | 4% |

数据来源：Wind 资讯，根据作者计算所得

选取部分数据，以 070001（混合型基金：嘉实成长收益混合 A）、151002（债券型基金：银河收益债券）、161607（股票型基金：融通巨潮 100）、519180（指数型基金：万家 180 指数）为例，来看年化收益率变化曲线，如图 7-2 所示。

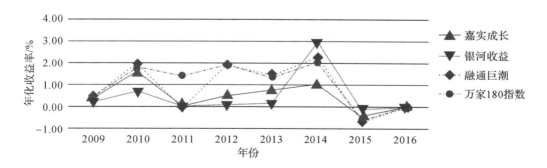

图 7-2　2009—2016 年总收益率与平均年化收益率

### （二）开放式基金的年化平均价格

开放式基金的净值又称"账面价值"。开放式基金申购和赎回的价格是建立在每份基金净值基础上的，以基金净值再加上或减去必要的费用，就构成了开放式基金申购和赎回的价格。详细计算公式如下：

T 日基金资产净值＝基金总资产 - 基金总负债

T 日基金单位净值＝ T 日基金资产净值 /T 日发行在外的基金单位总数

基金总资产是指基金所拥有的各类有价证券、银行存款本息及其他投资等的价值总和。

基金总负债是指基金运作时所形成的负债，包括各种应付费用、应付收益等。

基金资产净值是用当天证券交易所收市后对基金所拥有的各项资产进行估值并扣除负债后得出的。基金单位净值需每日计算。

基金单位总数是该日日终基金的总份数。

投资者在 T 日买卖后，用来计算其买卖金额的依据是当天收市后计算出的基金单位净值，该净值于 T+1 日公布，因此投资者在买卖当天看到的基金单位净值是上一日买卖的投资者适用的计算基础，而不是当天买卖的计算基础。这样投资者在买卖的时候是不知道自己能够卖出的金额的，只有根据第二天公布的基金单位净值才能知道。这种计算方法称为"未知价法"。我国目前采用的就是"未知价法"。按照每年 4% 的投资回报率计算，根据开放式基金的年化平均价格走势图（见图 7-3），可知持续持有基金超过 18 年，可以获得翻倍收益。

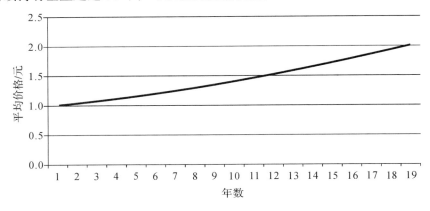

图 7-3　开放式基金年化平均价格走势

106

## （三）开放式基金的规模

自 2012 年以来，开放式基金规模增长迅速，2012 年 12 月开放式公募基金净值为 27258.8 亿元，到 2017 年 12 月开放式公募基金净值达 109898.87 亿元，5 年间翻了近 4 倍，年均增长率为 41.42%。开放式基金的规模趋势如图 7-4 所示。

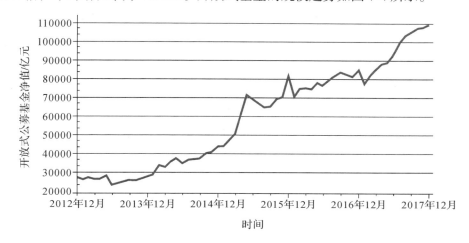

图 7-4　开放式基金规模趋势

2018 年 12 月开放式公募基金净值规模突破 13 万亿元。

## （四）与宏观经济数据的比较分析

由季度开放式基金的净值规模与 GDP 季度数据（见图 7-5）显示，总体趋势相近，但在部分拐点处仍存在不确定性。

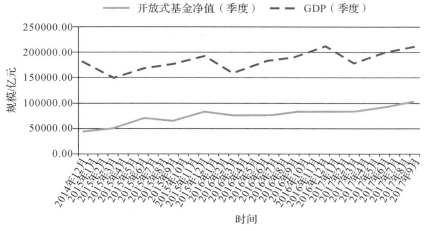

图 7-5　开放式基金净值（季度）与 GDP（季度）的对比分析

# 二、封闭基金

封闭式基金是指基金发行总额和发行期在设立时已确定，在发行完毕后的规定期限内发行总额固定不变的证券投资基金。封闭式基金的投资者在基金存续期间内不能向发行机构赎回基金份额，基金份额的变现必须通过证券交易场所上市交易。基金单位的流通采取在证券交易所上市的办法，投资者日后买卖基金单位，都必须通过证券经纪商在二级市场上进行竞价交易。

20世纪90年代初，珠信基金的成立标志着中国投资基金（封闭式基金雏形）的起步。之后，天骥、蓝天、淄博等投资基金作为首批基金在深圳、上海证券交易所上市，标志着我国全国性投资基金市场的诞生。从封闭式基金20多年的发展历程看，封闭式基金大致经历了起步、规范和发展三阶段。

1997—2001年，我国证券投资基金处于以封闭式基金为主导的发展阶段。

1999年4月折价交易现象开始出现，封闭式基金逐渐陷入困境。

截至2018年2月，封闭式基金共计334只，其中被动指数股票型封闭式基金的数量最多，达242只，灵活配置型封闭式基金有42只，中长期纯债型封闭式基金有13只，其余基本为个位数，如表7-2所示。

表7-2　封闭式基金产品类型

| 一级类型 | 二级类型 | 产品数量/只 |
|---|---|---|
| 股票型基金 | 普通股票型基金 | 4 |
| | 被动指数股票型基金 | 242 |
| | 增强指数股票型基金 | 6 |
| 混合型基金 | 偏股混合型基金 | 7 |
| | 平衡混合型基金 | 0 |
| | 灵活配置型基金 | 42 |
| 债券型基金 | 中长期纯债型基金 | 13 |
| | 混合债券型一级基金 | 6 |
| | 混合债券型二级基金 | 5 |
| | 被动指数债券型基金 | 2 |
| | 增强指数债券型基金 | 2 |
| 另类投资基金 | REITS（房地产信托投资基金） | 1 |
| QDII基金 | QDII股票型基金 | 4 |

数据来源：Wind基金分类（数据截至2018年2月）。

## （一）封闭式基金的年化平均价格

### 1. 封闭式基金折价问题

封闭式基金具有一定的折价率，封闭式基金折价率是指封闭式基金的基金份额净值和单位市价之差与基金份额净值的比率，是基金价格相对于基金净值的一种折损，所以分母应该是净值，而非价格。其公式如下：

溢（折）价率 =（交易价格 − 基金单位净值）/ 基金单位净值 ×100%

若计算结果为负，则为折价率；若计算结果为正，则为溢价率。现在封闭式基金折价率仍较高，大多在 20% 左右，其中到期时间较短的中小盘基金折价率低些。

封闭式基金折价率的大小会影响到封闭式基金的投资价值。除了投资目标和管理水平外，封闭式基金折价率是评估封闭式基金的一个重要因素，对投资者来说，高折价率的封闭式基金存在一定的投资机会。

由于封闭式基金运行到期后是要按净值偿付或清算的，所以折价率越高的封闭式基金，潜在的投资价值就越大。

### 2. 封闭式基金的年化平均价格

本书以现有存续的封闭式基金为样本，往前追溯，若未成立，则剔除数据，用简单算术平均来计算封闭式基金的年化平均价格，数据来源于 Wind 数据库。考虑到基金分红的影响，为增加数据的可比性，选择 334 只封闭式基金的复权单位净值为基础数据。从图 7-6 可以看出，2013—2017 年封闭式基金的年化平均价格在 1 元上下波动，其中，2014 年整体净值水平较高，平均达 1.28 元，基金运行良好；较差的年份是 2016 年，低于 1 元，平均为 0.92 元。

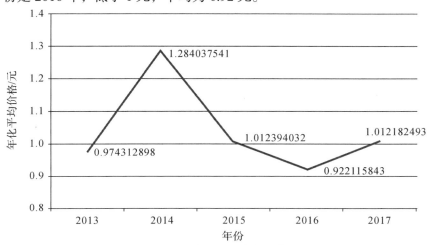

图 7-6　2013—2017 年封闭式基金的年化平均价格

数据来源：Wind 数据库，经作者计算所得。

根据上述计算方法，得到2013—2017年股票型封闭式基金的年化平均价格。从图7-7可以看出，其变化曲线基本跟封闭式基金的整体走势一致，但股票型封闭式基金的年化平均价格即净值低于整体的价格。

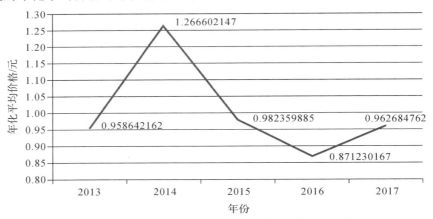

图7-7　2013—2017年股票型封闭式基金的年化平均价格

*数据来源：Wind数据库，经作者计算所得。*

根据上述计算方法，得到2013—2017年混合型封闭式基金的年化平均价格。从图7-8可以看出，混合型封闭式基金的整体价格较高，净值表现较高，这5年均高于1元，赚钱效应较好，但2016年和2017年平均价格急剧下降，原因在于发行了大量新的混合型基金，拉低了整体的价格水平。

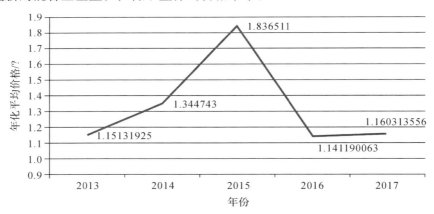

图7-8　2013—2017年混合型封闭式基金的年化平均价格

*数据来源：Wind数据库，经作者计算所得。*

由于债券型封闭式基金、另类投资基金和QDII基金品种较少，产品波动较大，其代表性不明显，所以此处不再讨论其年化平均价格。

## （二）封闭式基金的年化收益率

年化收益率的计算基于年化平均价格计算所得。2016 年和 2017 年的年化收益率增长较差，与整体行情有一定的相关性（见图 7-9）。

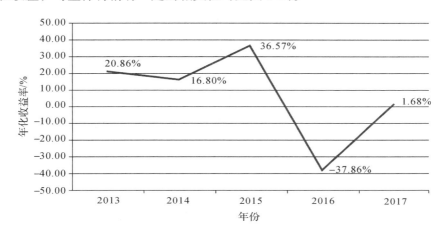

图 7-9　2013—2017 年封闭式混合型基金的年化收益率

数据来源：Wind 数据库，经作者计算所得。

## （三）封闭式基金的规模

封闭式基金由于是上市交易基金，规模相对较大，目前存续的封闭式基金规模达 4045.19 亿元，简单算术平均后为 11.79 亿元，最大约为 325 亿元，最小只有约 0.1 亿元，规模的标准差较大，如表 7-3 所示。

表 7-3　封闭式基金的规模统计

| 统计指标 | 数值／亿元 |
| --- | --- |
| 总和 | 4045.1884 |
| 算术平均 | 11.7936 |
| 中位数 | 2.8821 |
| 最大 | 325.1096 |
| 最小 | 0.0103 |
| 标准差 | 27.0361 |

数据来源：Wind 数据库。

# 三、私募基金

私募基金一般是指以非公开方式向特定投资者募集资金并以证券为投资对象的证券投资基金。私募基金是以大众传播以外的手段招募，发起人集合多元主体的资金设立投资基金，进行证券投资。私募基金分为私募股权投资基金和私募证券投资基金，私募股权投资基金在第五章已经讲过了，本章主要讨论私募证券投资基金。根据 Wind 资讯数据库，各类型私募基金共计 4 万余只，其类型统计如表 7-4 所示。

**表 7-4　私募基金类型统计**

| 类型 | 数量 / 只 |
| --- | --- |
| 股票型 | 36224 |
| 混合型 | 2166 |
| 债券型 | 5101 |
| 货币市场型 | 146 |

数据来源：Wind 资讯（数据时间截至 2018 年 1 月）

## （一）私募证券投资基金的年化平均价格

根据不同类型的私募证券投资基金产品，计算年化平均价格，即用考虑分红后的复权单位净值来表示。从表 7-5 可以看出，股票型基金价格相对于混合型、债券型、货币市场型价格偏高，这和风险与收益成正比有关。从净值表现来看，私募证券投资基金的价格整体高于基金市场的平均水平。从纵向比较来看，受制于整体投资环境影响，不同类型基金的年化平均价格的历史走势基本一致。

**表 7-5　不同类型的私募证券投资基金年化平均价格统计**

| 年份 | 2017 | 2016 | 2015 | 2014 | 2013 |
| --- | --- | --- | --- | --- | --- |
| 股票型 | 1.1103 | 1.0715 | 1.1290 | 1.1582 | 1.0655 |
| 混合型 | 1.1018 | 1.0646 | 1.1252 | 1.1068 | 1.0418 |
| 债券型 | 1.0597 | 1.0524 | 1.0742 | 1.0707 | 1.0233 |
| 货币市场型 | 1.0000 | 1.0004 | 1.595 | 1.0219 | 0.9669 |

数据来源：Wind 资讯，由作者整理。

## （二）私募证券投资基金的年化收益率

年化收益率根据年平均价格计算所得。不同类型私募证券投资基金的年化收益率差异较大，货币市场型每年价格波动较为剧烈（见图 7-10），而股票型、债券型、混合型相对均匀分布。但值得注意的是，债券型的趋势与股票型、混合型差异较大，因此可以认为私募股票型基金和私募混合型基金的年化收益率具有很强的相似性（见图 7-11）。

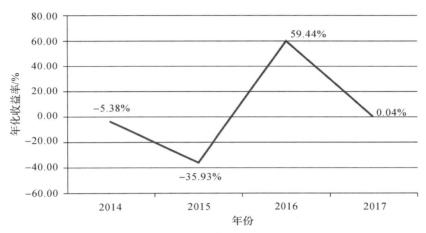

图 7-10　货币市场型私募基金的年化收益率曲线

数据来源：Wind 资讯，经作者计算所得。

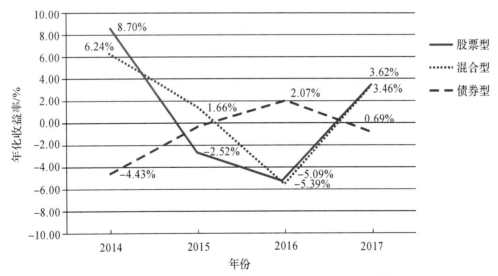

图 7-11　股票型、混合型、债券型私募基金的年化收益率曲线

数据来源：Wind 资讯，经作者计算所得。

## （三）私募证券投资基金的规模

由于私募证券投资基金的数据相对比较有限，下面列示部分私募基金产品的实际发行规模，相比于公募而言，私募的规模相对较小，总体规模也无法进一步统计。如表 7-6 所示。

表 7-6　部分阳光私募基金的产品规模一览 [1]

| 证券代码 | 证券简称 | 实际发行规模 / 万元 |
|---|---|---|
| J10062.OF | 国泰君安君富香江 | 30692.06 |
| J11039.OF | 光大全球灵活配置 | 19481.05 |
| J12092.OF | 中山金砖 1 号 | 11188.54 |
| J12118.OF | 国信金汇宝大中华新丝绸之路 | 12153.55 |
| J131322.OF | 招商汇智之凤翔 1 号 | 3057.62 |
| J13440.OF | 安信安发宝 | 29564.74 |
| J13475.OF | 安信年年赢 | 32309.94 |
| J13714.OF | 西藏东方财富稳健 2 号日薪月益 1 月 1 期 | 19571.33 |
| J13850.OF | 招商汇智之金百镕 A | 3060.97 |
| J141214.OF | 长城鼎锋理石灵活配置 B 期 | 3396.78 |
| J141788.OF | 招商智远群英荟 MOM | 11136.73 |
| J141970.OF | 长城景恒德丰 | 3817.06 |
| J143114.OF | 国金慧泉进取对冲 1 号 | 5867.37 |
| J150813.OF | 招商智远新三板 | 4866.57 |
| J151152.OF | 联讯天星资本 1 号 | 19952.00 |
| J151153.OF | 联讯天星资本 2 号 | 19567.85 |

数据来源：Wind 资讯。

# 四、公募基金

公募基金是受政府主管部门监管的，向不特定投资者公开发行受益凭证的证券投资基金。这些基金在法律的严格监管下，有着信息披露、利润分配、运行限制等行业规范。公募基金和私募基金各有千秋，它们的健康发展对金融市场的发展都有至关重要的意义。

公募基金产品也可分为货币型基金、股票型基金、债券型基金和混合型基金。

## 1. 货币型基金

货币型基金是一种开放式基金，主要投资于债券、央行票据、回购等安全性极高的短期金融品种，又被称为"准储蓄产品"，其主要特征是"本金无忧、活期便利、

---

[1]　根据原始资料只列出一部分，还有部分未列。

定期收益、每日记收益"。

### 2. 股票型基金

股票型基金是指 60% 以上基金资产投资于股票的基金。

### 3. 债券型基金

债券型基金是指专门投资于债券的基金，它通过集中众多投资者的资金，对债券进行组合投资，寻求较为稳定的收益。根据中国证监会对基金类别的分类标准，基金资产的 80% 以上投资于债券的为债券基金。

本书认为，公募基金包括前面所述开放式公募基金和封闭式公募基金。由于前面已经分别讨论过两者的价格及收益率问题，本处不再赘述。

### 4. 混合型基金

混合型基金是指投资于股票、债券以及货币市场工具的基金，且不符合股票型基金和债券型基金的分类标准。根据股票、债券投资比例以及投资策略的不同，混合型基金又可以分为偏股型基金、偏债型基金、配置型基金等多种类型。

混合型基金设计的目的是让投资者通过选择一款基金品种就能实现投资的多元化，而无须去分别购买风格不同的股票型基金、债券型基金和货币市场基金。

## 五、对冲基金

对冲基金，也称避险基金或套期保值基金，是指金融期货和金融期权等金融衍生工具与金融工具结合后以营利为目的的金融基金。它是投资基金的一种形式，意为"风险对冲过的基金"。

对冲是一把双刃剑。当基金面临的市场风险减小时，基金所能享受的股票市场长期向上趋势所带来的增值潜力也减小了。除了对冲掉市场风险外，还可以将基金的其他风险对冲掉，如基金面临的汇率风险、利率风险、某一行业风险等。每当一种风险被对冲掉时，基金经理利用该风险因素来为基金增值的可能性也没有了。理论上讲，一个完全对冲的基金的收益率应该是无风险收益率减去交易成本。因此，在实践中，基金经理不会把基金的所有风险因素都对冲掉，而只是将自己不能把握的风险因素对冲掉，留下自己有把握的风险因素，在这些风险因素上进行投资决策以获取超额收益。例如，多/空策略就是将基金经理认为自己不能把握的市场时机风险对冲掉，而只留下基金经理有把握的股票来为基金增值。经典的"pair trading"，即在同一市场、同一行业中选择两只产品、管理、股本结构等各方面都非常近似的股票，在买多一只股票的同时卖空另一只股票，这样的组合将市场风险、行业风险都对冲掉，只留下两只股票的个股风险。对冲基金产品如表 7-7 所示。

表7-7 对冲基金产品一览

| 证券代码 | 证券简称 | 复权单位净值/元<br>（交易日期：2017年12月31日） |
|---|---|---|
| 000414.OF | 嘉实绝对收益策略 | 1.196000 |
| 000585.OF | 嘉实对冲套利 | 1.088000 |
| 000667.OF | 工银瑞信绝对收益 A | 1.114000 |
| 000672.OF | 工银瑞信绝对收益 B | 1.076000 |
| 000753.OF | 华宝量化对冲 A | 1.234907 |
| 000754.OF | 华宝量化对冲 C | 1.231491 |
| 000844.OF | 南方绝对收益策略 | 1.250636 |
| 000992.OF | 广发对冲套利 | 1.130000 |
| 001059.OF | 中金绝对收益策略 | 1.012000 |
| 001073.OF | 华泰柏瑞量化收益 | 1.064500 |
| 001565.OF | 永赢量化 | 0.786000 |
| 001641.OF | 富国绝对收益多策略 | 1.046000 |
| 001791.OF | 大成绝对收益 A | 0.948000 |
| 001792.OF | 大成绝对收益 C | 0.927000 |
| 001896.OF | 泰达宏利绝对收益策略 | 1.024000 |
| 001934.OF | 国泰全球绝对收益美元现钞 | 0.958000 |
| 001935.OF | 国泰全球绝对收益美元现汇 | 0.958000 |
| 001936.OF | 国泰全球绝对收益人民币 | 0.978000 |
| 002224.OF | 中邮绝对收益策略 | 0.869000 |
| 002527.OF | 南方安享绝对收益 | 0.992300 |
| 002655.OF | 南方卓享绝对收益策略 | 1.024900 |
| 002804.OF | 华泰柏瑞量化对冲 | 1.034500 |
| 005280.OF | 安信稳健阿尔法定开 | 1.001400 |
| 519062.OF | 海富通阿尔法对冲 | 1.337000 |

数据来源：Wind 资讯。

## （一）对冲基金的年化平均价格

在成熟市场，基金正常年平均收益水平是 8%～15%。在最红火的时候，世界上最著名的私募对冲基金——量子基金复合年度收益率达到 40%。美国在 1997—2000 年间出现了一轮新经济牛市，指数涨幅累计达 150%。美国基金近 15 年来平均年收益率不过 13.57%，而美国股市 100 年来平均年收益率仅为 9%。本书以中国国内对冲基金为样本，考虑到数据的可得性和连续性，选择 2015—2017 年的复权单位净值，来计算对冲基金的年化平均价格。总体来看，这三年对冲基金的平均价格均高于 1 元（见图 7-12）。

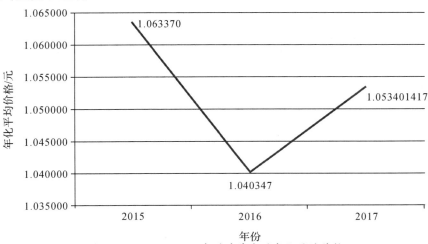

图 7-12 2015—2017 年对冲基金的年化平均价格

数据来源：Wind 资讯

## （二）对冲基金的年化收益率

根据对冲基金的年化平均价格数据，可知 2015—2017 年的年化收益率波动较大。从年化收益率的数据来看，具有一定的风险规避作用，相对于激进型和股票型基金会有更好的保值作用（见图 7-13）。

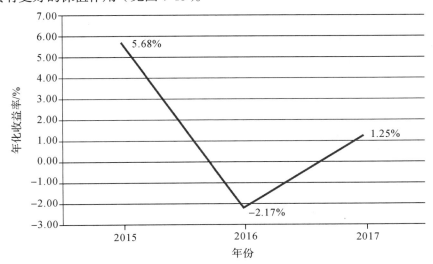

图 7-13 2015—2017 年对冲基金的年化平均收益率

数据来源：Wind 资讯。

### （三）对冲基金的规模

在过去的 15 年间，全球对冲基金的资产管理规模从 4000 亿美元发展到 2.25 万亿美元（数据来自 Eurekahedge），大型对冲基金数量也增长了 5 倍；而其他渠道的估算则认为，目前对冲基金行业正管理着超过 3 万亿美元的资产，其中近一半的公司位于北美，另外，欧洲及中东、俄罗斯加起来约占 35%，亚洲地区约占 12%。

对冲基金的数量在次贷危机爆发之前的两年内出现较大增长，管理规模也从 2006 年的约 1.5 万亿美元增长至金融危机前的近 2 万亿美元，这与该周期对冲基金有强劲的收益关系较大。据 Eurekahedge 的数据，2008 年 6 月前的 12 个月内，样本基金的收益达 1600 亿美元。但此后的金融危机重创了全球对冲基金业，大幅亏损、公司倒闭屡见不鲜，其中 2008 年全年亏损超过 4000 亿美元，近 20% 的机构倒闭。一直到 2013 年，对冲基金的数量才重新超过 2007 年。所幸的是，虽然欧债危机及英国脱欧等事件也给行业带来创伤，但在资产配置及风险对冲的需求下，全球对冲基金依然取得了稳定增长。

本书根据前面数据绘制出表 7-8，数据显示目前存续期内的对冲基金总体规模达 3654.7621 万元，其中规模最大的达 509.8805 万元，最小的为 3.1105 万元。不同的对冲基金规模数量级相差较大。

**表 7-8　对冲基金产品的统计数据**

| 统计指标 | 数值 / 万元 |
|---|---|
| 规模总额 | 3654.7621 |
| 算术平均 | 152.2818 |
| 中位数 | 101.6697 |
| 最大 | 509.8805 |
| 最小 | 3.1105 |
| 标准差 | 145.4754 |

数据来源：Wind 资讯。

# 第八章  期  货

期货是在固定的交易场所内，买卖标准化的商品或金融资产远期合约的一种交易。

## 一、期货不是一种低成本的金融交易工具

目前期货市场的许多操作者与研究者都认为成本低是期货交易的一大优势，所以期货这种金融工具的价格应该很低。但实际情况是否跟我们想象的一样呢？下面以数据计算为基础，以客观事实的逻辑规律分析得出结论，甄别其交易成本，也就是期货这种金融工具价格的高低。

在系统性阐述有关期货交易成本的研究思路前，先将一个生活中的小例子摆出：假设小陈、小明、小李、小张4个朋友相约在一个休闲室打扑克。在这个休闲室打一圈扑克需要每个人给休闲室2元场租费，每个人一开始都带了100元，在这个桌面上一共是400元，那么如果他们再在打牌上下赌注，就必然会有人输，有人赢。这4位好友如果一直玩下去，至少会有一个人先行离开。为什么会这么肯定地说？因为总会有一个人会输得剩下的钱不足以支撑再玩一局的成本，甚至可能输得一干二净。比如玩了40盘，这时候不论谁输赢，桌面上总计只有320元，休闲室收了80元，这时候的交易成本就是80元，总体上来说，这4个人的平均综合回报率是 -20%。

为什么要举这样一个例子呢？因为这跟期货交易的本质一样，每打一圈扑克需要参与的人付出一定的场租费，这就好比期货交易中所需要支付的交易成本，每进行一次开仓的交易就需要支付一定的手续费，并且还需要对应开仓品种的保证金。而打牌就像开仓或平仓后，也要支付一定的开仓或平仓手续费（这里面会有个别情况不需要开仓手续费，这里不将这些少有情况列入讨论范围内），至于输赢这就各凭本事了。

所以，研究期货交易要从 4 个方面进行：时间、空间、资金、费率。我们称其四维模型。

从时间角度来讲，一次完整的交易包括 2 个基本步骤，即开仓和平仓行为。但是大部分的交易者不会就做一次交易。他们会在一段时间内进行 $N$ 笔交易。这就是我们后面所要引用到的关于一段时间内的 $N$ 笔交易的次数统计。另外，从期货交易属性来看，期货其实就是一种未到期的货物，期货交易的对象是未来货物的标准化的合约，该标准化的合约是由交易所统一制定的。它明确地规定了交割期限，即该合约的交割月份。一般来说，一个标准合约会在离交割月份前的半年甚至更长的一些时间里推出，不过一般不会超过一年。期货交易和股票交易不同，股票交易可以无限期地持有股票，但是期货交易的持仓者须在最后交易日前选择平仓或者实物交割，换句话说，期货交易持仓最多只能持有到交割日，因此从某个合约看，它在时间点上是封闭的。

从空间角度来讲，一般来说外资是无法进入我国期货市场的，因此中国的期货业务在空间上被我国法规限定在国内，即参与期货交易行为的资金只能在国内进行流动，在空间上是与外界封闭的。除去少量的交割以外，客户的交易资金就在期货交易的三个主体，即期货交易所、期货经纪公司、期货投资者之间流动。因为期货的交割量与交易量相比是非常小的，若暂时忽略不计，我们以博弈论的观点来看期货市场是一种封闭型的"零和博弈"，即某一方的盘盈一定是另一方的盘亏，即多方的赢来源于空方的输，同样的若空方赢也定有多方输。期货交易的特点是无论各个博弈方怎样决策，到最后资金总量以及期货市场上的总盈亏即各个博弈方损益和总是相抵销。在期货交易中，期货交易所和期货经纪机构的主要收益的来源是期货投资者所缴纳的手续费，但是多空双方总和又是一种零和博弈，而双方在交易时都需要支付一定比例的手续费，原来多方的盘盈就是空方的盘亏或空方的盘盈就是多方的盘亏，除此之外还要减去期货交易所以及期货经纪机构的手续费，那么多方的盘盈就少于空方的盘亏或空方的盘盈就少于多方的盘亏。但是，期货交易一直在期货交易三个主体之间进行，所以除去期货经纪机构与期货交易所，相对于整体投资者来说，若是在没有外部投资者进入时，整体的投资总金额只会越来越少，对于投资者来说是处于一个持续的"负和博弈"的交易环境中。

资金是跟期货交易成本挂钩最密切的两个直接因素之一。参与期货交易的资金大小直接决定了交易成本，小规模的资金交易成本平摊下来相对贵一些。大规模的资金交易由于期货公司会给予优惠政策，相对便宜一些。

费率也是跟期货交易成本挂钩最亲切的两个直接因素之一。不同交易所交易的费率是不相同的，不同品种的交易费率是不相同的，不同规模资金交易的费率也是不相同的（这一般是不公开的秘密）。所以，费率的大小与交易资金的规模直接构成了期货交易成本的高低。接下来我们就这一方面的内容做更详尽的阐述。

1998 年，陈中放博士在其浙江大学博士论文中首先提出了期货交易手续费的负和计算公式，具体如下：

假设在一个期货空头市场中，多方资金亏损为 $S_1$；空方资金盈利为 $S_2$，那么在不计算手续费时，可得出 $S_1=S_2$，如经纪机构收取手续费 $C''$ 加上交易所所收手续费 $C'$，合计向客户收手续费 $C$ 时，就可以得出图 8-1 和下列方程式。

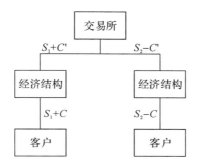

图 8-1　期货交易手续费的负和计算

设多方实际支付 $U$，空方实际得到 $N$，则：

$$U=S_1+C, \quad S_1=U-C$$

$$V=S_2-C, \quad S_2=V+C$$

因为 $S_1=S_2$，所以 $U-C=V+C$

$$U=V+2C, \quad C=C''+C', \quad C'<C$$

从上面的推导中可以看出，期货交易的资金流除少量实物交割外，在空间上是在国内，时间上是一个合约开始日到最后交割日，两者都有封闭性。在期货交易中交易费用至少是多空双方交易中亏损的绝对值减去盈利的绝对值后得到的那部分，即由于 $U = V + 2C$，或者客户亏损总额＝客户盈利总额＋交易费用，所以交易费用等于 $2C$。

由此可设计以下模型。

1. 交易费用总额

如果设 $S =$ 参与期货市场资金总量，$N =$ 平均交易次数，$R =$ 手续费比例（含风险基金），$T =$ 保证金比例，则交易费用总额

$$P = S \times N \times R/T$$

其中，$(S \times N)/T = J$，$J$ 为交易量。

通过计算 1996 年 15 家期货交易所的大部分交易量，最后得出手续费率 $R$ 为参与期货市场资金总量 $S$ 的 $-27.6\%$。

## 二、期货交易成本的构成

由图 8-2 交易成本的构成可以看到，期货交易费用有直接费用、间接费用以及资金占有成本三部分组成。

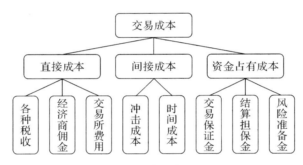

图 8-2　交易成本的构成

直接成本主要包括在交易、结算和交割过程中，需要交付给交易所的手续费，交付给经纪商的佣金，以及要缴纳给国家的各种税收。

间接成本主要包括冲击成本和时间成本。冲击成本是指投资者在进行大额交易的时候，未能够按照先前预定的价位成交因而多支付的成本，这一点反映了大额的交易行为对价格的影响，这是隐性的交易成本。时间成本是指在一些市场价格剧烈波动的时候，投资者的交易不能被立即执行，从而出现的一种隐性的交易成本。这里的冲击成本和时间成本都与市场的当前状态、市场的相关机制、市场的交易系统以及市场的交易制度相关，是一种无法直接发现和衡量的隐性的交易成本。冲击成本也就是风险溢出，因为在真正进行期货交易时，并不是完全按照设定好的交易价格进行严格的止损止盈，而是需要对手盘的出现。尤其是在逼仓与爆仓时，买卖价格会偏离较大，这时的冲击成本就比较明显地显示出来了。但是，冲击成本是很难

进行量化数据分析的。

　　资金占有成本主要有结算担保金、风险准备金和交易保证金三部分构成。这些费用可以算是一种机会成本，其征收的主要目的是降低期货市场上的一些相关的风险。这些资金的存在能够有效地防范违约等风险的发生，以保证期货市场的平稳运行。交易保证金是指期货交易所要求其客户或者会员在其保证金账户中存入一定数额的资金，而当资金数额低于一定的值时，需要追加资金，以保证账户的资金数量。结算担保金是指期货交易的清算所要求客户或者会员在其保证金账户中存入一定数额的资金，以作为结算会员的违约风险担保金。风险准备金由交易所统一设定，它作为维护整个交易市场的正常运行的一种财务担保，或者是在发生一些不可预见性的风险时用以弥补亏损的资金。期货交易所一般会规定保证金的比例为 2%~15%，对于不同的市场风险状况，可以进行相应的变动。众所周知，保证金制度是期货市场风险管理的核心。保证金制度中包括了保证金的水平设置、保证金的调整权限安排、保证金的等级区分、清算机构的设置等。在这里，最重要的一点是保证金水平的设置，而我们一般所说的保证金的设置，在没有特别声明时都指的是初始保证金。保证金的设定是期货交易所活跃市场、控制风险的一个重要环节，必须兼顾到市场的流动性与违约发生的可能性，这两者是此消彼长的关系。当设置过低的保证金水平时（机会成本原则），期货的价格波动很容易超过所交纳的保证金所能承担的损失，因此造成投资者违约的发生，严重影响期货市场的平稳运行；而当设置过高的保证金水平时（审慎性原则），虽然违约风险可以减小，但高昂的资金成本大大降低了期货投资者的参与热情，市场的流动性就会降低，因而会严重地影响期货市场基本功能的发挥。

　　在这里，我们仅仅只是引入一个概念，在我们能够分析的数据中，不包括这些冲击成本与时间成本。其交易成本所要考量的远远不止这些东西。

　　下面我们来具体介绍目前期货市场上所能交易的期货种类及相关费率与费用。

　　商品期货：有工业品（可细分为贵金属与非贵金属商品）、能源商品、农产品、其他商品等。

　　农产品期货：如豆油、豆粕、大豆、籼稻、棉花、白糖、咖啡、小麦、玉米、猪腩、棕榈油、菜籽油等。

金属期货：如黄金、白银、铜、锡、铅、锌、铝、镍、线材、螺纹钢等。

能源化工期货：如汽油（甲醇）、原油（塑料、PVC、PTA)、燃料油等。新兴品种包括气温、二氧化碳排放配额、天然橡胶等。

根据中国期货业协会 2017 年 6 月发布的《2016 年期货行业年报》中排名前十名的期货经纪公司如表 8-1 所示。

表 8-1　排名前十位的期货经纪公司

| 排名 | 公司名称 | 手续费收入 / 万元 |
| --- | --- | --- |
| 1 | 国泰君安 | 56326.79 |
| 2 | 永安期货 | 53715.22 |
| 3 | 海通期货 | 44518.94 |
| 4 | 银河期货 | 39554.01 |
| 5 | 方正期货 | 38060.14 |
| 6 | 中信期货 | 36370.54 |
| 7 | 华泰期货 | 30544.34 |
| 8 | 申银万国 | 30528.26 |
| 9 | 广发期货 | 30499.07 |
| 10 | 徽商期货 | 29431.53 |

如表 8-2 所示为期货品种手续费标准；如表 8-3 所示为 2016 年度期货交易所手续费标准。

## 表8-3 2016年度期货交易所手续费标准

| 交易所 | 代码 | 品种 | 交易手续费标准 | | 交割手续费标准 | 质押手续费标准 |
|---|---|---|---|---|---|---|
| | CF | 棉花 | 17.2元/手 | | 40元/手 | |
| | FG | 玻璃 | 开仓12元/手，平今仓96元/手，平老仓12元/手 | | 40元/手 | |
| | JR | 粳稻 | 12元/手 | | 40元/手 | |
| | LR | 晚籼稻 | 12元/手 | | 40元/手 | |
| | MA | 甲醇 | 开仓8元/手，平今仓24元/手，平老仓8元/手 | | 20元/手 | |
| | OI | 菜籽油 | 10元/手 | | 20元/手 | |
| | PM | 普通小麦 | 20元/手 | | 100元/手 | |
| 郑州商品交易所 | RI | 早籼稻 | 10元/手 | | 40元/手 | 按照实际质押金额和实际发生的质押天数以年利率1.8%按天计 |
| | RM | 菜粕 | 开仓6元/手，平今仓12元/手，平老仓6元/手 | | 20元/手 | |
| | RS | 油菜籽 | 8元/手 | | 20元/手 | |
| | SF | 硅铁 | 开仓12元/手，平今仓36元/手，平老仓12元/手 | | 10元/手 | |
| | CY | 棉纱 | 16元/手 | | 5元/手 | |
| | SM | 锰硅 | 开仓12元/手，平今仓24元/手，平老仓12元/手 | | 10元/手 | |
| | SR | 白糖 | 12元/手 | | 20元/手 | |
| | TA | 精对苯二甲酸 | 12元/手 | | 20元/手 | |
| | ZC | 动力煤 | 开仓16元/手，平今仓32元/手，平老仓16元/手 | | 200元/手 | |
| | WH | 强麦 | 10元/手 | | 40元/手 | |
| 大连商品交易所 | a | 黄大豆1号 | 8元/手 | | 80元/手 | 按照实际质押金额和实际发生的质押天数以年利率1.8%按天计 |
| | b | 黄大豆2号 | 4元/手 | | 80元/手 | |
| | b1711b1801b1803 | 黄大豆2号 | 8元/手 | | 80元/手 | |
| | bb | 胶合板 | 成交金额的0.04% | | 10元/手 | |
| | c | 玉米 | 4.8元/手 | | 20元/手 | |
| | cs | 玉米淀粉 | 6元/手 | | 20元/手 | |

续 表

| 交易所 | 代码 | 品种 | 交易手续费标准 | 交割手续费标准 | 质押手续费标准 |
|---|---|---|---|---|---|
| 大连商品交易所 | fb | 纤维板 | 成交金额的0.04% | 10元/手 | |
| | i | 铁矿石 | 成交金额的0.024% | 100元/手 | |
| | i1801i1805i1809 | 铁矿石 | 开仓成交金额的0.024%，平今仓成交金额的0.024% | 100元/手 | |
| | j | 冶金焦炭 | 成交金额的0.024% | 200元/手 | |
| | j1801j1805j1809 | 冶金焦炭 | 开仓成交金额的0.024%，平今仓成交金额的0.024% | 200元/手 | 按照实际质押金额和实际发生的质押天数以年利率 1.8%按天计 |
| | jd | 鸡蛋 | 成交金额的0.06% | 10元/手 | |
| | jm | 焦煤 | 成交金额的0.024% | 120元/手 | |
| | jm1801jm1805jm1809 | 焦煤 | 开仓成交金额的0.024%，平今仓成交金额的0.024% | 120元/手 | |
| | l | 聚乙烯 | 8元/手 | 20元/手 | |
| | m | 豆粕 | 6元/手 | 20元/手 | |
| | p | 棕榈油 | 10元/手 | 20元/手 | |
| | pp | 聚丙烯 | 成交金额的0.024% | 20元/手 | |
| | v | 聚氯乙烯 | 8元/手 | 20元/手 | |
| | y | 豆油 | 10元/手 | 20元/手 | |
| 上海期货交易所 | ag | 白银 | 成交金额的0.02% | 15元/手 | |
| | al | 铝 | 12元/手 | 20元/手 | |
| | au | 黄金 | 40元/手 | 120元/手 | 按照实际质押金额和实际发生的质押天数以年利率 1.8%按天计 |
| | bu | 沥青 | 成交金额的0.04% | 20元/手 | |
| | cu | 铜 | 成交金额的0.02% | 20元/手 | |
| | fu | 燃料油 | 成交金额的0.8% | 100元/手 | |
| | HC | 热轧卷板 | 成交金额的0.04% | 20元/手 | |

续 表

| 交易所 | 代码 | 品种 | 交易手续费标准 | 交割手续费标准 | 质押手续费标准 |
|---|---|---|---|---|---|
| | HC1710HC1801 | 热轧卷板 | 开仓成交金额的 0.04%，平今仓成交金额的 0.2%，平老仓成交金额的 0.04% | 20 元／手 | |
| | Ni | 镍 | 4 元／手 | 4 元／手 | |
| | ni1801 | 镍 | 开仓 24 元／手，平今仓 120 元／手，平老仓 24 元／手 | 4 元／手 | |
| | ni1805ni1809 | 镍 | 24 元／手 | 4 元／手 | |
| | pb | 铅 | 成交金额的 0.016% | 20 元／手 | |
| | pb1711 | 铅 | 开仓成交金额的 0.016%，平今仓成交金额的 0.08%，平老仓成交金额的 0.016% | 20 元／手 | 按照实际质押金额和实际发生的质押天数以年利率 1.8% 按天计 |
| 上海期货交易所 | RB | 螺纹钢 | 成交金额的 0.04% | 20 元／手 | |
| | RB1710RB1801 | 螺纹钢 | 开仓成交金额的 0.04%，平今仓成交金额的 0.2%，平老仓成交金额的 0.04% | 20 元／手 | |
| | RU | 橡胶 | 成交金额的 0.018% | 80 元／手 | |
| | Sn | 锡 | 4 元／手 | 4 元／手 | |
| | sn1801sn1805sn1809 | 锡 | 12 元／手 | 4 元／手 | |
| | wr | 线材 | 成交金额的 0.016% | 20 元／手 | |
| | zn | 锌 | 12 元／手 | 20 元／手 | |
| | zn1710zn1711zn1712 | 锌 | 开仓 12 元／手，平今仓 60 元／手，平老仓 12 元／手 | 20 元／手 | |

资料来源：http://www.cfachina.org/cwpl/2016NDQHGSCWXXX/201706/t20170623_2258343.html 2017 年 6 月 23 日。注：因为表太长，一共 140 家，不全部列出。

### 表8-2　期货品种手续费标准

| 2016年农产品期货交易 | | | |
|---|---|---|---|
| 品种 | 成交金额/万元 | 成交量/手 | 手续费/元 | 手续费标准 |
| 天然橡胶 | 1236316830.05 | 97371256 | 2225370294 | 成交额的0.018% |
| 棉花 | 550130872.75 | 80527489 | 1385072811 | 17.2元/手 |
| 晚籼稻 | 1804.47 | 334 | 4008 | 12元/手 |
| 菜籽油 | 179255244.28 | 27310246 | 273102460 | 10元/手 |
| 普通小麦 | 2073.31 | 173 | 3460 | 20元/手 |
| 早籼稻 | 10880.87 | 2000 | 16000 | 8元/手 |
| 菜籽粕 | 577547559.56 | 246267758 | 492535516 | 2元/手 |
| 油菜籽 | 77456.79 | 18748 | 149984 | 8元/手 |
| 白糖 | 696420402.43 | 117257359 | 1407088308 | 12元/手 |
| 优质强筋小麦 | 2810864.58 | 499721 | 4997210 | 10元/手 |
| 粳稻 | 2203.44 | 342 | 4104 | 12元/手 |
| 玉米 | 191013420.00 | 122362964 | 587342227.2 | 4.8元/手 |
| 黄大豆1号 | 122412160.00 | 32570158 | 260561264 | 8元/手 |
| 黄大豆2号 | 6570.00 | 1834 | 7336 | 4元/手 |
| 豆粕 | 1117680630.00 | 388949970 | 2333699820 | 6元/手 |
| 豆油 | 593646530.00 | 94761814 | 947618140 | 10元/手 |
| 棕榈油 | 756691520.00 | 139157899 | 1391578990 | 10元/手 |
| 鸡蛋 | 80728820.00 | 22474739 | 484372920 | 成交额的0.06% |
| 胶合板 | 44316.00 | 8157 | 177264 | 成交额的0.04% |
| 纤维板 | 2074.00 | 710 | 2840 | 成交额的0.04% |
| 玉米淀粉 | 130575530.00 | 67445264 | 404671584 | 6元/手 |
| 合计 | 6235377762.53 | 1436988935 | 12198376540 | |
| 2016年金属期货交易 | | | | |
| 品种 | 成交金额（万元） | 成交量（手） | 手续费（元） | 手续费标准 |
| 铜 | 1388720402.10 | 72394915 | 2777440804 | 成交额的0.02% |
| 铝 | 275476564.46 | 44391785 | 532701420 | 12元/手 |
| 锌 | 629850666.23 | 73065922 | 876791064 | 12元/手 |
| 铅 | 39810864.62 | 4561200 | 63697383 | 成交额的0.016% |
| 镍 | 775309598.05 | 100249941 | 400999764 | 4元/手 |
| 锡 | 37688375.87 | 3168348 | 12673392 | 4元/手 |

| 黄金 | 934255990.11 | 34759523 | 1390380920 | 40 元 / 手 |
|---|---|---|---|---|
| 白银 | 514711631.81 | 86501561 | 1029423264 | 成交额的 0.02% |
| 螺纹钢 | 2178719011.95 | 934148409 | 8714876048 | 成交额的 0.04% |
| 线材 | 143.37 | 61 | 229.392 | 成交额的 0.016% |
| 热轧卷板 | 119875047.25 | 43281751 | 479500189 | 成交额的 0.04% |
| 合计 | 6894418295.82 | 1396523416 | 16278484477 | |

2016 年能源化工及其他类期货交易

| 品种 | 成交金额（万元） | 成交量（手） | 手续费（元） | 手续费标准 |
|---|---|---|---|---|
| 燃料油 | 51676.38 | 2922 | 4134110.4 | 成交额的 0.8% |
| 石油沥青 | 366962279.98 | 186814247 | 1467849120 | 成交额的 0.04% |
| PTA | 418167430.22 | 172652380 | 2071828560 | 12 元 / 手 |
| 甲醇 | 282553194.74 | 136734721 | 1093877768 | 8 元 / 手 |
| 动力煤 | 240176231.05 | 50297215 | 804755440 | 16 元 / 手 |
| 聚乙烯 | 444049067.40 | 100931133 | 807449064 | 8 元 / 手 |
| 聚氯乙烯 | 36586431.20 | 11242993 | 89943944 | 8 元 / 手 |
| 聚丙烯 | 435340770.70 | 123768347 | 1044817850 | 成交额的 0.024% |
| 焦炭 | 563469330.90 | 50461050 | 1352326394 | 成交额的 0.024% |
| 焦煤 | 220479373.10 | 41077427 | 529150495.4 | 成交额的 0.024% |
| 铁矿石 | 1447803222.00 | 342265309 | 3474727733 | 成交额的 0.024% |
| 玻璃 | 149137812.13 | 67648313 | 811779756 | 12 元 / 手 |
| 硅铁 | 1739296.59 | 659485 | 7913820 | 12 元 / 手 |
| 锰硅 | 4937745.70 | 1364525 | 16374300 | 12 元 / 手 |
| 合计 | 4611453862.09 | 1285920067 | 13576928354 | |

数据来源：http://www.gtjaqh.com/fees.jsp （国泰君安期货官网）。

就单个品种来分析：开仓先按平今的比例来收，打个比方，一手焦炭的价格为 100 吨，焦炭单边手续费率是 0.6%，平今为 7.2%。那么按平今的标准收为 11.43×100×7.2%=83 元，下午收盘结算之后，如果没有平今仓，则按 0.6% 的比例来，会退还多收的 11.43×100×（7.2%-0.6%）=75.4 元。假设你平今仓了，则双边都是按照 83 元来，即 83×2=166 元。

根据《中国期货协会 2016 年年报》介绍："到 2016 年年末，全国期货公司客户权益总额 4368.75 亿元"，也就是说，商品期货是一个封闭市场，它在时间和空间上是封闭的，是负和交易，它被收取的手续费就是它的总亏损。在 4368.75 亿元的客户权益中，手续费为 840 亿元，它的平均综合回报率 =840/4368.75=−19.23%（这个交易总额里还包括了金融期货的客户权益，如果把这一块扣去，估计在 20% 以上）。

由此不难看出，小小的交易费用虽然看起来微不足道，但对于长期坚持交易的人，在期货交易成本上是付出了相当大的代价的，即交易磨损比较厉害。

以上只是仅仅考虑了直接成本，其实交易者付出的交易成本还远远不止这些：

（1）在前面，我们列举了时间成本与冲击成本，这些隐形成本对于长期投资者和火爆交易情况下的趋利投资者来说，绝对不能视而不见、听而不闻。

（2）我们采用的数据都是交易市场较为平淡时期的数据。在期货交易市场上，高于这个收费水平的比比皆是。2016 年的焦煤和焦炭交易情况异常火爆，焦煤和焦炭手续费一周上调 6 倍。以下是当时的交易费用调整情况：

大连商品交易所发布通知称，自 2016 年 4 月 26 日起，焦煤和焦炭品种手续费标准由成交金额的万分之 0.6 调整为成交金额的万分之 1.8。

大连商品交易所公告称，自 2016 年 4 月 27 日起，焦炭和焦煤品种手续费由成交金额的万分之 1.8 调整为万分之 3.6。

铁矿石和聚丙烯连续两天上调手续费：

大连商品交易所公告称，自 2016 年 4 月 26 日起，铁矿石和聚丙烯品种手续费标准由成交金额的万分之 0.9 调整为成交金额的万分之 1.8。

大连商品交易所公告称，自 2016 年 4 月 27 日起，铁矿石品种手续费标准由成交金额的万分之 1.8 调整为万分之 3；聚丙烯品种手续费标准由成交金额的万分之 1.8 调整为万分之 2.4。

棉花上调交易手续费并双边收取：

郑州商品交易所公告称，自 2016 年 4 月 27 日起，郑州商品交易所棉花品种交易手续费标准由 4.3 元 / 手调整为 6 元 / 手。

郑州商品交易所公告称，自 2016 年 4 月 26 日起，郑州商品交易所对棉花品种恢复收取平今仓交易手续费。

上海期货交易所上调黑色系商品手续费：

4 月 21 日晚间，上海期货交易所发布通知，上调黑色系商品交易手续费，将热轧卷板交易手续费从成交额的万分之 0.4 调整为万分之 1，将螺纹钢交易手续费从万分之 0.6 调整为万分之 1，石油沥青品种手续费从万分之 0.8 调整为万分之 1。此外，上海期货交易所 4 月 20 日、21 日连续两日发布公告，对多位客户实施限制开仓监管措施。

（3）有一部分比例的品种平今仓的手续费是平旧仓的 5~8 倍。

（4）期货市场是小众市场，参与者相对较少。

　　中国期货业协会数据显示，从期货市场的投资者参与结构看，截至 2016 年年底，全市场投资者有效客户数 118.6 万人，其中约 97% 是自然人投资者，账户资金量在 20 万元以下的投资者约占 85%。中国期货业协会会长王明伟表示，这些普通投资者是市场主力，投资规模小、投资经验少、抗风险能力弱，是适当性执行过程中要重点关注的对象，而往往首先输光离场的是这些投资规模小的普通投资者。

　　随着中国经济的发展，商品和金融资产越来越活跃，由于基数的广大，期货的年平均综合回报率逐步降低，金融期货的比重也会越来越高。

# 第九章　实物金融类

## 一、黄　金

### （一）黄金的基本概念

黄金一直以来都具有商品和金融的双重属性，在金融投资领域有着举足轻重的地位。从古至今，黄金作为一种装饰和财富的象征一直为人们所喜爱。黄金作为一种保值工具，其重要性和价值远远超过价值不稳定的货币。在通货膨胀时期，黄金可以抵御通货膨胀的威胁，受到各类投资者的欢迎。马克思说过它作为一般等价物，具有货币和特殊商品的双重属性。在人类历史上，黄金在金融领域作为一种相对安全的价值储藏，承担着国际交换媒介、政府货币储备和最终保值工具等经济职能。

关于黄金到底是商品还是货币属性的争论由来已久。黄金商品论的支持者认为，黄金早在 20 世纪 70 年代就已经脱离货币的范畴了，黄金可以和其他商品一样对冲通货膨胀，市场上对黄金的需求主要是商品性需求。黄金货币论所持的观点指出，对黄金的需求主要还是货币性需求。因为黄金是永远的天然货币，政治上的非货币化无法改变黄金这一本质。黄金在价格水平上升的时候并不一定能保值，但它在信用货币体系出现动荡的时候，能保持稳定并作为最终的保值工具。

### （二）黄金的历史地位与发展

1880—1914 年期间，一定的成色及重量的黄金充当一般等价物，作为本位货币。19 世纪初到第一次世界大战爆发前相继推行的金本位制度是历史上第一个国际货币制度。1943 年在由 44 个国家参加的布雷顿森林会议上，决定美元直接与黄金挂钩并确定 1 盎司黄金等于 35 美元。

1960 年，由于美元危机爆发，伦敦黄金市场金价暴涨。为保持黄金的官价水平，在美国策划下，欧洲主要国家的中央银行达成一项"君子协定"，约定彼此不以高于 35.20 美元的价格购买黄金。美元危机所引起的国际金融市场抢购黄金的风潮，使金价不断上涨。

1973 年以后，美元连续贬值，以美国为核心的布雷顿森林体系崩溃，其他发达国家为了维护本国的经济利益，纷纷放弃固定汇率，不再与美元保持固定比价，实行浮动汇率。各国货币的全面浮动，使以美元为中心的国际货币制度彻底瓦解，黄金价格水涨船高。

1976 年在牙买加召开的会议上，各国讨论了处理黄金官价和国际货币基金组织（IMF）的库存黄金的问题。同年 4 月，国际货币基金组织通过了《国际货币基金组织修改草案》，也就是《牙买加协定》。该协定废除了黄金条款，实行黄金非货币化，也就是使黄金与货币完全脱钩，让黄金成为纯粹的商品，各会员的中央银行可按市价自由进行黄金的交易。虽然 1975 年美国政府卖出大额黄金以解决贸易赤字，但金价并没有因此下挫，两次石油危机与世界政局的不安导致黄金成为热门商品。1979 年 11 月，美国在伊朗的人质危机和 12 月苏联入侵阿富汗两大事件成为全球黄金价格上涨的最大推手。投资者对美元的信心减退，使黄金成功上位成为保值投资的新出路。1980 年 1 月 21 日伦敦黄金市场的黄金价格达到每盎司 870 美元，2019 年达到 1500 美元 / 盎司。

国际政治形势缓和之后，金价快速回落。黄金价格自两伊战争时期的每盎司 800 多美元滑落到每盎司 300 美元。一直到 21 世纪初期，黄金都处在旷日持久的低迷期，其间仅因国际经济政治相关事件有过短期回升。1982 年 8 月墨西哥决定停止偿还外债，引发巴西、阿根廷与秘鲁等南美洲国家效尤，黄金价格飙升至每盎司 500 美元之上。1982 年之后，大洋洲和北美洲陆续发现新矿区，金价回档至每盎司 300 美元。1987 年 10 月美国发生股灾——"黑色星期五"，股市当日暴跌 20%，黄金价格回升至每盎司 500 美元。

1990 年伊拉克入侵科威特，黄金价格从每盎司 370 美元上涨至 410 美元，战争结束之后黄金回落到每盎司 300~400 美元。1991—1992 年各国央行陆续抛售黄金，加上全球通货膨胀率低，商品价格下跌至 1978 年以来的低点，黄金处于空头市场，苏联解体这一事件也未能拉抬金价。

1993—1997 年，金价在每盎司 300~400 美元区间游走，各国政府卖出黄金打压金价。1997 年美国政府支持个人退休金账户持有黄金，投资者重新拾起对黄金的信心，推动了黄金价格上涨。1998 年黄金再次回落，跌破每盎司 300 美元，低于金矿公司的成本，矿产公司相继停工。1999 年开始，英国央行共计抛售了 415 吨黄金，当时英国央行的黄金储备不过 715 吨，大规模抛售黄金行动使得英国总的黄金储备降至 300 吨，金价也因此遭到重挫，创 20 年来的新低，也就在这个时候形成了黄金价格底部，史称"布朗底部"。

进入 21 世纪后，"9·11"事件，使全球投资者再次关注起了黄金的避险保值作用。加上亚洲国家的外汇储备大幅攀升，由贸易逆差转为顺差，黄金的消费需求再度回升。黄金价格终于结束了持续 20 年的低谷期，重新焕发活力。

2008 年全球金融危机带来的市场破坏、通胀恐惧增加和美元汇率下跌，进一步推动金价上涨。美国联邦储备委员会在 2010 年 11 月 3 日宣布推出第二轮定量宽松货币政策，导致全球的流动性泛滥，并促使以黄金为首的贵金属价格上涨，在 2011 年 3 月达到每盎司 1444.5 美元。

### （三）影响黄金价格的因素

黄金是人类比较早发现并利用的金属，因为有极其稀有珍贵、开采成本非常高、稳定性极好、便于长期保存的特殊自然属性，被赋予了流通货币功能的商品属性。从经济学上的商品属性来说，黄金的价格受商品供求关系的直接影响。当供小于求时，黄金价格上涨，反之下跌。20 世纪 70 年代以前，黄金与美元保持固定的兑换比例，国际上黄金的价格相对稳定；70 年代布雷顿森林体系崩溃后，黄金不再与美元直接挂钩，黄金的价格逐渐放开，走向了市场化。长期以来，黄金价格受到以下五方面因素的影响。

#### 1. 黄金的供给

黄金的供给源比较分散，包括地球上的黄金存量，年供应量，新的金矿开采成本，黄金生产国的政治、军事和经济的变动状况，中央银行的黄金抛售，再生金生产量等。

（1）地球上的黄金存量：全球目前大约存有 13.74 万吨黄金，而地球上黄金的存储量不断地被发现，每年还在以约 2% 的速度增长。

（2）年供应量：黄金的年供应量大约为 4200 吨，每年新产出的黄金占年供应量的 62%。

（3）新的金矿开采成本：矿产金是出矿企业生产并出售的黄金，是黄金供给的主要来源，占 60% 以上。矿产金的供给弹性比较小，不会在短期内对黄金价格的变化造成影响，即新的金矿开采成本对黄金价格的变动所起的作用相对比较平稳。

（4）黄金生产国的政治、军事和经济的变动状况：这些国家的任何政治、军事动荡无疑会直接影响该国生产的黄金数量，进而影响世界黄金供给。

（5）中央银行的黄金抛售：官方售金是指各国央行和国际货币基金组织出售黄

金。各国央行是目前世界黄金的主要持有者，是世界黄金市场最大的潜在供给者之一。就在 2016 年 10 月底投资者争相逃离黄金之时，全球央行吸纳了过剩的黄金供给。汇丰跟踪 IMF 月度金融统计数据以及世界黄金协会（WGC）的数据发现，全球央行 10 月净购买了 33.7 吨黄金，是 1 月的 35.5 吨之后最大的单月购买量，9 月净购买 13.7 吨。10 月，俄罗斯央行共增持 40.4 吨黄金，卡塔尔紧随其后，购买了 6.2 吨，中国购买了 4.04 吨。受各国央行之间签订的协议制约，央行出售黄金的数量有限。官方黄金储备减少，国家抛售黄金，黄金价格处于低迷状态；反之，官方黄金储备增加，国家储备黄金，黄金价格上涨。这就是国际黄金储备对黄金价格的影响。

（6）再生金生产量：再生金是指回收之后经过提炼和民间流动的黄金，是黄金总供给中的次级供给来源，占 15% 左右。再生金的供给弹性较大，意味着再生金的供给对黄金价格的变化在短期内能够起到重要的影响。

据中国黄金协会统计数据显示，2017 年，国内累计生产黄金 426.142 吨，与上年同期相比，减产 27.344 吨，同比下降 6.03%。其中，黄金矿产金完成 369.168 吨，有色副产金完成 56.974 吨。另有国外进口原料产金 91.348 吨，同比增长 11.45%，全国累计生产黄金（含进口料）517.490 吨，同比下降 3.35%（见图 9-1）。中国黄金、山东黄金、紫金矿业、山东招金等大型黄金企业集团黄金成品金产量和矿产金产量分别占全国产量（含进口料）的 52.24% 和 40.39%。

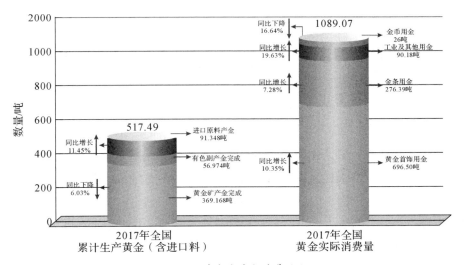

图 9-1　黄金生产与消费比例

2017 年，全国黄金实际消费量 1089.07 吨，与上年同期相比，增长 9.41%。其中，黄金首饰用金 696.50 吨，同比增长 10.35%；金条用金 276.39 吨，同比增长 7.28%；金币用金 26 吨，同比下降 16.64%；工业及其他用金 90.18 吨，同比增长

19.63%。黄金首饰、金条销售和工业用金量继续保持增长趋势，仅金币销售量出现了下跌。

### 2. 黄金总需求

黄金总需求是指在特定的时间、地点和价格条件下买方愿意并能够购买的黄金的数量。具体来说，构成黄金总需求的部分主要有：

（1）制造业的需求（首饰业、工业等）。一般来说，世界经济的发展速度决定了黄金的总需求，如在微电子领域，越来越多地采用黄金作为保护层。尽管科技的进步使得黄金替代品不断出现，但黄金以其特殊的金属性质使其需求量仍呈上升趋势。此外，随着社会经济的发展和人们生活水平的提高，以及人们文化素质的不断提高，黄金首饰越来越广泛地走进百姓的日常生活，首饰金占黄金需求比例为 53% 左右。从黄金价格的历史情况来看，季节性需求对其影响作用较为明显。黄金价格在春季回落，夏季是其萧条期，秋季黄金走势最为强劲，一般从 9 月下旬持续到次年 4 月上旬，这段时间内黄金价格往往达到年内高点。其原因在于印度新年排灯节，中国的元旦、春节，西方的感恩节、万圣节、圣诞节、狂欢节，东南亚的春节，印度的佛陀节等节日和各地风俗习惯集中在这段时间。

（2）保值的需要。自古以来，人们就迷恋黄金，长达数千年的时间，世界各地都将黄金作为硬通货物品。对于各国央行，黄金储备一直是防范国内通胀、调节市场的重要手段；对于投资者，"乱世黄金，盛世玉"，投资黄金主要是在通货膨胀情况下，达到保值的目的。在经济不景气的态势下，由于黄金相较于货币资产更为保险，因而对黄金的需求上升，金价上涨。此外，黄金是美元的替代投资工具，所以通货膨胀、美元汇率下跌时期，美元贬值，购买力下降，人们就会采购黄金进行保值，黄金价格则上涨；反之，美国国内经济一片大好，物价指数保持平稳，则美元走强，黄金价格下跌。例如，2017 年年初，人民币兑美元小幅贬值，不利于外汇继续停留在中国境内，国内投资者产生避险情绪，从而促成黄金买盘，推高了黄金价格。

（3）投机性需求。投机者根据国际国内形势，利用黄金市场上的金价波动，加上黄金期货市场的交易体制，大量"沽空"或"补进"黄金，人为地制造黄金需求假象。在黄金市场上，几乎每次大的下跌都与对冲基金公司借入短期黄金在即期黄金市场抛售和在 COMEX 黄金期货交易所构筑大量的空仓有关。2008 年股市大动荡时期，投资者间蔓延极端的看空情绪，导致黄金从 905 美元 / 盎司暴跌至 711 美元 / 盎司。

### 3. 通货膨胀

一个国家货币的购买能力，是基于物价指数而决定的。当一国的物价稳定时，其货币的购买能力就越稳定；反之，这种货币就缺乏吸引力。如果美国和世界主要地区的物价指数保持平稳，持有现金也不会贬值，又有利息收入，必然成为投资者的首选。相反，如果通胀剧烈，持有现金根本没有保障，收取利息也赶不上物价的暴升，人们就会采购黄金，因为此时黄金的理论价格会随通胀而上升。西方主要国家的通胀越高，以黄金作保值的要求也就越大，世界金价亦会越高。其中，美国的通胀率最容易左右黄金的变动。然而，通货膨胀对黄金价格的影响并不像我们想象中那么可靠。黄金并不像石油一样是消耗型商品，因而它对购买力的反应不同于其他商品；此外，经济增长时通货膨胀通常是最高的，而黄金投资也必然争夺投资资本。根据通货膨胀判断金价时，不容忽视的参考因素就是投资者的信心了。当通货膨胀发生在经济发展阶段时，人们的信心十分高涨，那么对黄金的需求就会相对减弱；然而当高通胀伴随着投资者的恐慌情绪时，就可以期待黄金价格迅速上涨了。

### 4. 美元走势

美元走势也是影响黄金价格波动的重要因素之一。通常，美元与黄金的价格走势呈现负相关关系，即美元强，黄金就弱；黄金强，美元就弱。作为国际黄金价格的标价货币，美元与黄金必须是反向变化的。黄金作为美元在某种意义上的替代投资商品，投资人在进行价值投资时就会有所取舍。美元比不上黄金的价格稳定和保值，但是它的流通性要比黄金好得多。因此，美元被认为是第一类的钱，黄金是第二类。当国际政局紧张不明朗时，人们都会因预期金价会上涨而购入黄金。假如国家在战乱时期需要从他国购买武器或者其他用品，也会沽空手中的黄金来换取美元。因此，在政局不稳定时期黄金价格未必会上升，还要看美元的走势。若美元走势强劲，投资美元升值机会大，人们自然会追逐美元。相反，当美元在外汇市场上越弱时，黄金价格就会越强。

### 5. 石油价格

从以往多年的市场表现来看，石油价格与金价关系一般呈现正相关关系。首先，石油是重要的战略和经济资源，高油价通常被视为通货膨胀的预兆。石油价格的上涨，往往使得石油作为原料的生产成本上升，加大通货膨胀压力，逐渐拉高物价。而黄金具有良好的抗通胀性和保值性，是通货膨胀的对冲工具。由于石油价格上涨，人们担心通货膨胀出现，出于保值的需要，大家愿意购买黄金，于是造成了黄金价格上升。其次，当油价上涨时，石油生产大国手中就会留存巨额的美元，为了转移风险，石油输出国往往将美元中极大的一部分投入国际金融市场，而黄金是规避风险、投资保值的优良工具，自然成为首选。当石油价格上涨后，石油输出国所持有的美元会迅速膨胀，于是这些国家提高黄金在其储备中的比例，从而增加了对黄金的需求。由于美元数额巨大，石油输出国操作集中性又强，推动了黄金价格的上涨。这就是在石油价格影响下，石油输出国对黄金的运作，引发黄金价格同向波动。黄金价格与石油价格基本呈现正相关关系，除了几次背离外，金价与油价几乎同涨同跌（见图9-2）。

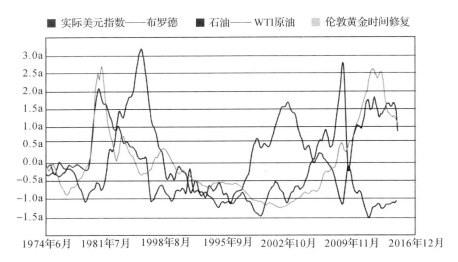

图9-2　美元、石油、黄金各年价格变化比较

一个优秀黄金投资者需要意识到来自黄金市场供求双方的潜在变化。投资者的盈利与否，很大一部分取决于其是否对黄金基本因素的变动做出积极应对。

### （四）黄金投资的注意事项

影响黄金价格的因素涉及较广且较为复杂，同时黄金价格容易受到短期突发事件的影响而产生波动。因此，虽然投资黄金相对稳定安全和保值避险，但是仅考虑短期投机，黄金并不比一般金融资产投资来得更具优势。不管是哪种投资，都存在风险，在黄金投资中也是如此。投资者在投资黄金时，要理性决策，尽可能规避投资风险，避免遭受不必要的损失。

#### 1. 掌握黄金投资基础知识

黄金投资不是单纯地跟风买卖，不能盲目进入市场。投资者需要清楚黄金的投资品种及各自优缺点、黄金的价格影响因素，同时掌握黄金投资的基本分析手段和价格走势的技术分析方法。

#### 2. 明确风险承受能力

投资者要对自身的风险承受能力、投资需求、预期收益等有所了解，理性选择黄金投资品种。黄金投资品种繁多，不同的品种拥有不同的特征和优缺点，投资者需要从个人投资需求实际出发，结合风险偏好进行合理投资。此外，黄金价格受各个因素影响，处以不断变化之中，但黄金的保值避险属性使得黄金价格的波动相对温和，适合手头有闲钱的中长期投资者。

### 3. 关注时事新闻

黄金价格除了几个基本的影响因素处，还受到国际政治、经济、军事等因素影响。因此，投资者除了需要了解黄金投资知识和市场行情外，还需要关注国际新闻事件，尽可能地快人一步了解市场动态。

# 二、房地产

## （一）房地产投资概述

房地产投资是指经济主体以获得未来的房地产资产的增值或收益为目的，预先垫付一定数量的货币或实物，直接或间接地从事或参与房地产开发与经营活动的经济行为。广义上，房地产对象可以分为房产和地产，它包括实物部分和权益部分。房地产实物包括土地及地面上的建筑物、构筑物或者其他附属物。房地产权益表现为依附于实物的各种权益，如所有权、使用权、收益权和抵押权等。

房地产的价值大小主要取决于其带来的收益的多少以及收益获得的时间和风险，其中的收益水平又取决于房地产资产所提供的服务、租金以及红利等因素。房地产有其自身的独特属性，包括位置固定、使用耐久、异质性和政策局限性等。

### 1. 位置固定

房地产的投资对象是土地、不动产、地面上的建筑物、构筑物或者其他附属物，这些对象都具有固定性和不可移动性。这一特点使得房地产的价值极易受到周边环境优劣的影响，与市中心的距离及交通便利程度也会有关系。同时，房地产的固定性使得不同的房地产分属于不同的市场，在空间上不构成竞争关系。例如，一个希望在杭州租房和另一个希望在上海租房的人互不影响；杭州的空房率高低，对在上海的住宅所有者并无影响，毕竟上海的房子并不能移动到杭州。此外，这一特性影响着房地产的供给与需求，一旦投资失误将给投资者造成严重损失。因此，对于投资者而言，进行房地产投资时需要把位置作为重要的考虑因素，这对投资决策至关重要。

### 2. 使用耐久

房地产从地面建筑物建成开始投入使用到建筑物由于主要结构构件和设备的自然老化或损坏不能继续保证安全使用为止，这是一段很长的自然寿命。建筑物的结构通常经久耐用，而土地的寿命更是漫长，这便是房地产的经久耐用性。但是这些对于房地产投资者而言并不十分重要，对房地产分析而言更看重的是其经济寿命，即在一定年限内，新开发的房地产在正常市场和运营状态下所产生的收益大于其运营成本的持续时间。日常中，建筑物一般在其结构构件和设备彻底损坏前就会被拆除，而原有土地会用作其他用途以获取更多的利益。因此，房地产的经济寿命总是比其自然寿命要短得多，而对投资者来说，房地产的最佳持有期可能比经济寿命还要短。

### 3.异质性

由于房地产的固定性，其位置具有唯一的不可复制性，加上房屋所处区位的自然、社会、经济条件的差异，以及建筑物的式样、朝向、层次、规模、装饰、设备等方面的千差万别，使得房地产是独特的、完全差别化的商品，这就是房地产的异质性。这也意味着房地产投资和玉米、石油或黄金这样的按照数量交易的同质性商品具有明显的区别。大多数的耐用商品基本介于同质性和异质性之间，如汽车。汽车市场上不同型号、不同厂商的汽车，虽然不是完全相同，但存在着非常接近、可以在一定程度上互相替代的产品，但是房地产存在异质性，即没有两宗房产是完全相同的，这意味着能使资源得到有效配置的完全竞争市场不可能存在。产品的差别使每个房地产商提供的房产都是独一无二的，有差别存在就意味着垄断的存在。因此，各个开发商在一定程度上就拥有对自己房地产的垄断权，可以在一定程度上影响房产价格。

### 4.政策局限性

房地产的位置固定、使用耐久和异质性促使了政府干预房地产市场的运作。政府通过价格控制、税收政策和补助金政策干预房价。在中国，政府从2003年起每次出面干预，房价都会出现短暂的回落，交易量也会随之减少，而当交易量减少时，经济增长又会受到很大的影响，而政府又不得不放松政策，放松后，房价又会报复性地反弹。这也是投资者在进行房地产投资时需要关心的：投资收益如何受到政府相关政策的影响？

以2007年、2008年金融危机房价大跌为起点，以2016年的房价暴涨为终点，中国房价十年刚好唱完一曲高潮。在这经济增速换挡的十年，一线城市房价远高于全国均价，深圳领跑，广州曾与北上深同在一条起跑线，但却远及不上北上深（见图9-3）。其中一个原因就是政策影响，广州2010年的亚运会积累了大笔债务，不得不加大推地力度，由此带来相对过量的土地供应，在房价暴涨中启动最晚。同样，一直领跑的深圳房价在2012年受政府的行政干预，在"限购、限贷、限价"压力下，市场需求受"堵"，房价有所回落。房地产投资的政策局限性由此可见一斑。

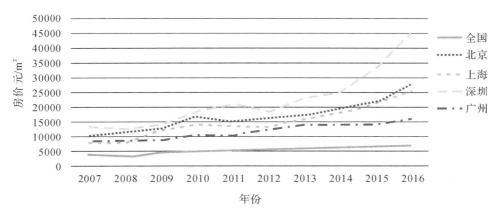

图9-3　我国房地产价格变化（元）

数据来源：国家统计局。

### （二）房地产投资分类

按照房地产投资形式划分，房地产投资可分为直接投资与间接投资。

#### 1.直接投资

房地产直接投资是指投资者直接参与房地产开发或购买的过程，参与有关管理工作，包括从取得土地使用权开始的开发投资和面向建成物业的置业投资两种形式。

（1）房地产开发投资

房地产开发投资是指房地产开发公司从取得土地使用权开始，经过项目策划、规划设计和施工建设等开发投资过程，获得可以满足人们某种需要的房地产商品，然后将其推向市场进行销售，即转让给新的投资者或使用者，并通过转让过程收回投资、实现开发商收益目标的投资活动。从定义可以看出，房地产开发投资通常属于中短期投资，开发投资的目的是赚取利润。房地产开发投资形成了房地产市场上的增量供给。

房地产开发投资又可以分为商品房开发投资和土地开发投资。商品房开发投资是指投资者开发建设供出售、出租用的商品住房、标准厂房、仓库、商场、度假村、办公楼等房屋工程及其配套的服务设施的投资活动(含拆迁、回迁用房)。土地开发投资是指投资者进行的土地开发，如进行场地平整、道路、给水、排水、供电、供热、供气、通信等工程的投资活动。随着我国土地收购储备制度的建立和政府出让国有建设用地使用权方式的改革，以土地一级开发为主的土地开发投资活动，已经逐步发展为房地产开发投资的一种独立形式。

（2）房地产置业投资

房地产开发投资企业将建成后的房地产用于出租（如仓库、标准厂房、办公楼等）或经营（如商场、酒店、度假村等）时，中短期的房地产开发投资就转变成了长期的置业投资了。房地产置业投资是指投资者面向已经具备了使用条件或正在使用中的房地产，购置物业以满足自身生活居住或生产经营需要，并在不愿意持有该物业时可以转售获取收益的一种投资方式。这类投资的对象可以是开发商新竣工的物业（市场上的增量房地产），也可以是房地产市场上的二手房（市场上的存量房地产）。投资者进行置业投资的目的一般是满足自身生活居住或生产经营的需要，或者是将购入的物业作为投资出租给使用者以获取较稳定的经常性收益。置业投资可以使投资者在较长的一段时间内获取持续的稳定收益，并且享有房地产保值、增值、获取经常性收益和自我消费四个方面的利益。例如，某个投资者以 200 万元购入一处新建的 200 平方米的写字楼，然后以其中的 100 平方米作为公司办公自用，将另外 100 平方米出租出去，每年扣除维修费、管理费后的净租金收入是 20 万元，六年后由于业务需要，该投资者将 200 平方米写字楼全部转售，扣除销售费用、税费等支出，获得净销售收入 250 万元。从该案例可知，该投资者的置业投资先后达到了保值（200 万元）、增值（250 万元）、获取经常性收益（20 万元/年）和自由消费四个方面的目的。

**2. 间接投资**

房地产直接投资也被称为房地产实业投资或者非金融资产投资，因为其投资的对象直接是房地产。而与此相对应就是间接投资，即房地产的金融资产投资，它是指投资者通过将资金投入与房地产相关的金融资产（如购买房地产债券、股票、信托基金等）的投资方式。这不像房地产直接投资需要大量的资金且资金占用时间长、变现能力弱，间接投资不需要投资者参与房地产开发经营工作、进入门槛要求较低，是中小投资者进行房地产投资的一个良好途径。

（1）购买房地产开发投资企业股票或债券

越来越多的大型房地产企业为了降低融资成本，选择在资本市场直接融资来支持其开发投资规划。如万科、保利地产、恒大集团等通过公司上市，不仅解决了房地产开发投资所面临的资金短缺问题，也为投资者提供了一个很好的间接投资房地产的机会。例如，碧桂园在 2016 年公开发行债券 30 亿元，其中品种一的发行金额为 10 亿元，票面利率为每年 3.20%，年期为 4 年；品种二的发行金额为 20 亿元，票面利率为每年 3.90%，年期为 7 年。碧桂园的直接融资行为不仅有效地筹集了房地产开发资金，也使债券投资者分享了部分房地产投资收益，成为房地产间接投资者。

（2）购买房地产投资信托基金

房地产投资信托基金 (REITs) 是在美国广受投资者青睐的投资方式，它以发行受益凭证的方式将多数投资者的资金汇集，由专业的机构进行房地产投资经营管理，并将综合收益按比例分配给投资者。REITs 从 1992 年才开始成为美国房地产吸纳资金的方法，它的出现使得投资者可以把资金投入由专业投资管理者经营的房地产投资组合中，该管理者将其收入现金流的主要部分分配给作为投资者的股东，而本身仅起到一个投资代理的作用。

投资者将资金投入 REITs 有很多的优越性：一是投资者以相对较少的投资持有多元化的房地产股票组合，风险相对分散；二是投资者的收益相对稳定且高于一般股票收益，因为 REITs 的投资收益主要来源于其所拥有的物业经常性租金收入且有专业人士负责经营管理；三是投资的流动性很好，投资者很容易将持有的股份转化为现金，因为 REITs 股份可在主要的交易场所交易，投资者可以随时出售其持有的股份以实现投资回报。因此，REITs 股票往往成为个人投资者以及大型机构投资者 (包括退休基金、慈善基金、保险公司、银行信托部门和共同基金等) 间接投资房地产的重要工具。

（3）购买住房抵押贷款支持证券

住房抵押贷款支持证券兴起于 20 世纪 70 年代，现在已经成为美国、加拿大等经济发达国家住房金融市场上的重要筹资工具和手段。新兴国家和地区也开始了住房抵押贷款证券化的实践，使住房抵押贷款支持证券成了一种重要的房地产间接投资工具。住房抵押贷款支持证券是一种抵押债务，是将由金融机构所持有的个人住房抵押贷款证券化，即转化为可供投资者持有的住房抵押贷款支持证券，也就是贷款或抵押资产所担保的债务或其他有价证券。住房抵押贷款支持证券的主要做法是：银行将所持有的个人住房抵押贷款债券出售给专门设立的有特殊目的的公司，由该公司将其汇集重组成抵押贷款集合，每个集合内贷款的期限及计息方式和还款条件基本一致，通过政府、银行、保险公司或担保公司的担保，转化为信用等级较高的证券出售给投资者。购买住房抵押贷款支持证券的投资者可以间接地获取房地产投资的收益。

需要注意的是，本章讨论的投资分析主要针对房地产直接投资。

## （三）房地产投资分析

根据上述介绍，房地产投资的类型多样，例如一个普通个人投资者可以用 10 万元作首付，运作一个 50 万元的置业投资项目；一个不懂项目投资及分析的投资者可以用1万元购买房地产公司的股票或债券；一个房地产开发投资企业可以投资数千万元建成一个大型综合购物商场。这些都涉及房地产投资分析，尽管他们投资类型不一，但都是通过现有的某些利益换取投资回报。投资者想要获取房地产投资收益，就必须对影响其收益的重要因素进行分析。

### 1. 收集相关市场信息

在房地产交易中，某一物业的潜在买方，既不知道市场上的一些买方已经出了什么样的价格，也不知道另一些买方准备出什么样的价格。一些具体交易和定价都是在不公开的情况下进行的，交易结果很大程度上不能真实地反映物业价值。房地产市场整体上是信息不充分的市场。因此，收集和投资有关的市场信息是房地产投资过程中的一个重要步骤。这些信息包括房地产市场状况（如物业空置率和成交量、房地产商品销售价格、竞争性物业发展状况等），政治、法律、经济环境相关信息，区域环境概况等，它们将影响投资者选择投资方向、确定投资决策。对于投资者而言，不论是宏观环境还是微观环境的相关信息均对房地产的价值和收益有着重大影响。宏观环境相关信息包括国家、省区市有关房地产开发投资的方针政策、法律法规、发展规划和市场、利率、经济大环境。而微观层面的某一特定地区的房地产市场，当地的市场供需水平、竞争情况也是需要投资者有所了解的。房地产投资回报率，是衡量楼市冷热的温度计，为广大房地产投资者提供了决策参考。

### 2. 分析区位条件

西方房地产投资的三大秘诀就是"Location, location and location"，这充分说明了区位在房地产开发投资中的重要性。房地产的区位因素指的是它与其他房地产或者事物在空间、方位和距离上的关系，包括位置、交通、周围环境和景观、外部配套设施等方面，尤其是它到重要场所（学校、市中心、交通中心、商场、工作地等）的距离，以及进出该房地产的便捷程度。选择区位需要用发展的眼光，有超前意识，能看到房产未来的升值潜力。20世纪80年代中后期，上海人的观念里坚持着"宁要浦西一张床，不要浦东一间房"，尽管当时的上海市市政府提倡开发和发展浦东，包括给予住房优惠政策，但鲜有人去。随着浦东新区的建成与发展，浦东房价一涨再涨，陆家嘴金融中心已成为众多金融人才向往的地区。

从人口密度分布来看，我国的人口多分布在东部和南部，西部和北部相对比较少，沿海地区的人口密度也比内陆更高，这个与气候环境、经济等都有关系。人口密集的地方，城市更加拥挤，人们对房子的需求也会越高，房价自然也就会越贵。

### 3. 估算基础数据

房地产投资基础数据估算包括房地产开发项目总投资、总成本与费用、收入、各项税金、租售价格、融资与资金成本、资金筹措以及项目进度等。

### 4. 财务分析

投资者完成以上几项内容后，下一步就是利用收集到的基础数据估算出未来收益，进而估算出投资的房地产的期望现金流。具体估算的内容包括租金水平、住宅空置率、营业费用、债务利率、应纳税、税前和税后现金流等。估算后，对整个项目的盈利能力、清偿水平、资金平衡能力等进行分析。其中，对盈利能力的评估主要通过房地产投资收益率，是开发后出租或者职业投资项目开始运营后的年收益与项目总投资的比率。其计算公式为：

$$投资收益率=\frac{年收益}{项目总投资}\times100\%$$

房地产投资跟其他投资项目不同的是，在估算总成本和利润的同时，上述的静态计算指标忽略了时间因素，在实际投资决策中，投资者还需要考虑资金时间价值的影响，才能做出合理的决策。

## （四）房地产投资的风险

房地产投资的影响因素复杂、投资周期长、金额量大、变现能力差，投资者的实际收益往往会与预期有所偏差，是风险和利益共存的项目。房地产投资的风险包括政策风险、社会风险、自然及意外风险、市场风险和经营管理风险等。由于房地产投资的高投入、高收益、高风险性，使得房地产投资的风险较一般投资大得多。在经济增长、收入提高、人口增长的当前，房地产需求量也增加，并且这种需求是可持续的。投资者在看好房地产市场并进行投资时必须加强风险意识，充分了解房地产市场投资的风险性，加强风险管理以保障投资收益。

### 1. 政策风险

房地产投资的政策风险主要是指政府为调控出台的土地供给政策、限购政策、税费政策、住房政策等一系列政策，会对房地产投资项目的收益产生影响，从而造成风险。房地产行业与国家的经济紧密相关，政府的宏观调控，尤其在房价上涨过度时的调控带来的政策风险需要引起投资者的关注。在房地产市场并不完善，房地产制度尚未健全的情况下，避免政策风险最有效的做法就是投资政府支持、鼓励的或者是有税收优惠政策的房地产项目。

### 2. 社会风险

房地产投资的社会风险是指房地产需求及价格因国家的政治、经济因素的变动而涨跌所造成的风险。当国家政治形势稳定、经济发展处于高潮时期时，房地产价格呈现上涨。当一国或地区出现各种政治风波、战争、社会动荡和经济衰退时，房地产需求下降，房地产价格下跌，会给房地产投资者带来严重损失。

### 3. 自然及意外风险

由于人们对自然力失去控制或自然本身发生异常变化，如雷电、地震、台风、洪水等，给房地产业造成巨大破坏，从而对投资者带来很大的损失。除了上述的自然灾害造成的损失外，还有一些人为的操作失误或蓄意行为，如天然气泄漏导致火灾、煤气使用不当、坏人纵火等意外事件也会给投资者造成不同程度的损失。尽管这些风险可以转移给保险公司，但是有关保单涉及的保险范围并不包罗万象，而且部分灾害需要单独投保。

### 4. 市场风险

房地产市场状况的变化具有不确定性，如通货膨胀、市场供求波动、利率上升等，都会影响投资者的收益。在通货膨胀的情况下，投资者最后收回的资金与投入的资金相比，购买力降低了。由于房地产投资需要一定的周期，所以只要存在通货膨胀，投资者就面临着购买力风险。房地产市场的供求关系是不断变化的，当市场内某种房地产的供给大于需求时，同类楼盘供给过多，房地产价格会下滑，将影响投资者租金收入和房地产价值。而当市场内房产结构过剩到一定程度时，市场营销竞争激烈，投资者将因房地产商品积压、楼盘滞销而蒙受损失。同样地，贷款利率的提高会直接增加投资者的开发成本，加大投资者的债务负担，导致投资者资金压力加大、还款困难。一般情况下，利率上升，房地产的销售额就会下降，两者呈反方向变化。

### 5. 经营管理风险

投资者经营不善或管理上失误，将造成实际经营结果与期望值背离，预期收益不能实现。产生经营性风险主要有三种情况：一是投资者得不到充分的市场信息导致经营决策失误；二是投资者对房地产的交易所涉及的法律条文、城市规划条例及税负规定等不甚了解造成投资失败；三是投资者管理水平低、效益差，如房屋出租空置率过高导致经营费用增加，不能在最有利的时机将手中的房产脱手，最终利润低于期望值。

## （五）房地产投资的优缺点

在这个流行投资理财的经济时代，市场上可供投资者选择的投资工具有很多种，其中股市与楼市一直颇受社会各界的关注。那么，房地产跟其他金融产品比起来有什么优缺点呢？

### 1. 优点

（1）具有消费和投资的双重属性

没有人一辈子不住房子，不管是租房还是买房，甚至自己盖房子，不管喜欢不喜欢，我们都要和房子打交道，所以房地产是消费必需品，而且又是一个投资品。汽车、珠宝、奢侈品只是消费品，股票、基金、保险只是投资品；房地产既是消费必需品，又是投资品，这使得房地产在人们的投资理财中有着无与伦比的重要地位。

（2）具有较高收益水平和财务杠杆作用

在房地产市场发展良好的情况下，房地产置业投资持有期内每年实现10%~12%的收益率并不困难。这相对于储蓄、股票、债券等其他类型的投资来说，收益水平更高。此外，房地产具有杠杆效应，就是用小钱撬大钱。在我国，首套房房贷只需要两成或三成首付，所以房贷相当于一个期货的功能。房地产在一年之内翻了一倍的话，事实上就为投资者带去了5倍或3倍的杠杆（首付20%就是5倍杠杆，首付30%就有3.3倍的杠杆）。这个效应是股票、基金、债券无法比拟的。房地产开发投资中，如果能有效使用信贷资金、充分利用财务杠杆，投资收益率会更高。

（3）可以获得金融机构的支持

房地产本身可以作为一项重要的信用保证。对金融机构而言，保证如期安全收回贷款最有效的方式就是以不动产——房地产作为抵押物。因此，有一套自己的房产，更容易获得相关金融机构的支持，并且能得到其投资所需要的大部分资金。包括商业银行、保险公司和抵押贷款公司等在内的许多金融机构都愿意提供抵押贷款服务，这使得投资购房者有很大的选择余地。通常房地产的租金收入就能满足投资者分期还款的部分需要，所以金融机构可以提供的贷款价值比例也相当高，一般可以达到60%，而且常常还能为借款人提供利率方面的优惠。

（4）能抵消通货膨胀的影响

受通货膨胀的影响，房地产和其他有形资产的重置成本不断上升，导致房地产和其他有形资产价值的上升，所以房地产投资具有增值性。同时，房地产是人类生活居住、生产经营的必需品，即使在经济衰退时期，房地产的使用价值仍然不变，所以房地产投资又是有效的保值手段。这个优点，也是房地产投资者能够容忍较低投资收益率的原因。

房地产同样也有缺点，而且非常突出，具体如下。

**2. 缺点**

（1）流动性差

房地产不像股票基金，今天买，明天就可以卖，在需要钱的时候也不一定能马上卖了；房地产投资流程较为复杂，买卖的过程，至少需要半个月。如果买卖二手房，没有红本（不动产证），还需要两个月以上甚至更长的时间。许多人在二三线城市买了房以后，几年都不能交房，这是一个很大的风险。

（2）投资成本大

不论是开发还是置业投资，投资者往往需要几百万、几千万甚至数亿元，即使可以通过金融机构贷款或者只支付30%的前期投资或首期付款，也是一笔很大的资金。投资者大量的流动资本被占有，在宏观经济出现短期困境时会使投资者的净资产迅速下降，甚至破产。在美国次贷危机时，美国房地产业陷入衰退，许多投资者进入负资产状态。除了投资房产时的交易成本，房地产还需要很高的管理成本。如在购买房产之后，装修也是一笔不小的花费。

（3）投资门槛高

由于房地产开发涉及的程序和领域相当复杂，影响房地产价格的因素较多，直接参与房地产开发投资需要投资者具有专业的知识和经验，因此投资门槛较高，限制了参与房地产开发的投资者的数量。随着房价的越来越高，以及对房地产投资的监管日趋严格，现在投资房地产成本大，风险也大，置业投资者要想达到预期的投资目标，对其专业知识和经验有较高的要求。

如图9-5所示为历史上世界各国的房地产泡沫情况。

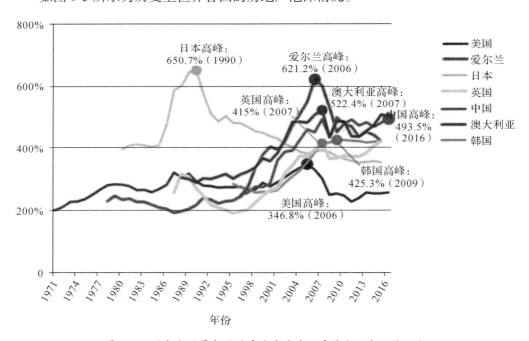

图9-5　历史上世界各国的房地产泡沫：房价和可支配收入比

来源：http://zixun.jia.com/article/417041.html

# 第十章 保　　险

## 一、保险的功用、职能和作用

### （一）保险的概念

我们可以从以下四个方面理解保险。第一，从法律角度，保险是一种合同行为，是在一定条件下合约一方同意补偿另一方损失的一种合同安排；第二，从社会角度看，保险是社会经济保障制度的重要组成部分，是社会生产和生活"精巧的稳定器"；第三，从风险管理角度看，保险是风险管理的一种方法。但我们更多的是从第四个角度——经济角度来理解保险。从经济角度诠释，保险是一种经济补偿制度，是分摊意外事故损失的一种财务安排。保险集合了大量同质的风险，运用概率论和大数法则，正确估算损失概率和损失金额，并由此确定保险费率，再通过向投保人收取保费，建立保险基金，用以补偿部分被保险人所遭受的损失。

这个定义站在两个立场上阐述了保险的含义：①对于保险消费者而言，保险可以补偿风险带来的损失；②对于保险公司而言，通过保险精算制定经营战略来谋取一定利益。从这个角度出发可以看出，保险对于双方而言，皆有所利。

在这里，我们研究的主要问题是收取保费以后，用多少比例来补偿投保人所遭受的损失？保险公司怎样从收取的保费里谋取利益，谋取多少利益？

### （二）保险的职能

#### 1. 保险的基本职能

保险的基本职能包含以下两个。

（1）分散风险：基于个体损失和事故发生的偶然性与总体损失和事故发生的必然性，被保险人自愿选择支付小额的确定性保险费来交换大额的不确定性损失的补偿。保险公司通过收取众多自愿投保人的保费建立保险基金，当少数被保险人遭受损失时，用保险基金来进行补偿。通过保险的风险集合与分散，共同分担风险损

149

失，从而提高了被保险人对风险的承受能力。

（2）损失补偿：是指在特定风险损害发生时、在保险的有效期、保险合同约定的责任范围以及保险金额内，按其实际损失数额给予赔付。

对财产和财产责任事故的补偿：当在责任范围内的风险事故发生并造成损失后，保险公司依照合同规定，及时、准确、合理地进行损失补偿。

对人身保险的赔偿：计算损失时人的价值是很难用货币来计价的，这点不同于财产保险。所以，人身保险的保险数额是在法律允许的情况下，由保险公司根据被保险人对人身保险的需要程度及投保人的缴费能力，经协商后确定的。

保险在这种赔付原则下能够发挥一定作用，使得现存的社会财富因灾害事故引起的实际损失得到一定补偿，从而使社会再生产过程得以连续进行。另外，保险的补偿职能，只是对社会现有财富进行再分配，不增加社会财富消耗。因为从社会角度来看，个别遭受风险损害的被保险人补偿所得，正是未遭受损害的多数被保险人所失（由其他投保人给予的补偿）。这种补偿包括财产损失的补偿和责任损害的赔偿。

### 2. 保险的派生职能

随着保险内容的丰富和保险种类的增多，保险的职能也有新的发展，在保险基本职能的基础上产生出以下一些派生职能。

（1）防灾防损职能

防灾防损是风险管理的重要内容。因为保险的经营对象就是风险，所以保险本身也是风险管理的一项重要措施。保险企业为了稳定和持续经营，要对风险进行发生可能性分析、发生概率预测、损失评估，考虑哪些风险可作为承保风险，哪些风险可以进行时空上的分散等问题。而人为因素与风险导致损失的发生概率具有相关性，因此，通过人为的事前预防在一定程度上可以减少损失。由此，保险又派生了防灾防损的职能。所以防灾防损作为保险业务操作的环节之一，始终贯穿在整个保险工作之中。

①保险的经营从承保、勘查、核赔到理赔，都需要对风险进行识别、衡量和分析，由此，保险公司累积了大量的损失统计资料，凭借其丰富的专业知识能够开展防灾防损工作，进而履行其防灾防损的社会职责。

②从保险自身的经营稳定和收益角度来看，保险公司只有通过积极防灾防损，促使其减少保险的风险损失，提升其财务的支付能力，才能增加保险经营的收益。

③保险公司加强防灾防损工作，可以有效地促进投保人的风险管理意识增强，促使其加强防灾防损工作。

（2）融资职能

保险的融资职能，是指保险融通资金或资金运用的职能。保险收支具有一定的时差性，为保险公司进行资金运作创造了条件。同时，保险公司为了使保险经营稳定，也要扩大保险基金。所以，保险又派生了融资的职能。资金运作业务与承保业务是保险企业的两大支柱。保险资金运作的来源主要有：资本金、总准备金或公积金、各项保险准备金以及未分配的盈余。保险资金主要运用于：银行存款、各种贷款、各种票据贴现、购买有价证券、经管理机构批准的项目投资及公共投资、委托信托公司投资、购买不动产等。

从以上的分析可以得出论点一：保险业在我国市场经济的发展中是十分需要的。

## 二、保险的历史和现状

保险事业在中国开始于外商在中国开设保险机构，1805 年英商首先在广州开设广州保险社，又称谏当保安行。保险机构的产生意味着保险业在中国的出现，但基于当时的社会背景，中国保险业并没有一帆风顺，在中华人民共和国成立后因计划经济的历史环境，中国保险业在曲曲折折的社会发展历程中没有真正发展起来。

改革开放为国内经济发展创造了良好的社会环境，国内保险业务随之逐渐全面恢复并在各项保险业务上取得了令人瞩目的成就。1980 年，全国保险费收入 4.6 亿元，到 1999 年增长到 1393.2 亿元，增长近 400 多倍，平均每年增长 35.08%。在此期间，保险营销人员起到了普及保险知识的积极作用。

保监会公布了 2018 年中国保险市场发展情况，数据显示，2018 年我国保费收入为 38016.62 亿元，同比增长 3.92%；总资产为 183308.92 亿元，同比较年初增长 9.45%；赔款和给付支出为 12297.87 亿元，同比增长 9.99%；2018 年保险行业投资收益率为 9.97%，较 2017 年的 11.42% 下降了约 2 个百分点，但远远高于银行存款与国债的收益率水平。我国 2016 年的保费收入已超日本，排名世界第二，但是我国人口基数大，从人均保险深度和广度（密度）来看还是远远落后于其他发达国家。

保险深度 = 保费收入 /GDP，反映了该地保险业在整个国民经济中的地位。

保险密度＝保费收入／人口数量，反映了该地国民参加保险的程度，以及一国国民经济和保险业的发展水平。

2018 年全国保险深度为 4.22%，较上年下降 0.2 个百分点；全国保险密度为 2724 元，较上年增加 92 元。2016 年中国对全球保险市场的增长贡献率达 59%，但 2018 年中国市场因寿险改革而量减质升，贡献率下降至 4%。但是，据 sigma 报告数据显示，全球保险深度为 3.6%，美国、日本、英国和法国在 2014 年的保险深度分别为 7.3%、10.8%、10.6%、9.1%，和我国的保险深度差距仍然较大。中国的保险深度、保险密度分别为全球平均水平的 66%、53%，两者还有很大的发展空间。

回顾过去，保险事业从荒芜开垦到益然生长，为我国金融事业发展做出了巨大贡献。

但是，在当前形势下，保险消费者在消费过程中由于种种原因，消费体验极差。根据融 360《维度》2017 年 6 月发布的调查显示，在购买商业保险过程中，有 13.6% 受调查者因不清楚缴费方式造成保单失效；36.73% 受调查者因不清楚保险条款造成理赔失败；44.22% 受调查者被高收益吸引购买保险理财产品，但到期拿不到预期收益；34.01% 受调查者在银行被误导购买商业保险；23.13% 受调查者因保险业务员未告知犹豫期，导致错过退保时间。

因此，不少保险消费者对保险产生了强烈的抵触情绪，甚至许多没有进行保险消费的潜在消费者，也对此心生抵触，这种消费心理长期存在将会阻碍国内保险业的发展。那么为什么会出现这样的现象呢？保险行业出现了哪些问题呢？下面是我们对当前保险行业一部分问题的调查总结。

# 三、保险销售方式

改革开放以后，国内保险业务恢复，老百姓对于保险的直接接触和间接认识，大多数来源于保险营销员的营销活动。受历史背景影响，普通老百姓作为投保人，本身素质不高，对于保险的认识程度低，保险销售方式很大部分主导了人们对于保险的看法。近几年，人们对于保险的反感增加，一部分也应归咎于部分保险代理人的销售手段。

## （一）人情攻势

刚刚步入保险公司的销售人员，面对销售初期考核，首月需签订一定数量的保单和收取一定量的保费，才能转为正式员工。大部分销售人员会主动选择亲戚朋友频频发起人情攻击，如登门拜访、电话问访、朋友圈刷屏等。久而久之，人们对保险的厌烦也因为保险代理人的这种销售方式而增加。

## （二）误导销售

部分保险代理人有时为了业绩，误导或欺骗消费者购买了一款包装很美但实际上对投保人毫无作用的保险产品。过去数年来"误导销售"的现象普遍，这种以产品销售为导向的个人逐利行为损害了广大消费者的权益，正所谓，"前人砍树，后人遭殃"，难免折损了保险在人们心中的形象。

另外，有部分保险代理人为了销售保险产品，不顾惜客户体验，使得客户利益受到损害，造成了投保人对保险从业人员的不信任，甚至对保险公司、保险行业的不信任。例如，寿险上一些业务员鼓励投保人隐瞒真实情况，买重疾险不交代病史，当受保人遭受重大疾病要求理赔时，保险公司查询受保人病史，认为投保人未告知实情，拒绝理赔，甚至拒绝退还保费。

## （三）疯狂拉人

大部分保险公司营销部门采取分级营销的代理销售模式，公司的业务员，需要通过销售保险产品和招聘新人来达到公司标准才能晋升。

这样的营销方式的确能激励保险代理人积极从事保险销售，不断收纳各种各样不同水平的新业务员，同时也能促成保险业务一定量的增长。但从另一方面看，销售人员不属于保险公司内部员工，只是代理关系，所以招聘时没有限制，销售人员无门槛，不同的保险代理人会有不同的专业水平及自身素质。

有资料报道，1994 到 1997 年间保险代理人素质是最好的（当时做代理人有两类：一类是大学毕业生，一类是下岗工人，素质都相对较高）。但 1997 年中国保险市场全面扩张后，情况就变了。一大批人涌入这个行业的同时，代理制的残酷事实也逐渐显现，高素质者纷纷退出了这个行业。久而久之，这种代理人制度导致了向下的恶性循环：素质低的人让行业形象越来越差；形象差则更招不到高素质的人，于是行业形象更差。[1]

"疯狂拉人"分级营销模式，在一定程度上造成中国的保险从业人员流动更替频繁，保险运营市场混乱，导致市场上各种各样的侵害客户权益的事情出现。

从以上的分析可以得出论点二：保险业的销售模式客户体验较差。

---

[1]　陈恳.迷失的盛宴：中国保险史 (1978—2014).杭州：浙江大学出版社，2014.

# 四、保费分配存在问题

保险公司不少业务员的业绩压力大，不少没有底薪，无业绩则无薪水。在压力大的情况下，业务员就可能导致急于求成而误导客户，甚至侵害客户利益也不愿意离开保险公司。业务员没有保底工资，只能依靠保单签约的额度按一定比例领取工资，那么吸引人们从事保险销售的根本原因是什么呢？

如表 10-1 所示是 2005—2016 年浙江省财险、寿险保费收入和赔付情况。

表 10-1　2005—2016 年浙江省保费收入赔付情况

| 年份 | 合计 | | | 财险 | | | 寿险 | | |
|---|---|---|---|---|---|---|---|---|---|
| | 收入 / 元 | 赔付 / 元 | 赔付率 | 收入 / 元 | 赔付 / 元 | 赔付率 | 收入 / 元 | 赔付 / 元 | 赔付率 |
| 2005 | 2621569.2 | 775025.5 | 29.56% | 885873.3 | 557182.56 | 62.90% | 1735695.9 | 217842.94 | 12.55% |
| 2006 | 3038751.51 | 848720.99 | 27.93% | 1084255.2 | 570325.8 | 52.60% | 1954496.31 | 278395.2 | 14.24% |
| 2007 | 3697227.62 | 1473784.53 | 39.86% | 1410490.74 | 721143.36 | 51.13% | 2286736.89 | 752641.17 | 32.91% |
| 2008 | 4892265.14 | 1750922.11 | 35.79% | 1630443.42 | 1042050.2 | 63.91% | 3261821.72 | 708871.91 | 21.73% |
| 2009 | 5380952.46 | 1837849.04 | 34.15% | 1963373.42 | 1032724.91 | 52.60% | 3417579.04 | 805124.13 | 23.56% |
| 2010 | 145279714.51 | 32004291.64 | 22.03% | 38956424.71 | 17560273.5 | 45.08% | 106323289.8 | 14444018.14 | 13.58% |
| 2011 | 7306706.82 | 2080230.94 | 28.47% | 3103219.35 | 1499734.1 | 48.33% | 4203487.47 | 580496.85 | 13.81% |
| 2012 | 8198769.77 | 2783592.4 | 33.95% | 3582222.09 | 1989662.81 | 55.54% | 4616547.68 | 793929.59 | 17.20% |
| 2013 | 9244182.8 | 3471029.6 | 37.55% | 4151449.33 | 2597137.05 | 62.56% | 5092733.47 | 873892.56 | 17.16% |
| 2014 | 10510780.48 | 3799574.45 | 36.15% | 4729063.75 | 2758017.38 | 58.32% | 5781716.73 | 1041557.07 | 18.01% |
| 2015 | 12070831.26 | 4522177.96 | 37.46% | 5254235.25 | 3015600.61 | 57.39% | 6816596.01 | 1506577.35 | 22.10% |
| 2016 | 15273196.36 | 5178942.15 | 33.91% | 5693471.89 | 3352599.21 | 58.88% | 9579724.47 | 1826342.94 | 19.06% |
| 平均 | | | 33.07% | 平均 | | 55.77% | 平均 | | 18.83% |

注：2010 年数据为 1 月到 11 月，中国保监会浙江监管局数据统计

从表 10-1 可以看到，2005—2016 年保费收入明显增加，其中 2007 年合计赔付率最高，达 39.86%，2010 年合计赔付率最低为 22.03%，平均赔付率为 33.07%，占总保费的三分之一。其中，财险平均赔付占财险总收入的 55.71%，寿险平均赔付占寿险总收入的 18.83%。

由于寿险存在时滞效益，而财险一般保险时间有期限，尤其占较大比重的车险基本上是一年。所以，我们以财险为例来分析全部保费收支平衡情况：

投保人付出 100% 的保费，而出险回报也就是赔付率只有 55.77%。2016 年的保险资金投资收益率是 5.66%，那么根据以上数据可得：

投保人损失 =100%+5.66%-55.77%=49.89%

简单计算，不难看出保险消费者投资回报率小，保险公司受益大，保险公司收入分配不公。根据调查，保险公司收入对用户分配不公主要体现在两个方面：①高管薪资较高；②营业支出较大，保险代理费支出过高。

## （一）高管薪资过高

根据《中国保险行业人力资源报告（2017）》统计，2016 年，保险业高层管理者总薪酬水平的平均值为 77.73 万元，人身险公司高层管理者总薪酬水平相较财产险公司更高。其中，保险业高层管理者薪酬中基本薪酬、绩效薪酬和福利性收入的平均值分别为 41.76 万元、28.27 万元和 10.69 万元。

中国平安 2016 年年报显示，任职的董事、职工代表监事、高级管理人员及关键岗位人员合计 17 人结算的税后薪酬总额合计 5882.84 万元。

表 10-2 显示了 2016 年全国上市公司高管薪酬前 20 强，其中中国平安保险股份有限公司高管占四分之一，前 10 名中占 3 名。在金融各子行业中，保险业规模比较小，2016 年保险总资产只有 15 万亿元，其规模只占社会融资总规模的不到 10%，但高收入比例却如此之多，可以看出保险业高管薪资收入不菲。

**表 10-2　2016 年上市公司高管薪酬前 20 强**

| 姓名 | 公司名称 | 职位 | 年薪/万元 |
|---|---|---|---|
| 林涌 | 海通证券 | 总经理助理 | 1549.40 |
| 陈德贤 | 中国平安 | 首席投资执行官 | 1286.57 |
| 殷可 | 中信证券 | 执行董事 | 1208.04 |
| 王洪飞 | 金科股份 | 副总裁 | 1089.81 |
| 陈飞 | 方正证券 | 首席风险官 | 1003.96 |
| 陈心颖 | 中国平安 | 常务副总经理 | 1003.34 |
| 李源祥 | 中国平安 | 常务副总经理 | 1003.34 |
| 王石 | 万科 | 董事会主席 | 999.00 |
| 李迅雷 | 海通证券 | 副总经理 | 987.29 |
| 郁亮 | 万科 | 总裁 | 979.00 |
| 马明哲 | 中国平安 | 董事长 | 968.49 |
| 姚波 | 中国平安 | 首席财务官 | 953.34 |
| 曾茂军 | 万达院线 | 总裁 | 900.50 |
| 张旭 | 万科 | 执行副总裁 | 898.30 |
| 孙嘉 | 万科 | 执行副总裁 | 898.20 |

| 姓名 | 公司名称 | 职位 | 年薪／万元 |
| --- | --- | --- | --- |
| 陈启宇 | 复星医药 | 董事长 | 890.00 |
| 潘刚 | 伊利股份 | 董事长 | 825.82 |
| 刘学民 | 第一创业 | 董事长 | 806.86 |
| 朱敏 | 世联行 | 总经理 | 794.62 |
| 方洪波 | 美的集团 | 董事长 | 766.00 |

数据来源：根据上市公司年报整理、编辑制表。

## （二）销售费用过高

　　根据保险公司的报表分析，保险资金在营销费用上的摊销较大，按原来作者在业内工作了解的"潜规则"，保险营销团队的销售费用支出占保费收入的30%，大部分用于佣金支付，一部分用于业绩奖励和活动开销。根据保单的性质和收费不同，保险代理人得到对应的佣金也不同。

　　保费代理收入过高，一方面能吸引越来越多人从事保险营销，以至于保险销售行业鱼龙混杂，一部分素质低下的代理人在利益驱动下，并不向消费者全面介绍保险产品，大多数消费者在不了解保险产品详情的情况下签订保单，导致越来越多消费者觉得吃亏而产生反感。也有部分文化水平较高，从事金融行业的人员为利益驱动，比方某些银行从业人员，泄露客户信息或者直接兼职保险代理人。近些年，也有一些存款变保单的案例出现。另一方面间接损害了投保人利益。更多的钱用于保险销售，导致理赔额度减少，所以保险公司又会进一步控制赔付率，如此一来，人们对于保险的信任度将降低，保险的购买量也将减少，保险销售将陷入死循环之中。

　　另外，如果从全国保险业2016年总的资金平衡表看，保监会发布的2016年保险市场数据中显示2016年保险业实现净利润近2000亿元，也就是保险业2016年净利润率=2000/30960=6.46%。根据上面的公式：保险资金收入+资金投资收益=赔付额+销售费用+管理费用+保险公司利润+（寿险备付基金），可知：
销售费用+管理费用+（寿险备付基金）

　　　　=保险资金收入+资金投资收益–保险公司净利润–赔付额
　　　　=30960+30960×0.0566–2000–10481.48
　　　　=30960+1752–2000–10481.48=20230.5

　　可见，保险公司用于寿险备付基金、销售费用和管理费用共计20230.5亿元，由于保险公司寿险备付基金数据公开场合摘取困难，按浙江省的财险比例推算，占保险公司费用将近一半，支出总额很大。

以上的分析可以得出论点三：保险业高管工资和销售费用都太高。

因此，可以做出如下总结：

论点一：保险业在我国市场经济的发展中是十分需要的；

论点二：保险业的销售模式客户体验较差；

论点三：保险业高管工资和销售费用都太高；

那么，保险业的出路在哪里呢？

# 五、保险业未来出路

人们不愿购买保险的原因有很多，融360《维度》的调查数据显示，大家之所以不愿意买保险，53.5%的用户认为保险公司套路多、理赔难，42.39%的用户认为收入低、很难负担得起保费，41.15%的用户想买但是不懂，14.4%的用户认为买保险不划算，发生意外、疾病的可能性太低，12.76%的用户认为已经有了社保就不用再买商业保险了。

超过一半的人认为保险公司套路多、理赔难，这也成为他们不买保险的最主要原因。投资者购买保险会遇到形形色色的"坑"，已经购买过商业保险的人群中，权益受损现象比较严重。

综合起来，保险销售费用过高是当前保险销售的根本问题所在。保险销售人员会为了保费收入欺骗消费者，保险公司会控制理赔率，以致保险公司诚信问题受到质疑。那么如何解决当前保险行业出现的各式各样的问题呢？如何保障保险消费者权益呢？

解决当前保险销售过程中产生的问题归根到底是要解决保险销售费用和管理费用过高的问题。利用互联网保险销售模式加区块链技术，可以保障广大消费者自主选择保险产品，了解所购买的保险产品的权益，从根本上解决保险存在的各种销售和管理问题。

## （一）利用大数据构建网络营销模式

营销是一个行业赖以生存发展的根本，随着时代的变化，保险发展也需要与时俱进，要改变其旧有的营销模式来适应大数据时代。

如何利用大数据构造网络营销模式？我们可以以旧有的保险数据资源作为依托，整合利用。在操作中，产生数据，利用数据，并且用数据赚钱。在不断积累数据的过程中，大数据可以根据消费者消费需求分析出消费者不同时期所需求的保险产品，为其出谋划策，合理选择和推荐相应的保险产品。大数据网络营销一方面帮助消费者保障且规避风险，另一方面还可以进一步拉近保险与消费者的距离。将保险在民众的心目中进行重新定位，让保险行业能够有大的跨越式发展。

以客户在保险公司留存的基础信息为例，保险公司在审查一位客户是否具有购买保险产品的资质时，将会与银行等其他行业接触，如此便能够扩大单一的数据，产生一条属于该客户的数据链。我们能够从新产生的数据中分析该客户的需求并提出针对性建议，有根据地进行按需精准销售。

### （二）把握互联网保险销售优势

利用互联网"用户第一"的思维，建立网上保险交易平台，将在渠道拓宽、险种丰富和大数据风险定价三个维度给保险业带来变化。

首先，互联网作为线上渠道，更适合标准化产品，因为互联网将带来简单标准化险种的渠道拓宽；其次，互联网的普及，电子商务的兴起，更多的线上交易行为将会催生基于应用场景的新型险种；最后，保险的核心在于精算风险定价，而互联网带来对个体更完整的描绘，这无疑有利于提高保险定投的精确性。

（1）渠道：互联网渠道在保险销售的占比将越来越高

保险行业传统营销渠道有直销、银行代理、电话销售等，但由于空间有限和成本高额制约了保险行业的增长。而互联网渠道能够拓展营销的宽度。互联网首先带来的改变是以电商为代表的标准化产品的渠道拓宽。

意外险、万能险等不与消费者的个体特征绑定的险种，是符合标准化且适合互联网渠道的产品，最先通过互联网渠道进行销售，同时也是目前线上险种的主流。但对于寿险等需要依据个体特征定价且需要消费者自身与保险经纪人对接的产品，目前线下渠道仍是主流。但在将来，利用大数据，受保人、医院、保险公司三方能够接受数据交换，并实现数据实时更新的情况下，线上交易也能够实现。根据中国保险行业协会（简称"中保协"）披露的《2017 年三季度互联网财产险业务数据报告》显示，截至 2017 年 9 月，互联网非车险保费收入 131.47 亿元，同比增长 92.5%。

从销售渠道来看，保险公司移动端业务、第三方网络平台和专业中介机构业务同期增长较快。数据显示，通过第三方网络平台实现累计保费收入 157.87 亿元，同比增长 87.06%，占总额的 43.96%，同比增加 22.42 个百分点。可见，互联网渠道对于保险行业的发展起到了巨大的促进作用。

保险消费者自助选购保险可以选择第三方网络平台、中介网站、互联网保险公司和 APP 等途径，可以解决当前保险业主要营销渠道存在的一些问题，如银保渠道显性成本与隐性成本高、代理人招募困难、脱退率高、保险经纪公司治理不规范、复杂产品推销存在主观及客观双重误导隐患等。

（2）险种：新的商业生态下的应用场景带来新的险种增量

互联网带来渠道变革的一个直接结果是诞生了不同于线下商业的新的线上商业生态。在新的商业生态下，将出现更多新的应用场景，进而衍生出新的应用场景下对保险的不同需求，其结果就是增加更多的险种。

自 2010 年淘宝联手华泰保险首次推出基于电商交易的退货运费险，数码产品延保及损坏类保险、APP 功能保险、账户安全险等基于新的应用场景的险种不断出现。而中国第一家互联网保险公司——众安保险，则直接定位于新的互联网应用场景下的保险产品开发。我们认为，新的应用场景带来新的险种增量，未来将越来越普及，而保险也将逐渐回归风险对冲工具的本质。

或许还会出现区块链保险，假设你需要一份保障你身体某个部位的保险产品，比如膝盖受损险。于是你可以通过网络公布自己的需求，组建一个圈子。大数据分析出和你有相同兴趣爱好、可能有相似需求的人，发出要约公告，和你有相同需求的人看到公告时，可以选择加入你的圈子，当人数到达一定量，圈子内的成员可以通过签订协议一同遵守。当其中某个成员出现膝盖受伤的意外并满足所签订的协议时，管理员自动补偿该名成员定量的经济损失。利用去中介化，节省大量的销售费用与和管理费用。

（3）定价：涉及保险核心的变革

保险的本质是对冲风险的工具，在传统商业环境下，由于产品开发成本、支付成本的门槛和精算定价的需求，保险的应用环境被局限在较小的几个有大规模需求的领域。随着互联网带来的新的应用场景，险种逐渐丰富，但新的险种依旧面向的是同一应用场景下的用户群体，个性化的需求依旧无法满足。我们认为，从保险的工具属性出发，基于个体特征的保险细分化将成为未来趋势。而保险细分化的基础，是依据个体特征的保险定价机制的成熟，有赖于车联网、移动医疗等新的产业的发展。

以车联网技术的应用让定价模式发生变化为例，其可以打破传统车险定价模式，使从按照车型定价、按照使用行为定价到根据驾驶行为定价的转变成为可能。车联网利用全球定位系统、传感器、射频识别、摄像头图像处理器等配置，实时采集车辆自身环境和状态信息，并实现纳入驾驶员历史行为（行驶里程、驾驶时速、是否安全驾驶等），通过互联网将信息传输汇集到中央处理器，进一步分析和处理这些信息，使基于其使用行为进行的定价模式变成可能，同时也能规范驾驶员的驾驶行为，促进安全驾驶，从而进一步降低出险率，最后也可以减少消费者投保支出。

在健康险产品定价方面，个人因素、家庭遗传、生活习惯都会影响个人健康，通过可穿戴智能设备实时监控佩戴者各项生理机能和运动状态，由保险公司进行数据分析，对不同生活习惯的客户进行定价，从而使定价模式从静态定价转向动态定价。例如，2015 年 8 月众安保险发布的"步步保"产品，用户可以用运动步数来抵扣保费，其可以使用户养成健康生活的习惯，从而预防疾病发生，减少可能发生的理赔事件。

我们相信互联网和数字技术将开辟一个新的保险时代，不断拓展保险的深度，延伸保险的广度，给保险消费带来更多的利益，同时也将推动保险行业继续向着更美好的未来发展。

# 第十一章　信　　托

## 一、信托业发展情况

根据中国信托业协会 2018 年年末数据，2018 年信托业稳步增长，截至 2018 年年末，全国 68 家信托公司管理的信托资产规模达 22.7 万亿元，为历史最高点。从季度环比增速看，2016 年 4 个季度环比增速分别是 1.70%、4.25%、5.11% 和 11.29%，是信托行业进入增长态势的实际信号。如图 11-1 所示，自 2015 年第二季度到 2016 年第二季度，信托资产同比增速是逐季下降的，从 2016 年第三季度开始呈现增长态势。

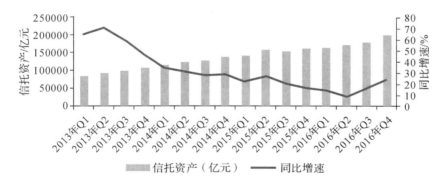

图 11-1　季度信托资产及同比增速（2013 年 Q1—2016 年 Q4）

对信托资产的来源进行分析，可知 2016 年年末单一资金信托余额为 101231 亿元，占比 50.07%，与前一季度相比降幅明显，在 2016 年单一资金信托占比呈现下降趋势；集合资金信托占比 36.28%，与第三季度相比上升 1.47 个百分点，余额为 73353.32 亿元，集合资金信托占比在 2016 年呈现上升趋势；管理财产信托占比 13.65%，较上一季度小幅上升，余额为 27601.75 亿元。从集合资金信托以及管理财产信托余额占比情况来看，已经接近 50% 了，把单一资金的占比慢慢地降低，这样的结构比例变化表示信托资产来源多样化分布的趋势已经十分明显，其业务结构也正在不断地优化之中。如图 11-2 所示。

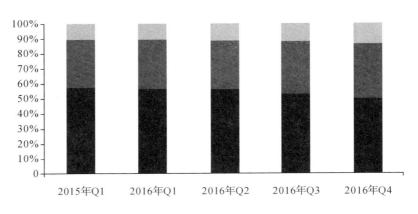

图 11-2　信托资产来源（2015 年 Q4—2016 年 Q4）

2017 年信托业要进一步发挥信托制度的优势，整合资金、资本及实业三大市场，灵活组合金融工具，为客户提供多样化投融资服务，实现产融结合的发展目标，继续支持实体经济，在经济结构调整和转型升级中发挥重要的支持作用。

# 二、信托业的特点与风险

## （一）信托业的特点

（1）信托业资金去向。信托产品就是人们常说的"影子银行"，即资金需求方不去找银行，而是直接面向投资者借钱。这些资金多数投向了地方政府融资平台的某项目（如拆迁）或者满足某企业的资金需求（如新生产线）。当然，信托一般不会是这些融资方首要的选择，但是他们在其他资金渠道枯竭后，就不得不考虑信托了。大家都知道，相比各类融资渠道，银行贷款的成本相对低很多，而信托需要给付的年利率一般在 10% 以上甚至更高，但为了能够融到所需资金，有时候也是不得已而为之，毕竟银行贷款的条件很多，贷款量也有诸多限制，并不能满足资金需求方所有的要求。

（2）由于期限和借款人条件不同。信托计划的预期收益率不同，目前年收益率大致在 10%~15%，这个利率反映的是借款者付出的成本，在此基础上还要扣除信托发行方以及渠道收益（一般在 5% 左右），剩下的才是投资者收益。

（3）合规的信托产品最低起投点是 100 万元，购买低于此门槛的产品多通过集资购买这种擦边球的方式进行（也就是许多人把钱交给一个人去买），这可能会引起纠纷。

（4）期限一般以 1~3 年为主，中途一般无法退出。

### （二）信托业的风险

近期信托业的风险主要表现为：

（1）不存在"刚性兑付"保障。部分信托产品在发行的时候会宣传所谓的"刚性兑付"，即投资者一定可以拿到本金和利息，但事实是不存在此类依据的。2013 年开始也陆续出现了刚性兑付被部分打破的案例。2014 年 9 月，国务院发布《国务院关于加强地方政府性债务管理的意见》，明确表示中央政府不会替地方还债。在这之后，信托产品的发行量有了显著下降。对于"刚性兑付"这种说法，投资者要用理性的思维去分析，就目前的形势而言，房地产业的下滑以及中央开始慢慢地清理与规范地方政府的融资行为，"刚性兑付"变得越来越不可靠，其被打破的可能性也会变得越来越大。

（2）信托借款人的信用风险。从上述的信托资金的去向中我们可以发现信托借款人一般有两个特征：第一个是本身已高负债（其他低成本融资渠道枯竭，需要借助信托这一高成本渠道）；第二个是要为信托借款承受高额利息支出。用专业术语来说，这一类企业都加了很高的债务杠杆，其资金链十分紧张。因此，信托从本质上来说属于高收益债，同时也是高风险的。

（3）受益权风险。集资购买信托的行为是在增加一般投资者自身的风险，因为在集资购买信托产品的时候，实际购买合同上只有一个人，这就意味着除了这个人以外的其他所有集资人并不是法律上认可的信托计划受益人，那么一旦这个购买人出现跑路的现象，其他集资人的权利就难以得到保障。这里我们也可以看出集资购买信托产品是一项高风险的投资行为，它的投资门槛以及对投资者的要求比较高，只有风险承受能力高而且有足够的风险处置能力的投资者才可以适当考虑，一般的投资者应该远离。这类投资者一般应该拥有较高的净值且经验丰富，在投资组合中配置一些高风险、高收益的信托产品也符合他们的期望，如果真的出现问题，他们也可以通过上诉来维护自身的权益，所以他们比较适合配置这一投资工具。

# 三、信托产品价格分析

信托平台融资者付出成本主要由三部分构成，分别为投资者收益、信托公司收入以及银行等金融机构代管代销的服务费用。其中投资者收益按中国信托业的资料看就清算信托项目为受益人的年化综合实际收益率而言，2016 年 3 月为 8.18%、6 月为 6.35%、9 月为 7.59%、12 月为 7.60%，平均为 7.43%。而 2015 年该收益率情况 3 月为 8.11%、6 月为 10.19%、9 月为 7.30%、12 月为 13.96%，平均为 9.89%。因此，2016 年信托项目年化综合实际收益率，相对于 2015 年而言，整体呈现下降趋势，两年平均为 8.66%。信托公司收入等于信托公司成本加上其利润，根据前几年资料和市场目前行情可知，信托公司平均年化成本约为 0.84%，信托公司利润以 2014 年信托业平均年化综合利润率 0.66% 计算，可以测算出在传统信托平台下，融资者付出的成本约为 11.66%，过程如图 11-3 所示。受益人的年化收益率根据不同年份的经济形势，会有比较大的变化，但最近几年相对稳定。如表 11-1 所示为中国信托网（http://www.suobuy.com）2017 年 12 月 31 日的一小部分截屏。

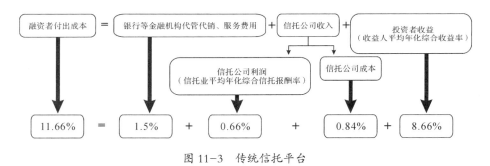

图 11-3　传统信托平台

# 四、信托计划产品案例——以中信信托产品为例

## （一）中信信托·中信融汇 4 号山西恒大华府贷款集合资金信托计划——债权型信托贷款

### 1. 信托项目产品结构

本信托计划信托受益权不分层级，分为 A 类、B 类和 C 类（或有），各类可分期募集，总额不超过 5 亿元，期限为 18 个月。本次发行优先级 A 类信托受益权，募集金额约为 3 亿元，期限为 12 个月。

表 11-1 固定收益类信托产品

| 序号 | 信托理财产品名称 | 发行机构 | 评级 | 投资方向 | 预期收益率 | 投资起点 | 产品期限 | 返利 | 状态 |
|---|---|---|---|---|---|---|---|---|---|
| 1 | 国元信托—安盈水城 | 国元信托 | AA | 基础设施 | 9.3% | 300万 | 36月 | 6000 | 在售 |
| 2 | 国元信托—江安水务集合资金信托计划 | 国元信托 | AA | 商业贷款 | 9.0% | 100万 | 24月 | 6000 | 在售 |
| 3 | 国元信托—兴义信恒城投集合资金信托计划 | 国元信托 | AA | 工商企业 | 9.0% | 100万 | 24月 | 6000 | 在售 |
| 4 | 中江国际·金鹤449号福建公元食品有限公司贷款集合资金信托计划 | 中江信托 | AA | 工商企业 | 8.5% | 100万 | 24月 | 7000 | 在售 |
| 5 | 光大信托·黔信1号集合资金信托计划 | 光大信托 | AA | 基础设施 | 9.0% | 100万 | 24月 | 6000 | 在售 |
| 6 | 中江信托金兔13号湖南桃源鑫达交通发展贷款集合资金信托计划 | 中江信托 | AA | 工商企业 | 8.8% | 100万 | 24月 | 5000 | 在售 |
| 7 | 百瑞信托—毕节兴业建设集合资金信托计划 | 百瑞信托 | AA | 基础设施 | 8.5% | 100万 | 18/24月 | 5000 | 在售 |
| 8 | 中江信托·金虎347号天津滨海集合资金信托计划 | 中江信托 | AA | 股权投资 | 9.0% | 100万 | 24月 | 6000 | 在售 |
| 9 | 国元信托—安盈凯里文建集合资金信托计划 | 国元信托 | AA | 商业贷款 | 9.0% | 100万 | 24月 | 5000 | 在售 |
| 10 | 光大-弘远10号集合资金信托计划 | 光大信托 | AA | 商业贷款 | 8.0% | 100万 | 24月 | 5000 | 在售 |
| 11 | 北京信托·锦铤财富026号集合资金信托计划 | 北京信托 | AA | 资产经营 | 9.0% | 300万 | 24月 | 9000 | 在售 |
| 12 | 百瑞信托·富诚346号集合资金信托计划 | 百瑞信托 | AA | 基础设施 | 9.0% | 100万 | 24月 | 3000 | 停售 |
| 13 | 国元信托·绵阳鄞海文化旅游投资集合资金信托计划 | 国元信托 | AA | 基础设施 | 8.3% | 100万 | 24月 | 5000 | 在售 |
| 14 | 大业信托·政赢通7号（湘潭九华）集合资金信托计划 | 大业信托 | AA | 基础设施 | 7.6% | 100万 | 24月 | 4000 | 在售 |
| 15 | 中泰信托·安泰41号集合资金信托计划 | 中泰信托 | AA | 商业贷款 | 8.3% | 100万 | 24月 | 4000 | 在售 |
| 16 | 中江信托·金鹤443号昂展科技公司集合资金信托计划 | 中江信托 | AA | 工商企业 | 8.8% | 100万 | 12月 | 5000 | 在售 |
| 17 | 中泰—贵州遵义播州水投股权收益权投资集合资金信托计划 | 中泰信托 | AA | 基础设施 | 9.0% | 100万 | 36月 | 4000 | 在售 |
| 18 | 中江国际·金鹤400号神雾节能贷款集合资金信托计划 | 中江信托 | AA | 工商企业 | 8.2% | 100万 | 12月 | 5000 | 停售 |
| 19 | 中融—唐昇1号结构化集合资金信托计划 | 中融国际信托有限公司 | AA | 金融（市场） | 8.0% | 300万 | 6/9/12/18/24月 | 5000 | 在售 |
| 20 | 中江国际—金鹤432号遵义市播州区国有资产投资经营（集团）有限责任公司贷款集合资金信托计划 | 中江信托 | AA | 商业贷款 | 8.5% | 100万 | 24月 | 5000 | 停售 |

### 2. 信托收益分配方式

优先级某类某期信托受益权的核算日为该类该期优先级信托受益权的预计终止日。自核算日起 10 个工作日内的任意一日为信托利益分配日。

### 3. 资金运用方式

优先级信托受益权认购资金交付给临汾市紫旌房地产开发有限公司后，将用于开发建设临汾恒大华府项目。

### 4. 信托方案

委托人将其合法拥有的资金委托给受托人，设立资金信托计划，受托人通过信托贷款的方式向临汾市紫旌房地产开发有限公司发放贷款，贷款金额不超过 5 亿元，贷款资金用于支付临汾恒大华府项目工程款。

### 5. 保障措施

（1）恒大地产集团有限公司为本信托贷款提供连带责任保证担保。

（2）恒大地产（03333.HK）为本信托贷款提供连带责任保证担保。

（3）临汾恒大华府的 50% 销售回款纳入监管账户。

（4）太原俊恒公司为本信托贷款提供连带责任保证担保。

（5）太原名都房地产开发公司以 100% 股权为本信托贷款提供质押担保。

### 6. 信息披露

在本信托计划期限内，受托人按季制作《信托事务管理报告》，并于信托计划成立之日起每季度结束后 10 个工作日内通过中信金融网进行信息披露。

## （二）中信·桃花源居特定资产收益权投资集合资金信托计划——收益权型普通受益权

### 1. 信托计划产品结构

中信·桃花源居特定资产收益权投资集合资金信托计划，发行规模 2 亿元。信托期限 2 年，自信托计划成立之日至第 18 个月末，预期年收益率 10.5%~13.0%，信托计划成立满 18 个月后，预期年收益率 13.0%~15.5%，信托收益每 6 个月分配一次。

### 2 资金运用方式

信托计划资金由受托人集合运用，以自己的名义与云南桃园屋业发展有限公司签订《桃花源居项目特定资产收益权投资协议》及相应担保文件，以信托计划募集的资金投资于桃园屋业拥有的桃花源居项目特定资产收益权。

### 3. 信托计划方案简介

桃花源居项目位于云南省昆明市西山区马街上村花果山，属城市中心区的低密度住宅项目，占地面积 88786 平方米，容积率低于 1.1，主要由花园洋房、叠层别墅以及联排别墅构成。项目比邻昆明宝珠生态公园，部分住宅能够俯瞰滇池。本信托计划的主要还款来源为特定资产在信托期限内预计可产生的销售收入。

### 4. 保障措施

（1）土地抵押：桃园屋业已将桃花源居项目用地抵押至中信信托，该土地经北京中企华房地产估价有限公司评估价值为 5.08 亿元，投资本金抵押率低于 40%。

（2）股权质押：桃园屋业股东陈××、殷×、王×× 将桃园屋业 100% 股权质押至中信信托。

（3）全体股东连带责任保证：桃园屋业全体股东提供个人连带责任保证。

（4）中信信托向桃园屋业派驻董事，参与日常运营管理。

### 5. 信息披露

在本信托计划期限内，受托人按季制作《信托事务管理报告》，并于信托计划成立之日起每季度结束后 10 个工作日内通过中信金融网进行信息披露。

# 五、信托业务的新发展——家族信托

由于中国富豪日益增多，家族信托也就应运而生了。家族信托的功能有一些特殊的规定，可以解决一些有钱人的实际问题。我们如果不做任何处理和安排，就将所有资产放在个人名下，可能面临以下四个方面的问题：

（1）税负，最重要的是遗产税。事实上，早在 2004 年 9 月，财政部就出台了《中华人民共和国遗产税暂行条例 ( 草案 )》，该条例在 2010 年还进行了修订，但时至今日依旧未能正式落定。遗产税究竟何时开征，各界观点不一，有说法称考虑到配套政策有待完善，仍需要数十年时间酝酿，但有律师认为，通过分析各个口径的综合消息，10 年内出台将是大概率事件。但即便是在遗产税细则尚未具体敲定的情况下，若富豪想要移民去发达国家，众所周知，发达国家大多是全球税负比较重的地方，当他们成为移民国的税务居民后，自然也就需要承担当地的税负，其中就包括遗产税。

（2）死亡。一个人离世后，他的财产都会成为遗产，如果事先没有立遗嘱或者其他具有法律作用的协议的话，其法定继承人都有权获得相应的份额，就极有可能发生其子嗣争相抢夺遗产的情况，而这种恩怨纠纷也肯定是当事人最不愿意看到的情形。

（3）离婚。如果没有做婚前及婚后财产协议，那么婚姻期间创造的财产就是夫妻共同财产，在婚姻关系解除时，配偶方有权获得一定份额，使得离婚时的财产分配成为困扰诸多财富人群的棘手难题。

（4）债权人追讨。目前很多企业家为了增强大众对自己企业的信心，提高企业的信誉，或者是为了满足企业融资、银行贷款等需求，都会以个人名下的财产做无限连带担保，而互保企业一旦出现危机，自己也将受到牵累，极有可能使自己在一夜之间一贫如洗，可能连最基本的生活都会成问题，而这显然是每个人都不愿意看到的事情。这样一来便产生了信托需求，把自身的一部分财产装入信托之中，以此来保证今后家庭的基本生活需要。

资产保护、财富传承、保密性和税务筹划被认为是家族信托的四大基础功能。

在现行的法律框架下，资产保护和财富传承因为信托财产独立于委托人也独立于受托人，具有极大的灵活性，因此能够完全实现。

关于税务筹划这一功能，由于现在遗产税还没有正式出台，因此它只是对以后想要移民到国外的人提供未来的全球税负规避安排。

关于保密性，家族信托跟遗嘱等方式相比，会显得更稳妥，更具有私密性，然而其还是会存在一些特殊情况的。

我们说信托具有保密性功能的主要原因是从它的基本原理入手的，一个信托产品的成立是不需要通过行政机关审批注册的，只要当事人按照信托的设立条件设立信托，设立行为完成，信托即告成立，也就是说只需要当事人根据信托文件达成合议即可。

而根据《信托法》，受托人必须履行保密义务，但是有一个前提条件，就是依法履行，《信托公司管理办法》第二十七条更是明确提出，信托公司对委托人、受益人以及所处理信托事务的情况和资料负有依法保密的义务，但法律法规另有规定或者信托文件另有约定的除外。

法律规定需要履行的披露义务中比较典型的就是上市公司实际控制人的情况，证监会在《公开发行证券的公司信息披露内容与格式准则》中规定，如实际控制人通过信托或其他资产管理方式控制公司，应披露信托合同或者其他资产管理安排的主要内容。

这样的"依法保密"并不是国内特有情况，例外情形在任何一个国家都普遍存在。而值得一提的是，另一个国内特有但可能影响到家族信托保密功能的因素，即按照监管规定，信托公司必须就信托业务向银保监会履行报告义务，这也可能使得家族信托的保密性功能受到一定影响。

# 第十二章　金融租赁

金融租赁业务是近几年发展比较快的金融业务。重资产企业，一开始进行生产的时候，往往需要比较多的现金去购买设备，造成企业现金不足，金融租赁可以比较好地解决其融资问题。这里我们主要分析融资企业的融资成本，表面上看它只有正常的银行利率加一点点浮动，以及每年1%的租赁管理费，似乎比较合理，融资成本不高，但实际上金融租赁对融资企业来讲是一个融资成本比较高的金融工具，因为它的利息和管理费是按照融资全额计算的，但却是分期还款，所以实际融资占用的金额在逐步减少，按数学方法计算，实际上资金占用只有50%（这里暂时不考虑资金前期多后期少的货币时间价值问题）。实际上金融租赁企业收到的资金，也就是融资企业付出的融资成本可以达到融资总额的11%以上，如果金融租赁企业用好银行贷款，加大杠杆，年收益率可以达到33%，下面我们用实例来计算。

## 一、无杠杆求租金

现有一项目，为单笔融资租赁业务3亿元，客户首付租金为20%，租赁期限为36个月，每年的管理费为融资额的1%，客户保证金按融资额的5%测算，资金来源为自有资金占比12%，不足部分由银行贷款（占比61.6%），贷款期限与租赁期限配套为36个月，利率为同期基准利率上浮10%（即5.94%测算），以等额本金方式，按月偿还贷款本息。分别测算全部资金收益率及自有资金收益率。

鉴于未来36个月中每笔现金流不得而知，在此我们将进行以下假设：

（1）每期具有稳定的现金流；

（2）银行利率不变；

（3）不存在摩擦成本；

（4）在计算过程中按照银行利率来等价代替收益率。

根据项目内容，对保证金等费用进行计算：

169

保证金等费用：

$$V=3 \times 10^8 \times 1\% \times \frac{36}{12} + 3 \times 10^8 \times（1-20\%）\times 5\% + 3 \times 10^8 \times 20\% = 7920（万元）$$

即整理为：

业务：3 亿元      项目初期投资：22080 万元

时间：36 个月      银行利率：5.4%

保证金和其他：7920 万元      租赁贷款利率：5.94%

租金：752.07 万元      自有资金：3 亿元

首先我们需要在无杠杆条件下考虑收取多少租金以确保获得最低保本权益；接着就需要考虑现金流折现或是累计的问题，这个问题在这个项目中充当着非常重要的一个环节；最后我们要熟悉现金流公式、复利公式和内部收益率公式，这样才能够求出最小租金。

在这里我们要考虑未来收益。一部分是起始花费的 22080 万元，另一部分是首付款、管理费及保证金 7920 万元的利息，这一点非常重要。因此，在这里我们要使用累计的方法进行计算。

假设在 36 个月中，公司投资性金融资产按照时间累计，那么每个月需要收多少租金？

在 36 个月中，保证金费用支出缺少流动性，不存在机会成本补偿，需要租金。由于是复利，所以还要算利息收入。复利公式：

$$\omega = a\left(1 + \frac{r}{m}\right)^m$$

其中，$a$ 表示 0 时刻的本金；$r$ 表示当前的年化收益率；$m$ 表示一年几次付息；$\omega$ 表示本息和。当金额足够大时，可以表示为：

$$\omega = a\left(1 + \frac{r}{m}\right)^m = e^{rm}$$

那么在这里我们就可以表示为：

$$Q = 7920 \times \left[\left(1 + \frac{5.4\%}{12}\right)^{3 \times 12} - 1\right]$$

其中，$Q$ 表示利息。

这部分租金是用于补充保证金的投资收益，所以实际利息收入需要进行租金 $M$ 补偿。最终可以求出应收租金：$K = \omega + M$。

由于租金是每月获取，是稳定正向现金流，所以我们需要进行累计获取。这里需要运用等比数列求和公式。

通项公式：

$$a_n = a_1 \times q^{(n-1)}$$

其中，$a_1$ 表示第 1 期的数量；$a_n$ 表示第 $n$ 期的数量；$q$ 表示公比。

求和公式：

$$S_n = \frac{a_1(1-q_n)}{1-q}$$

所以可以表示为：

$$K \frac{\left(1+\dfrac{5.4\%}{12}\right)^{36} - 1}{\dfrac{5.4\%}{12}} = S\left(1+\frac{5.4\%}{12}\right)^{36} + Q$$

通过复利计算，我们得到了理论租金，但在实际经营中并没有进行再投资，所以得到的租金并没有产生收益。与此同时，反映在报表中的租金收益没有体现时间价值，所以再投资收益就需要用租金去弥补，因此实际的租金为：

$$K_{实际} = \frac{S\left(1+\dfrac{5.4\%}{12}\right)^{36} + q}{36}, \quad K_{实际} = 759.52（万元）$$

由上所述，公司每月收取 752.07 万元的租金，并且在 36 个月后获利 3794.62 万元。在我们的计算中，得到的却是 759.52 万元，为何会存在差异呢？由于报表中采用年化收益率来进行复利计算，而平时计算时采用月收益率进行复利计算，所以会存在一点微小差异。

因为 $R_{原年化} = 5.4\%$；$R_{月化的年化收益率} = \left(1+\dfrac{5.4\%}{12}\right)^{12} - 1 = 5.54\%$

所以 $R_{月化的年化收益率} > R_{原年化}$；$K_{实际} > K$。

# 二、收益率计算

在期初投资一笔资产到项目中，在之后的每一个期末，我们从投资项目中获得现金流。然后通过各期收益率的折现之和与期初投资之比，求出该项目给投资者带来的回报率。

### 1. 稳定现金流下的资产收益率

根据财务报表数据来进行计算，我们收取租金为 752.07 万元，那么就可以求内部报酬率 $IRR_{月}$。

$$CF_0 + \sum_{t=1}^{36} \frac{D}{(1+IRR_{月})^t} = 0$$

$$IRR_{月} = 1.15\% \text{。} \quad IRR_{年} = (1+IRR_{月})^{12} - 1\text{；} \quad IRR_{年} = 14.7\%$$

其中，$CF_0$ 指的是 0 时刻提供的现金流。

由上可知，租贷公司全部用自有资金，其内部收益率达 11.08%，如表 12-1 所示。

### 2. 非稳定现金流下的投资收益率

在进行投资时，投资者通过举债借入资金来满足自身的投资需求。因此，在进行投资计算时，期初的投资额是计算投资者本身的投资额，无须与举债借入的资金挂钩。这也是金融杠杆的魅力。

我们可以看到，在期初投资者只投资了 3600 万元的资本，其余资金向银行借入。在未来的现金流中，因存在需还款这一举措，因此自身获得的现金流将是非稳定的。用公式表示为：

$$CF_0 + \frac{D_1}{(1+IRR)^1} + \frac{D_2}{(1+IRR)^2} + \cdots + \frac{D_n}{(1+IRR)^n} = 0$$

其中，$CF_0 = -3600$；$D_n$ 是每一个时期的现金流。

通过使用 SPSS 或者金融计算器可以计算出 IRR。

$IRR_{月} = 2.82\%$；$IRR_{年} = 33.81\%$。

### 表 12-1　全部资金收益率测算（不考虑税费）

如果不用银行贷款，全部是自有资金，收益率可以达到11%

| 期数 | 首付款、管理费及保证金 / 万元 | 支付货款 / 万元 | 租金 / 万元 | 项目现金流量 / 万元 | 公司资金占用 / 万元 |
|---|---|---|---|---|---|
| 0 | 7920.00 | −30000.00 | | −22080.00 | |
| 1 | | | 752.07 | 752.07 | −21327.93 |
| 2 | | | 752.07 | 752.07 | −20575.86 |
| 3 | | | 752.07 | 752.07 | −19823.79 |
| 4 | | | 752.07 | 752.07 | −19071.72 |
| 5 | | | 752.07 | 752.07 | −18319.65 |
| 6 | | | 752.07 | 752.07 | −17567.58 |
| 7 | | | 752.07 | 752.07 | −16815.51 |
| 8 | | | 752.07 | 752.07 | −16063.44 |
| 9 | | | 752.07 | 752.07 | −15311.37 |
| 10 | | | 752.07 | 752.07 | −14559.3 |
| 11 | | | 752.07 | 752.07 | −13807.23 |
| 12 | | | 752.07 | 752.07 | −13055.16 |
| 13 | | | 752.07 | 752.07 | −12303.09 |
| 14 | | | 752.07 | 752.07 | −11551.02 |
| 15 | | | 752.07 | 752.07 | −10798.95 |
| 16 | | | 752.07 | 752.07 | −10046.88 |
| 17 | | | 752.07 | 752.07 | −9294.81 |
| 18 | | | 752.07 | 752.07 | −8542.74 |
| 19 | | | 752.07 | 752.07 | −7790.67 |
| 20 | | | 752.07 | 752.07 | −7038.6 |
| 21 | | | 752.07 | 752.07 | −6286.53 |
| 22 | | | 752.07 | 752.07 | −5534.46 |
| 23 | | | 752.07 | 752.07 | −4782.39 |
| 24 | | | 752.07 | 752.07 | −4030.32 |
| 25 | | | 752.07 | 752.07 | −3278.25 |
| 26 | | | 752.07 | 752.07 | −2526.18 |
| 27 | | | 752.07 | 752.07 | −1774.11 |
| 28 | | | 752.07 | 752.07 | −1022.04 |

续　表

| 期数 | 首付款、管理费及保证金/万元 | 支付货款/万元 | 租金/万元 | 项目现金流量/万元 | 公司资金占用/万元 |
|---|---|---|---|---|---|
| 29 | | | 752.07 | 752.07 | −269.97 |
| 30 | | | 752.07 | 752.07 | 482.1 |
| 31 | | | 752.07 | 752.07 | 1234.17 |
| 32 | | | 752.07 | 752.07 | 1986.24 |
| 33 | | | 752.07 | 752.07 | 2738.31 |
| 34 | | | 752.07 | 752.07 | 3490.38 |
| 35 | −447.93 | | 752.07 | 304.14 | 3794.52 |
| 36 | −752.07 | | 752.07 | 0 | 3794.52 |
| 合　计 | 6720.00 | −30000.00 | 27074.62 | 3794.52 | |
| 月内含报酬率 | 0.92% | | | | |
| 年内含报酬率 | 11.08% | | | | |

**表 12-2　自有资金收益率测算**

如果用 61% 的银行贷款，12% 自有资金，收益率可以达到 33%

| 期数 | 支付货款/万元 | 首付款、管理费及保证金/万元 | 贷款/万元 | 贷款还本付息/万元 | 租金/万元 | 税费/% | 项目现金流量/万元 | 公司资金占用/万元 |
|---|---|---|---|---|---|---|---|---|
| 0 | −30000.00 | 7920.00 | 18480.00 | | | | −3600.00 | |
| 1 | | | | −604.81 | 752.07 | −4.05 | 143.22 | −3456.78 |
| 2 | | | | −602.27 | 752.07 | −2.45 | 147.35 | −3309.43 |
| 3 | | | | −599.73 | 752.07 | −2.55 | 149.8 | −3159.63 |
| 4 | | | | −597.19 | 752.07 | −2.65 | 152.24 | −3007.39 |
| 5 | | | | −594.65 | 752.07 | −2.74 | 154.68 | −2852.71 |
| 6 | | | | −592.1 | 752.07 | −2.84 | 157.13 | −2695.58 |
| 7 | | | | −589.56 | 752.07 | −2.94 | 159.57 | −2536.01 |
| 8 | | | | −587.02 | 752.07 | −3.04 | 162.02 | −2373.99 |
| 9 | | | | −584.48 | 752.07 | −3.13 | 164.46 | −2209.53 |
| 10 | | | | −581.94 | 752.07 | −3.23 | 166.9 | −2042.63 |
| 11 | | | | −579.4 | 752.07 | −3.33 | 169.35 | −1873.28 |
| 12 | | | | −576.86 | 752.07 | −4.69 | 170.53 | −1702.75 |
| 13 | | | | −574.32 | 752.07 | −3.52 | 174.24 | −1528.51 |

| 期数 | 支付货款 / 万元 | 首付款、管理费及保证金 / 万元 | 贷款 / 万元 | 贷款还本付息 / 万元 | 租金 / 万元 | 税费 /% | 项目现金流量 / 万元 | 公司资金占用 / 万元 |
|---|---|---|---|---|---|---|---|---|
| 14 | | | | −571.78 | 752.07 | −3.62 | 176.68 | −1351.83 |
| 15 | | | | −569.24 | 752.07 | −3.71 | 179.12 | −1172.71 |
| 16 | | | | −566.69 | 752.07 | −3.81 | 181.57 | −991.14 |
| 17 | | | | −564.15 | 752.07 | −3.91 | 184.01 | −807.13 |
| 18 | | | | −561.61 | 752.07 | −4.01 | 186.45 | −620.68 |
| 19 | | | | −559.07 | 752.07 | −4.1 | 188.9 | −431.78 |
| 20 | | | | −556.53 | 752.07 | −4.2 | 191.34 | −240.44 |
| 21 | | | | −553.99 | 752.07 | −4.3 | 193.79 | −46.65 |
| 22 | | | | −551.45 | 752.07 | −4.39 | 196.23 | 149.58 |
| 23 | | | | −548.91 | 752.07 | −4.49 | 198.67 | 348.25 |
| 24 | | | | −546.37 | 752.07 | −5.85 | 199.85 | 548.1 |
| 25 | | | | −543.83 | 752.07 | −4.69 | 203.56 | 751.66 |
| 26 | | | | −541.28 | 752.07 | −4.78 | 206.01 | 957.67 |
| 27 | | | | −538.74 | 752.07 | −4.88 | 208.45 | 1166.12 |
| 28 | | | | −536.2 | 752.07 | −4.98 | 210.89 | 1377.01 |
| 29 | | | | −533.66 | 752.07 | −5.07 | 213.34 | 1590.35 |
| 30 | | | | −531.12 | 752.07 | −5.17 | 215.78 | 1806.13 |
| 31 | | | | −528.58 | 752.07 | −5.27 | 218.23 | 2024.36 |
| 32 | | | | −526.04 | 752.07 | −5.36 | 220.67 | 2245.03 |
| 33 | | | | −523.5 | 752.07 | −5.46 | 223.11 | 2468.14 |
| 34 | | | | −520.96 | 752.07 | −5.56 | 225.56 | 2693.7 |
| 35 | | −447.93 | | −518.42 | 752.07 | −5.66 | −219.93 | 2473.77 |
| 36 | | −752.07 | | −515.87 | 752.07 | −7.02 | −522.89 | 1950.88 |
| 合　计 | −30000.00 | 6720.00 | 18480.00 | −20172.31 | 27074.62 | −151.44 | 1950.88 | |
| 月内含报酬率 | 2.82% | | | | | | | |
| 年内含报酬率 | 33.81% | | | | | | | |

# 第十三章　外　　汇

## 一、价格计算和收益率计算

### （一）价格确定

中国人民银行于每个工作日闭市后，以当日银行间外汇市场美元等交易货币对人民币的收盘价，作为下一个工作日该货币对人民币交易的中间价。各家商业银行根据中国人民银行公布的中间价，再根据各家银行情况制定自己的中间价，而买入价和卖出价是在中间价的基础上，上下浮动一定点数得出的。

月平均汇率的公式：

$$\overline{R}_{\text{currency}} = \frac{1}{n}\left( \sum_{t=1}^{n} r_i \right)$$

其中，currency 代表外汇币种；$n$ 为交易日；$r_i$ 为该货币第 $i$ 个交易日的中间价。

### （二）在外汇储备中的各种货币的收益率的确定

经历汇率变动导致的收益变化后的第 $i$ 种货币的收益率 $R_i(T)$ 为：

$$R_i(T) = R_i(T) = \frac{(1+R^{*}_i)S_i(\tau)}{S_i(0)} - 1$$

其中，$R^{*}_i$ 为所要计算的等第 $i$ 种货币存款利率；$S_i(0)$ 为第 $i$ 种货币在 $0$ 时刻的即期汇率；$S_i(T)$ 为第 $i$ 种货币在 $T$ 时刻的即期汇率。

## 二、美元、欧元、日元的汇率走势

### （一）美元兑人民币汇率走势图分析

根据图 13-1，自 1949—1978 年，人民币汇率兑美元汇率长期维持在 1.50~2.75。

176

在 1956—1970 年的 15 年间，人民币对美元汇率一直保持不变，直到 1971 年才开始波动。

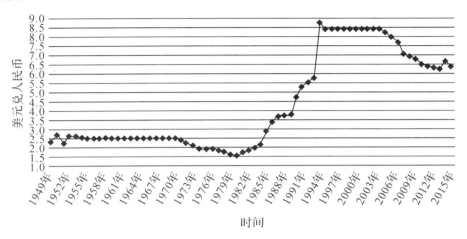

图 13-1　1949-2015 年美元兑人民币汇率走势

### 1.1979—1994 年汇率变动原因分析

自 1979 年开始，人民币逐步贬值，至 1993 年，人民币最低跌至 8.62（跌幅为 83%）。1994 年 1 月 1 日汇率并轨，将市场汇率和官方结算汇率并轨为统一市场汇率，也就是实行"有管理的浮动汇率制"，汇率迅速贬值为 8.6187。人民币大幅贬值推动国际资金涌入中国，盘活了中国丰富的劳动力资源，让中国经济得以迅速发展。

### 2.2005—2013 年汇率变动原因分析

中国政府在 2005 年 7 月开始实行汇率形成机制的改革，把人民币浮动的上下区间扩大到 0.3%。后来又多次调整：2007 年 5 月人民币中间价上下浮动区间扩大到 0.5%；2012 年 4 月扩大到 1%；2014 年 3 月又扩大到 2%。目前按照最新的限制区间，人民币兑美元汇率每天可以有近 0.3 元的上下浮动区间。2005—2013 年，人民币兑美元的汇率从 8.27 升至 6.04，升值了 37%，外汇储备急剧增长到近 4 万亿美元。

### 3.2014—2016 年汇率变动原因分析

从 2014 年年初开始，人民币兑美元的汇率开始了持续回调。尤其从 2015 年 8 月 11 日开始，中国政府采取更加市场化的中间价确定方式——"主要参考上一个交易日收盘价"确定当天中间价，人民币兑美元汇率进一步下跌，到 2016 年年底为 6.95，人民币兑美元的汇率贬值幅度约为 13.11%。

从短期来说，美元汇率指数仍然处于上升周期，人民币还有进一步贬值的压力；但从长期来说，人民币兑美元的汇率有很大的升值空间。

## （二）欧元兑人民币汇率走势图分析

1999—2001 年，欧元兑人民币的汇率连年下降，其中 1999 年为 1 ∶ 8.4439，2000 年为 1 ∶ 7.6989，2001 年为 1 ∶ 7.4493（见图 13-2）。

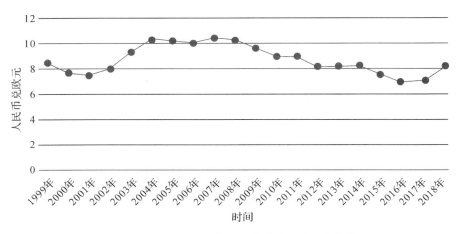

图 13-2　1999-2016 年人民币兑欧元对汇率走势

### 1.1999—2001 年汇率变动原因分析

（1）欧元自身因素

1999—2001 年欧元在欧盟一些国家中发行，2002 年开始流通。在这段时间里，由于欧元作为货币功能部分缺失，人们主要使用马克等本国货币。外汇市场上欧元需求较少，导致这一时期欧元汇率持续走低。

（2）科索沃危机的爆发

1999 年爆发科索沃战争，使得该地区资金加速流出，使得欧元区国家经济疲软，欧元汇率下降。

（3）欧元区国家对汇率的态度

欧洲央行始终认为价格稳定最为重要，任何经济目标的实现都不可以影响价格的稳定，因此，对于欧元汇率的波动，欧洲央行采取漠视放任的态度。同时，欧洲央行相关人员对欧元汇率变动持无所谓态度的言论，也向市场传达了一种欧洲央行将会以消极态度对待欧元贬值的信息，影响了欧元持有者的信心，因此他们大量抛售欧元，造成了欧元汇率下跌。

### 2.2001—2003 年汇率变动原因分析

2001—2003 年，欧元汇率呈上升态势，其中，欧元兑人民币 2001 年为

1：7.4493，2002 年为 1：8.0058，2003 年为 1：9.3613（见图 13-2）。这一时期汇率变动的原因如下：

（1）市场预期心理

2002 年，欧元开始在国际上流通，人们渐渐体会到欧元带来的生活上的便利。因此，欧元很快得到人们的认可和接受，人们对持有欧元信心大增。这种良好的预期导致外汇市场上欧元被大量买入，欧元汇率得以上升。

（2）欧元区与美国的经济形势

这一时期，美国整体经济形势优于欧元区，但在增速方面，欧元区 2002 年开始超过美国。2002 年，欧元区 GDP 增长 9.3%，而美国只有 3.34%。欧元区的经济快速发展以及美国经济增速减缓，导致人们对美国的经济前景产生忧虑，引发欧元汇率上升。

### 3.2003—2008 年汇率变动原因分析

2003—2008 年，欧元汇率持续震荡，其中，欧元兑人民币 2003 年为 1：9.3613，2004 年 为 1：10.29，2005 年 为 1：10.1953，2006 年 为 1：10.019，2007 年 为 1：10.4175，2008 年为 1：10.2227（见图 13-2）。这一时期汇率变动的原因如下：

（1）美国突发事件

2001 年下半年，美国资本市场爆出财务丑闻，严重扰乱资本市场的运行秩序，对美国经济状况产生强烈影响。同时，丑闻的出现严重影响了投资者的信心，美国经济的风险性增加。在外汇市场上，表现为美元贬值，欧元和人民币汇升值。

2003 年，伊拉克战争爆发，巨额的战争开支给美国财政造成巨大压力，2004 年美国财政赤字高达 4130 亿美元。美国 2003 年前后发生的突发事件，对美国经济产生了很大影响，进而影响到欧元和人民币汇率的走势。

（2）欧元区与美国经济形势

从 2005 年 7 月 12 日改革人民币汇率机制以来，人民币对美元保持温和升值的态势。而欧元区国家经济势头良好，投资者为获得更大利益，纷纷抛售美元，转而投资欧元。

### 6.2008—2018 年汇率变动原因分析

2008—2016 年，这一时期欧元汇率处于震荡时期。其中，欧元兑人民币 2008 年为 1：10.2227，2009 年为 9.627，2010 年为 1：8.972，2011 年为 1：9.0011，2012 年为 1：8.1067，2013 年为 1：8.2219，2014 年为 1：8.27，2015 年为 1：7.5032，2016 年为 1：7.0607，2017 年为 1：7.6579,2018年为：1：8.024（见图 13-2）。这一时期汇率变动的原因如下：

（1）全球金融危机

2008 年，美国爆发次贷危机，并在全球化的大背景下转变成一场波及全球的金融危机。这次金融危机对全球各个经济体的发展产生了破坏性的影响，其影响范围涉及外汇市场、股票市场等。

（2）欧债危机

欧债危机源于南欧一些国家常年积累的财政赤字和公共债务。这些国家缺乏稳固的经济基础，而社会福利水平高，当经济出现下滑时，财政赤字和公共债务不断扩大，因此产生了欧元汇率贬值的强烈预期，欧元汇率下跌。同时，为应对危机，欧洲央行采取多种措施降低基准利率，使得欧元汇率下跌。

## （三）日元兑人民币汇率走势图分析

1980—1984 年日元汇率基本保持在每 100 日元兑 0.8 元人民币（见图 13-3）。

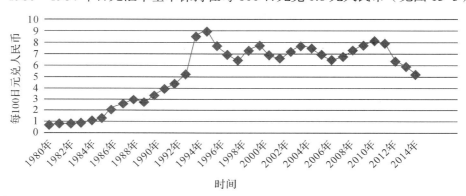

图 13-3　1980-2014 年人民币对日元汇率走势

自 1985 年"广场协议"联合干预，迫使日本提高日元汇率以来，日元汇率开始步步攀升。1985—1995 年每 100 日元的价格从 1.25 元提高到 8.92 元。而从 1996 年开始，日元开始贬值。日元持续贬值的原因主要有四个：一是日本整体经济形势进一步恶化，而扩大内需是日本走出经济困境的唯一出路，但是国内市场饱和、出生人口下降、人口老龄化等问题使得日本政府只能采取继续拉动外需，放纵日元贬值。二是金融体系动荡，银行资信级别下降，金融机构不良债权问题严重，导致公众信心丧失，众多投资者纷纷抛售日元。三是出于刺激经济复苏的需要，日本一直采取超低利率政策，促使日本企业和金融资产流向欧美金融市场。四是日美两国放任日元贬值，加剧了日元的跌势。因为日元贬值符合日美两国当时的经济利益，有利于转嫁两国国内的经济问题。1999—2011 年，日元汇率在 6.46~8.11 间浮动。2012 年后，日元较大幅度贬值，其背后有欧债危机缓解、欧元区金融体系趋于稳定以及全球风险情绪平复等诸多影响因素。而安倍新政对日元贬值起到了"临门一脚"的作用。

## 三、总收益率与平均收益率

表 13-1 分别显示了以美元和人民币计价的中国外汇储备的收益率状况。2000—2009 年，以美元计价的欧元资产的平均收益率最高，美元资产居中，日元资产最低，主要原因是欧元经历了较大幅度升值，而日元汇率一直处于很低的水平。

表 13-1　中国外汇储备资产的收益率

单位：%

| 年份 | | 总收益率（美元） | | | 总收益率（美元实际有效汇率） | 总收益率（人民币） | 净收益率（人民币） |
|---|---|---|---|---|---|---|---|
| | | 美元资产 | 欧元资产（含汇率） | 日元资产（含汇率） | | | |
| 2000 | 4.57 | 5.72 | −10.08 | 6.93 | 7.95 | 4.57 | — |
| 2001 | 4.59 | 6.08 | 1.91 | −11.37 | 10.24 | 4.57 | — |
| 2002 | 5.42 | 4.98 | 10.19 | −1.83 | 5.54 | 5.42 | 4.45 |
| 2003 | 7.10 | 4.48 | 20.63 | 8.47 | 0.90 | 7.11 | 5.08 |
| 2004 | 6.04 | 4.57 | 13.16 | 8.19 | 1.57 | 6.04 | 3.76 |
| 2005 | 4.06 | 4.45 | 3.50 | −0.47 | 2.36 | 3.06 | 1.08 |
| 2006 | 4.37 | 4.82 | 4.76 | −3.91 | 3.49 | 1.66 | −0.39 |
| 2007 | 6.10 | 4.72 | 12.71 | 0.44 | 1.50 | 1.51 | −0.87 |
| 2008 | 6.27 | 4.48 | 11.13 | 13.66 | 1.95 | −2.38 | −4.95 |
| 2009 | 2.87 | 3.50 | −1.51 | 10.80 | 7.04 | 1.17 | −0.33 |

本图表根据公开数据整理而成。

2008 年后，美国金融危机和欧债危机导致全球主要货币宽幅震荡，如美元和日元大幅升值、欧元大幅贬值，从而对不同币种资产的收益率产生了强烈冲击。尽管美元资产收益率呈稳定而和缓的下滑趋势，但 2009 年美元汇率降幅剧烈，由上年的 4.48% 大幅降至 3.50%，这种现象的出现与美联储的定量宽松货币政策相关。2008—2009 年，欧元、日元汇率的大幅波动导致这两种货币资产的收益率发生了很大的变化，日元资产收益率由低于 0.5% 升至 10% 以上，而欧元资产收益率由 11% 降至 −1.5%。2000—2009 年，以美元计价的中国外汇储备的平均收益率为 5.14%，而 2009 年收益率降至 2.87%，主要是由于美国金融危机的冲击。若以美元实际有效汇率来计算，中国外汇储备的平均收益率降至 4.25%，而 2009 年收益率之所以攀升至 7.04% 的高位，应归因于美元兑欧元的大幅升值。若以人民币计价，中国外汇储备的平均收益率进一步降至 3.23%。而且，人民币汇率改革对中国外汇储备的收益率产生了显著的影响，在汇改之前，外汇储备收益率达 5.54%，汇改之后的收益率仅为 1%，2008 年甚至出现负收益率。由于欧债危机发生，加之国内通胀水平下降，2009 和 2010 年中国投资于美国证券资产收益率转正。整体而言，2002—2010 年中国投资于美国证券的名义收益率为 2.59%，剔除通胀因素后实际收益率仅为 0.27%。

在计入冲销成本之后，以人民币计价的中国外汇储备收支相抵难度日益上升。在汇改之前，中国外汇储备尚能实现 4.43% 的净收益率，但汇改之后，在人民币升值和冲销成本上升的情况下，外储净收益率迅速恶化，并于 2008 年跌至 −4.95%。一个有趣的现象是，2009 年中国外汇储备的亏损状况非但没有恶化，反而有了明显改善，净收益率升至 −0.33%。这可能要归结于外汇储备资产为低风险的长期政府债券、人民币恢复盯住美元和外汇冲销成本显著下降等因素。

绝大部分的中国外汇储备投资于长期政府债券，而短期政府债券、公司债券和公司股票的投资比例极低。在中国所投资的长期政府债券中，美国国债和机构债券占主体地位，欧元区政府债券和日本国债占次要地位。在全球流动性充沛和市场利率大幅下跌的背景下，中国外汇储备资产的收益率较低。2000—2009 年，以美元计价的中国外汇储备平均总收益率为 5.14%。

人民币汇率形成制度改革对中国外汇储备收益率产生显著影响。汇改之前，以人民币计价的中国外汇储备平均总收益率达 5.54%；汇改之后，以人民币计价的平均总收益率仅为 1.00%，2008 年甚至为 −2.38%。显然，如此低的外汇储备收益率，难以弥补日益增长的外汇储备成本（外汇冲销成本）。在考虑外汇冲销成本之后，中国外汇冲销的净收益率大幅下降，并在汇改之后一直处于亏损状态。2002—2005 年，中国外汇储备的平均净收益率为 3.59%，而 2006—2009 年，外汇储备的平均收益率降至 −1.64%。

## 五、规模变化

我国外汇储备规模变化如表 13-2 所示。

表 13-2  我国外汇储备国模变化

| 年份 | 总量 / 亿元 | 年份 | 总量 / 亿元 |
|------|-----------|------|-----------|
| 1952 | 1.08 | 1985 | 26.44 |
| 1953 | 0.90 | 1986 | 20.72 |
| 1954 | 0.88 | 1987 | 29.23 |
| 1955 | 1.80 | 1988 | 33.72 |
| 1956 | 1.17 | 1989 | 55.50 |
| 1957 | 1.23 | 1990 | 110.93 |
| 1958 | 0.70 | 1991 | 217.12 |
| 1959 | 1.05 | 1992 | 194.43 |
| 1960 | 0.46 | 1993 | 211.99 |
| 1961 | 0.89 | 1994 | 516.20 |
| 1962 | 0.81 | 1995 | 735.97 |
| 1963 | 1.19 | 1996 | 1050.29 |
| 1964 | 1.66 | 1997 | 1398.90 |
| 1965 | 1.05 | 1998 | 1449.59 |
| 1966 | 2.11 | 1999 | 1546.75 |
| 1967 | 2.15 | 2000 | 1655.74 |
| 1968 | 2.46 | 2001 | 2121.65 |
| 1969 | 4.83 | 2002 | 2864.07 |
| 1970 | 0.88 | 2003 | 4032.51 |
| 1971 | 0.37 | 2004 | 6099.32 |
| 1972 | 2.36 | 2005 | 8188.72 |
| 1973 | -0.81 | 2006 | 10663.44 |
| 1974 | 0.00 | 2007 | 15282.49 |
| 1975 | 1.83 | 2008 | 19460.30 |
| 1976 | 5.81 | 2009 | 23991.52 |
| 1977 | 9.52 | 2010 | 28473.38 |
| 1978 | 1.67 | 2011 | 31811.48 |
| 1979 | 8.40 | 2012 | 33115.89 |
| 1980 | -12.96 | 2013 | 38213.15 |
| 1981 | 27.08 | 2014 | 38430.18 |
| 1982 | 69.86 | 2015 | 33303.62 |
| 1983 | 89.01 | 2016 | 30105.17 |
| 1984 | 82.20 | | |

本表根据公开数据整理而成

# 第十四章 其他金融

## 一、互联网金融

### （一）互联网金融的起源、本质和范畴

互联网金融模式的雏形在 20 世纪 90 年代最早出现。1995 年 10 月，世界上第一家互联网银行——美国亚特兰大安全第一网络银行正式开业。该银行成立被人们视作互联网金融发展史上的标志性事件，此后，互联网金融在欧洲及亚洲一些国家和地区开始逐渐兴起。迄今，学者们通常将互联网金融的发展划分为三个阶段：第一阶段是在互联网技术和互联网应用出现后，金融业利用互联网为客户提供金融产品和服务时期，这一阶段事实上是互联网金融的孕育期。第二阶段是 20 世纪 90 年代中期到 2010 年，这一阶段是互联网金融的探索时期，互联网企业利用自身的技术优势将业务触角不断向传统金融行业延伸，并开始与金融机构进行融合，逐渐形成相对专业的互联网金融业态。第三阶段是 2010 年至今，各种各样的互联网金融机构不断产生，互联网金融加速发展。从全球范围看，大量互联网公司、创业资本以及非金融机构正在进入金融领域，借助互联网技术尤其是移动互联网和移动通信技术的发展，为金融消费者提供越来越多的产品和服务。

尽管互联网金融起源于美国，但欧美等国并没有"互联网金融"的概念。由于发达国家金融市场的准入和管制宽松，科技公司在市场竞争中不必寻求监管套利。因此，监管者通常将互联网金融公司视同一般性服务商，采用相对放松的管制。另外，在金融发达的国家，行业协会制定的规则，会员不仅必须遵守，而且需要定期披露信息，因此金融市场透明度较高，加之金融发达国家普遍利率较低，资金需求弹性几乎为零，小微企业与个人投资者有较多融资方式选择，因而对互联网金融产品需求不大。在国外，"互联网金融"一般表述为：Financial Technology。

尽管与欧美等国相比，我国互联网金融起步较晚，但近年来发展迅速，尤其是 2013 年，我国互联网金融呈现爆发式增长，人们传统意义上的融资观念开始有所转

变，长期隐藏在地下的民间借贷"阳光化"。更有意义的是，"金融脱媒"资金使用效率显著提高，这符合十八届三中全会提出的普惠金融的概念，也使金融民主化深入人心。统计显示，2014 年互联网金融发展速度进一步加快，互联网金融由于业务规模迅速扩大并对传统金融业产生冲击，而引起了学界、业界以及金融监管部门的高度关注。表面上看，互联网金融进入黄金发展阶段，具有巨大的发展潜力和价值，这是因为传统金融机构无法覆盖到金融市场中的长尾部分给互联网金融留下了巨大的发展空间，这些长尾市场的金融消费和需求将由越来越多的其他融资机构来填充，使大量普通金融消费者、小微企业的融资需求得以满足。但是，由于互联网金融的本质还是金融，必然具有金融内在的脆弱性和不稳定性，这意味着，互联网金融与传统金融一样会产生系统性风险，甚至引发金融危机。

那么，究竟什么是互联网金融呢？互联网金融是一种以互联网为代表的现代信息科技，特别是移动支付、云计算、社交网络和基于大数据的数据挖掘等，以相关技术主导金融行业。互联网金融是互联网技术的发展，使用与不断创新的金融市场相结合而产生的新融资模式。因此，互联网金融与传统金融的差别不仅是金融业务所采用的媒介不同，而且金融参与者对互联网特性的了解与深入也不同。相比于传统的金融，互联网金融将交易业务进行得更加透明，除去传统金融手续繁多、程序复杂的劣势，互联网金融能够使金融参与者以最快的速度以及最低的成本更好控制金融业务的发展，且其操作简单便捷，不仅使金融参与度不断提高，也在我国涌现了大批金融企业及互联网金融的研究机构，互联网金融随着时代发展而不断壮大。

互联网金融的出现，不仅是互联网发展形成的结果，更是金融业不断进步的表现。在金融服务实体中，通过商业银行及股票和债券市场完成融通资金，让资金供需双方相匹配，是金融的最基本功能。无疑，这样的融资模式对于资源的合理配置及经济的快速发展发挥了重要的作用，但金融服务实体经济，不仅需要巨大的成本投入，而且业务烦琐，利润极低。

互联网思维和技术改变金融已经是大势所趋，我国许多金融巨头在利用互联网金融对自身业务进行整合的同时，金融公司也在互联网领域跑马圈地，其他的新兴机构也在互联网领域迅速发展。因此，互联网银行的概念越发火爆。第三方支付的触角也开始延伸到金融的其他领域。一方面，传统的金融需要更新设备、更新技术；另一方面，目前大量小微企业，有关融资成本高的金融服务需求得不到满足，这为互联网金融的快速发展奠定了基础。以淘宝联合天弘基金开发的余额宝为例，2013 年 6 月 12 日，支付宝与天弘基金联合推出的余额宝上线，截至 6 月 18 日用户数已突破一百万，短短六天余额宝就有惊人的表现，引起了社会的广泛关注。而中国金融机构认证中心于 2013 年 12 月发布的《2013 年中国电子银行调查报告》中显示，87% 的网民听说过余额宝。余额宝之所以一推出就取得如此火爆的效应，在于它将最专业复杂的金融投资学术以最简单的语言向金融参与者描述，同时简化投资方式和过程，真正实现了投资平民化，打破了传统金融中只有专业投资人士才能参与投资理财的模式。

### （二）互联网金融的特点

（1）成本低。互联网金融模式下，资金供求双方可以通过网络平台自行完成信息甄别、匹配、定价和交易，无传统中介，交易成本小，无垄断利润。一方面，金融机构可以减少开设营业网点的资金投入和运营成本；另一方面，消费者可以在开放透明的平台上快速找到适合自己的金融产品，削弱了信息不对称程度，更省时省力。

（2）效率高。互联网金融业务主要由计算机处理，操作流程完全标准化，客户不需要排队等候，业务处理速度更快，用户体验更好。如阿里小贷依托电商积累的信用数据库，经过数据挖掘和分析，引入风险分析和资信调查模型，商户从申请贷款到发放只需要几秒钟，日均可以完成贷款 1 万笔，成为真正的"信贷工厂"。

（3）覆盖广。互联网金融模式下，客户能够突破时间和地域的约束，在互联网上寻找需要的金融资源，金融服务更直接，客户基础更广泛。此外，互联网金融的客户以小微企业为主，覆盖了部分传统金融业的金融服务盲区，有利于提升资源配置效率，促进实体经济发展。

（4）发展快。依托于大数据和电子商务的发展，互联网金融规模得到了快速增长。以余额宝为例，余额宝上线 18 天，累计用户数达到 250 多万，累计转入资金达到 66 亿元。据余额宝公布的统计数据，到 2017 年 1 月总规模已突破 8000 亿元，成为规模最大的公募基金。

（5）管理弱。一是风控弱。互联网金融还没有接入中国人民银行征信系统，也不存在信用信息共享机制，不具备类似银行的风控、合规和清收机制，容易发生各类风险问题，已有众贷网、网赢天下等 P2P 网贷平台宣布破产或停止服务。二是监管弱。互联网金融在中国处于起步阶段，还没有监管和法律约束，缺乏准入门槛和行业规范，整个行业面临诸多政策和法律风险。

（6）风险大。一是信用风险大。现阶段中国信用体系尚不完善，互联网金融的相关法律还有待配套，互联网金融违约成本较低，容易诱发恶意骗贷、卷款跑路等风险问题。特别是P2P网贷平台由于准入门槛低和缺乏监管，成为不法分子从事非法集资和诈骗等犯罪活动的温床。如"在2012年前后"，淘金贷、优易网、安泰卓越等P2P网贷平台先后曝出"跑路"事件。二是网络安全风险大。一旦遭遇黑客攻击，互联网金融的正常运作会受到影响，危及消费者的资金安全和个人信息安全。

### （三）互联网金融模式

#### 1.第三方支付

目前，第三方支付平台的运营模式主要有两种：一是独立的第三方网关模式，如快钱、易宝支付等；二是有电子交易平台且具备担保功能的第三方支付网关模式，如支付宝、财付通。两种模式的不同之处在于，前者主要针对企业客户，后者主要对接个人客户。

第三方支付由于操作便捷，吸引了相当数量的企业及个人用户，但是网络交易的非实名性、隐匿性，使得利用支付平台进行的网络犯罪层出不穷，后果堪忧。

#### 2.大数据金融

大数据金融是指集合海量非结构化数据，通过对其进行实时分析，可以为互联网金融机构提供客户的全方位信息，通过分析和挖掘客户的交易与消费信息掌握客户的消费习惯，并准确预测客户行为，使金融机构和金融服务平台在营销与风险控制方面有的放矢。目前，大数据服务平台的运营模式可以分为以阿里小额信贷为代表的平台模式和以京东、苏宁为代表的供应链金融模式。

数据体量巨大、数据类型繁多、价值密度低、处理速度快是大数据金融的四大特点，利用大数据有助于提升金融市场的透明度。但不可否认的是，大数据并不能改变人们观念上的偏见，数据之间相关性也不等同于因果关系，覆盖面问题也会影响到数据的准确性。

#### 3.众筹

众筹，就是集中大家的资金、能力和渠道，为小企业、艺术家或个人进行某项活动等提供必要的资金援助。

众筹平台是一种创新性的以互联网为依托的经营模式，其较为新颖，无可借鉴的先例，当前的立法速度无法与之匹配，导致诸多法律问题相伴而生。目前这些问题主要集中在众筹平台是否涉嫌非法集资犯罪、代持股的风险、项目发起人知识产权权益易受到侵犯、是否突破《证券法》关于禁止公开发行证券的规定、监管制度缺失所引发的问题等。

### 4. 信息化金融机构

信息化金融机构是指通过采用信息技术，对传统运营流程进行改造或重构，实现经营、管理全面电子化的银行、证券和保险等金融机构。金融信息化是金融业发展趋势之一，而信息化金融机构则是金融创新的产物。

金融机构的核心竞争力已逐渐转移到其信息化程度上。信息化对于金融机构来说，意味着更加灵敏的市场反应，能帮助其最大限度地利用好信息。但受我国当前的国情影响，当前信息化机构存在缺乏统一技术规范、过分依赖外包、地区间信息化建设发展不平衡以及配置机制不够合理等弊端。

### 5. 互联网金融门户

互联网金融门户的本质是"搜索＋比价"，即采用金融产品垂直搜索方式，在平台上对各家金融机构产品的价格、特点等进行比对分析，方便投资者选择合适的金融服务产品。目前比较受瞩目的是陆金所等门户网站，每天的交易额都非常可观。

随着我国经济的发展，近年来各类投资理财产品让人目不暇接。面对不同的规则、条款以及各式收益，很难有一个量化的指标，容易因不明其中隐藏的风险而受到损失。

## （四）互联网金融产品的收益率

近几年，互联网金融产品受到越来越多投资者的认可，成为最热门的理财产品之一。相比于传统的投资产品，互联网金融产品往往投资门槛更低、操作也更加方便快捷。那么，互联网金融产品的年平均综合回报率能有多少呢？

### 1. "宝宝类"理财产品

近几年，余额宝、招财宝等"宝宝类"理财产品逐渐成为老百姓日常生活中的一部分。这种互联网金融产品操作非常方便快捷，既可以像活期存款一样灵活存取，又可以实现比活期存款更高的投资收益。因此，越来越多的普通市民开始使用这些互联网金融产品。实际上，这种金融产品主要是货币型基金，投资风险趋向稳健，年化收益率一般为4%左右。不过，目前许多"宝宝类"理财产品的收益率都出现了较大幅度的下滑，"宝宝类"理财产品热潮正在消退。

### 2. 互联网保险类产品

紧跟着货币基金产品，被"互联网＋"纳入产品创新格局当中的，就是保险类产品。最近，市场上互联网保险短期理财产品收益率普遍在5.5%左右，收益率略高于货币基金。

### 3. 互联网众筹

互联网众筹大致可分为四种模式，不同的模式项目的回报率也有所不同。

（1）产品众筹：这种模式的项目回报率不高，通常由项目产品上市销售后的价格来决定。

（2）股权众筹：可以说是最受欢迎的投资模式，这与它的高回报率是离不开的，但是具体多少得看你投资的项目如何。

（3）债权众筹：回报率仅次于股权众筹，它的回报率一般也是根据发起人的承诺来计算的。

（4）公益众筹：纯属无偿捐赠的一种，是没有什么回报的。

## （五）互联网金融的优势与劣势

### 1. 互联网金融的优势

（1）集资能力非常强，其可供贷款的金额更加充裕

在传统行业中，贷款一般由各大银行提供，如需贷款，则需要经过诸多的抵押以及验证程序，即使通过了重重关卡，最终贷款的金额也非常有限。相反，互联网金融不一样，由于其一般都是存在于网络上的一些借贷平台，这些平台给予放贷者的利率相当高，因此很多有闲散资金的人都愿意将资金存放在这样的平台上来获取利益。一般用于网贷的资金大致收益率会是一般理财产品的好几倍，这样的利率不可谓不让人动心，因此贷款平台的集资能力非常强，其可供贷款的金额也就更加充裕。

（2）手续简便

与传统的贷款众多烦琐的程序相比，互联网金融拥有非常简便的操作程序，贷款者，既不需要通过繁杂的资料审批，也不需要在交通工具上浪费时间，只需要通过网络达成一致协议即可。而且，目前的网贷趋于小额化，有些无须贷款者提供抵押，只需要通过网络贷款流程即可，这在更大程度上简化了贷款的手续。

（3）形式灵活

传统的贷款一般都是通过银行贷款，形式非常单一，但目前存在于网络的互联网金融，其形式非常灵活，可以让更多的人通过不同形式的平台最终实现贷款。这样的贷款模式不仅促进了商业经济更高速有效的发展，而且也刺激了现有的贷款制度，让贷款可以通过更多不同的形态出现在我们的生活中。

### 2. 互联网金融的劣势

（1）无抵押，高利率，风险高。

与传统贷款方式相比，不少网贷是无抵押贷款。并且，央行一再明确：年复合利率超过银行利率4倍就不受法律保护，也增加了网贷的高风险性（有的是银行利率的7倍甚至更高）。

（2）信用风险。

网贷平台固有资本较少，无法承担大额的担保，一旦出现大额贷款问题，很难自己解决。而且有些借款者也是出于行骗的目的进行贷款，而贷款平台创建者有些目的也并不单纯，携款潜逃的案例屡有发生。

（3）缺乏有效监管手段。

由于网贷是一种新型的融资手段，央行和保银监会尚无明确的法律法规指导网贷。对于网贷，监管层主要是持中性态度，不禁止也不认可。但随着网贷的盛行，相信有关措施会及时得到制定和实施。

## （六）互联网金融的发展趋势

随着互联网与金融的不断融合，互联网技术在金融服务领域得到了充分应用，从最初的支付、对账功能，到现在的网络贷款、理财、保险、证券、银行、基金等，它正不断地改变着人们的生活，改变着企业的投融资方式，同时物质生活的不断丰富，企业的不断发展壮大，又推动着互联网金融的发展。

互联网金融是互联网科技与金融的创新，它通过互联网手段提高和扩大了金融的服务效率和半径，它的诞生是对传统金融机构的一种补充，同时也是时代发展的需要。2016年8月24日，银监会发布《网络借贷信息中介机构业务活动管理暂行办法》后，国家各相关部门和单位又相继发布了多项管理细则，并成立了中国互联网金融协会和央行下属的金融科技委员会。

而在监管趋严、竞争加剧的行业背景下，互联网金融平台必须寻找新的突破点，以此突出平台自身优势，加强其行业竞争力。显然，科技创新驱动平台发展成了此时最好的选择。因此，科技驱动未来也将成为行业发展的一大趋势。

2015年7月18日，中国人民银行等十部委发布《关于促进互联网金融健康发展的指导意见》后，金融产品开始逐步规范。该指导意见重点对传统金融机构的六种运用互联网技术的金融产品和五种互联网机构的金融创新产品明确了业务归口管理部门，由各归口管理部门分工协作，逐步规范。[①]

---

① 陈中放，胡军辉. 互联网金融 [M]. 北京：高等教育出版社，2017.

案例 14-1　e 租宝一案：虚构项目，关联担保，线下获客

e 租宝其实是由犯罪团伙精心编织的一个谎言，其虽打着 P2P 的名义，但实际上是线下理财公司。

按照 e 租宝宣称的"融资租赁"模式，其主要参与方如表 14-1 所示。

表 14-1　e 租宝案例主要参与主体

| 参与主体 | 行动目的 | 操作内容 |
|---|---|---|
| 承租方 | 对租赁物有需求 | 作为债务人，从厂商接受租赁物 |
| 投资人 | 投入本金，获取收益 | 通过 e 租宝，为承租人提供租金，支付厂商 |
| 担保方 | 承担连带保证责任 | 提供投资担保 |

资料来源：网贷之家研究中心

e 租宝对外宣称，其经营模式是由集团下属的融资租赁公司与项目公司签订协议，然后在 e 租宝平台上以债权转让的形式发标融资。融到资金后，项目公司向租赁公司支付租金，租赁公司则向投资人支付收益和本金。不过，最终数据显示，其借款公司中有 95% 以上是造假的。

同时，e 租宝还对外宣称采用项目担保。例如，网贷之家此前曾发现，对于"缪斯时代"某项目的保障措施，由安徽钰诚融资租赁有限公司提供连带责任保证，而提供担保的安徽钰诚融资租赁有限公司是其关联公司，也是其第二大借款企业。虚构标的、关联借款与关联担保交织而成的光环，使得 e 租宝成为近年来的第一大涉众型经济案件。并且，其投资人多为通过线下门店获取，以中老年人为主。

# 二、民间金融

## （一）民间金融的定义

民间金融就是民间为了融通资金而进行的所有非公有制经济成分的资金活动。国外多将民间金融界定为"非正规金融"，是指在政府批准并进行监管的金融活动（正规金融）之外所存在的游离于现行制度法规的金融行为。

复旦大学张军教授对民间金融的定义是：相对于官方的正规金融制度和银行组织而言，自发形成的民间的信用部分。这一定义指明了民间金融的非正规性，但是并未明确民间的含义，同时官方也很模糊。

也有人认为，民间金融是指未纳入国家金融管理体系的非正规金融组织。该定义对民间金融的界定以是否纳入国家的金融管理体系为标准，明确了民间金融的非监管性。但是在实际操作中又存在问题。许多金融组织获得了地方政府部门的审批并在工商管理部门注册，但并未纳入国家金融组织管理体系的管理之下。

央行认为，相对于国家依法批准设立的金融机构而言，民间金融泛指非金融机构的自然人、企业以及其他经济主体（财政除外）之间以货币资金为标的的价值转移及本息支付。

近年来，中国的经济金融创新迅速，出现了各种新型经济主体，从事新型的金融活动。原有的《国民经济行业分类》不再满足现有的统计需求。 2017 年 6 月 30 日，《国民经济行业分类》（GB/T 4754）更新到第 3 版，并于 2017 年 10 月 1 日正式实施。其中，J 大类（金融业）做了大幅修正，与现有的金融机构及其提供的服务形成高度统一。金融业为 J 大类，下面专门设一小类——地方金融，包括"7+4"类机构：小额贷款公司、融资担保公司、区域性股权市场、典当行、融资租赁公司、商业保理公司、地方资产管理公司 7 类金融机构，辖区内投资公司、农民专业合作社、社会众筹机构、地方各类交易所 4 类金融机构。最新监管已明确这"7+4"类机构的资本监管、行为监管和功能监管职能将由地方金融工作部门负责。

地方金融是相对中央金融而言的。民间金融是不是就等于地方金融，目前还没有定论，但它们的范围有相同部分。

正规金融是属于正式金融体制范围内的，即纳入我国金融监管机关管理的金融活动。因此，民间金融主要是指在我国银行保险监督委员会和证券监督委员会批准以外的经济主体所从事的融资活动，属于其他金融范畴。

具体来说，民间金融具备以下几个方面的含义：

（1）从交易活动的主体来看，交易的对象基本上是从正式金融部门得不到融资安排的经济行为人，比如发生相互借贷行为的农民或获得创业资本的创业企业。

（2）交易对象是不被正式金融所认可的非标准化合同性的金融工具。

（3）正式的金融中介具有规范的机构和固定的经营场所，民间金融一般不具备这些特征。

（4）民间金融一般在中央金融监管当局的监管范围之外，但绝大部分现在已经列入了地方金融监管范围内。

## （二）民间金融的历史背景

从夏商时期，到秦朝统一货币，再到盛唐，伴随着国家统一，经济发展，以民间信贷为主要形式的民间金融日渐昌盛。尤其到了明清时代的钱庄票号，中国的民间信贷业务发展到了高潮。当时并没有官办的金融机构，基本上都是民间金融机构在货币交易和流通中发挥作用。农村主要是当铺，城市以当铺、钱庄、票号为主。

中国的民间金融存在了 4000 年，历史悠久，繁荣昌盛，尤其是以近代山西的金融业为代表。其可以说代表了当时世界金融的最高水平。在以民间金融业为主的时代，未曾发生过重大的金融风险和金融欺诈行为，民间金融的秩序总体上是好的。民间金融虽在当今金融资源中所占份量不大，长期受到歧视，每每成为整顿金融秩序的靶子。但民间金融的形式不仅局限于开展民间借贷等债权投资业务，更重要的是要发动民营资本，设立利用私人股权投资基金、创业投资基金等新兴金融工具的独特运营机制，也许这是民间金融实现突破的一个有效途径。

## （三）民间融资的模式

民间金融的主要表现形式为资金供求者之间直接完成或通过民间金融中介机构间接完成的债权融资。其主要运行形式如下。

### 1. 农村合作基金

农村合作基金最早是一种新型社会保障组织，后演变为农村合作基金会。农村合作基金会是合作制集体经济组织，从性质上看，农村合作基金会并非真正意义的金融机构，而是一个社区性金融系统的补充形式。1983 年一些乡村为有效管理、用活和清理整顿集体积累资金，将集体资金交由村或乡管理并有偿使用，因此设立基金会；1984—1986 年处于萌发阶段；1987—1991 年处于改革试验阶段，并逐步得到政府和有关部门的鼓励和支持；1992 年以来，开始处于推广和稳步发展阶段。1995 年前，在当地农业行政主管部门的批准下，全国农村相继建立了农村合作基金会，有区级的、乡镇的、村级的。基金会筹集资金的渠道主要有：

（1）集体积累资金，即向农民收缴的各项统筹提留资金。如水利费、土地使用费、公路养路费、民兵训练费、文教卫生科技服务费等。

（2）农业发展资金，即上级拨付或捐赠的支农建设资金。

（3）农户入股资金。

（4）代管资金，即财政拨给乡（镇）事业单位的经费收入、各项罚款或收入。

资金主要投放于：乡（镇）、村办企业，农用基本建设，农户种养殖业，农户生活困难救济等。

农村基金会的存在，在一定程度上缓解了正式金融体制安排下资金供给不足的矛盾，有利于农村经济的发展。但大多数农村基金会的运作都违背了合作基金会的互助宗旨，把农村基金会变成了办理存贷业务的第二个农村信用社。由于普遍存在高息吸存和内部管理混乱现象，农村基金会很快出现了大面积的兑付风险。农业部农村改革试验区办公室"农村合作金融"课题组在全国的调查中发现，绝大多数农村"合法"基金组织并没有在当地的工商部门进行登记、注册，也没有获得相应的营业执照，其法人地位并未得到法律的认可（有些地方在处理法律问题上把其当作自然法人）。

按《民法通则》规定，合作基金组织已基本符合获取法人地位的条件。法人地位不确立，其经济行为就必然会受到限制，既不能照章纳税，也不能受到法律的保护。1999 年 1 月，为规范金融市场，整顿金融秩序，国务院发布 3 号文件，正式宣布在全国范围内统一取缔农村合作基金会。但个别地区依然存在极少量的农村合作基金会组织，只是经营方式已由以前的公开转为地下。就这一点而言，其和地下钱庄实际上已经没有很大差别。

虽然农村合作基金会这种形式已不存在，但农村合作基金会在其存在的历史阶段，还是起到了一定作用的，一方面，填补了基层农村金融体制断层；另一方面，从近些年的实践经验看，只有在那些农村合作基金会发展较好的地方，高利贷才得以被抑制。然而在其发展的过程中，政府对它进行了过多的行政干预，且由于缺乏完善的监管机制，导致了许多"凭关系、走后门"的情况发生，农村合作基金会的功能被严重扭曲。

农村合作基金会，是一个完整走完产生、发展、灭亡全过程的民间金融机构，对其分析可以给我们带来许多的经验和教训。一个突出的教训就是，如果金融监管未能按照市场经济的规则进行，那么民间金融的合法化就是部分民间金融的灾难。

### 2. 合会

合会是各种融资集会的通称。这是在中国有着较为悠久历史的民间金融形式，是一种基于血缘、地缘关系的带有互动、合作性质的自发性群众融资组织。在国外称为"轮转基金"，在国内有轮会、标会、摇会等叫法，具体做法也五花八门，本质上都是入会成员之间的有息借贷。这是民间盛行的一种互助性融资形式，集储蓄和信贷于一体。

合会一般由若干人组成，相互约定每隔一段时间开会一次，每次聚集一定的资金，轮流交给会员中的一人使用，基本上不以盈利为目的。其中，事先固定使用次序的称为"轮会"，按照抽签方式确定使用次序的称为"摇会"，以投标方式决定使用次序的称为"标会"。这些合会一般以地缘、人缘、血缘为纽带，处于地下状态。合会的名目虽多，但都不外乎遵循一套简单规则：一个自然人作为会首，出于某种目的（比如孩子结婚上学、造房子、买生产原料等）组织起有限数量的人员，每人每期（每月、每隔一月、每季、每半年、每年等）拿出约定数额的会钱，每期有一个人能得到集中在一起的全部当期会钱，并分期支付相应的利息。谁在哪一期收到会钱，由抽签或者对利息进行投标等方式来确定。

在中国，就规模而言，融资数额较大的合会多分布在经济较为发达的东南沿海地区，尤以浙江、福建为多。合会是农村金融运作中一种比较普遍的形式。合会适合于一个流动性较弱的熟人社会。它依靠非正式的社会关系、信任关系，依赖非正式的制裁机制，比如对失信的人进行社会排斥。在一般情况下，会员不选择诉诸法律而是对违反还款规定的会员进行社会排斥。只有在大规模"倒会"现象出现后，农民才不得不诉诸法律。

### 3. 民间借贷

民间借贷有广义和狭义的区别，广义的民间借贷是各种民间金融的总称，狭义的民间借贷是指民间个人之间的借贷活动。民间金融活动总体上看是无组织的金融活动。按利率高低，民间借贷分为友情借贷（白色借贷）、灰色借贷（中等利率水平借贷）和黑色借贷（高利贷）三种形式。狭义民间借贷一般较分散、隐蔽，利率高低不一，借款形式不规范，管理难度大，其中黑色借贷风险较大。

民间借贷利率按国家规定不超过银行同期利率的 4 倍，按 2018 年银行贷款年利率 6.56% 算，民间借贷年利率应不超过 6.56%×4=26.24%。银行贷款利率如下：六个月以内（含 6 个月）贷款 6.10%，六个月至一年（含 1 年）贷款 6.56%，一至三年（含 3 年）贷款 6.65%，三至五年（含 5 年）贷款 6.90%，五年以上贷款 7.05%。民间借贷公司利息和银行说法不一样，银行的月息是以千分之几计算，年息以百分之几计算；在民间借贷中，月息一般是以"分"为单位进行计算的。如果换成银行的年息说法的话，"几分利息"也就是我们常说的"百分之几"，也就是说，1 分 =1%，2 分 =2%，所以 1.5 分 =1.5%，年息为 18%。民间借贷利率可以适当高于银行利率，如图 14-1 所示为温州民间融资综合利率指数。如果超出 4 倍，超出部分将不受法律保护。

| 温州地区民间融资综合利率指数 | | | | 16.03% | |
|---|---|---|---|---|---|
| 按主体分类 | 民间借贷服务中心利率 | 小额贷款公司放款利率 | 民间资本管理公司融资利率 | 社会直接借贷利率 | 其他市场主体利率 | 农村互助会互助金费率 |
| | 15.17% | 16.31% | 15.00% | 14.94% | 24.95% | 12.76% |
| 按期限分类 | 1个月 | | 3个月 | 6个月 | 1年 | 1年以上 |
| | 22.83% | | 15.15% | 15.39% | 14.43% | 17.10% |
| 备注 | 年化利率 | | | | | |

图 14-1　温州民间融资综合利率指数（2018 年 02 月 06 日）

资料来源：温州金融办"温州指数"www.wzpfi.gov.cn

农村民间借贷的形式大致包括以下几种情形：一是口头约定型，这种情况大多是在亲戚朋友、同乡、同事、邻居等熟人之间进行，他们完全依靠个人间的感情及信用行事，无任何手续，一般数额较小；而且双方关系密切。二是简单履约型，这种借贷形式较为常见，大多仅凭一张借条或一个中间人即可成交。一般数额大小、借款期限长短、借款利率高低，凭双方关系的深浅而定。三是高利贷型，个别富裕农户将资金以远高于银行利率借给急需资金的农户或企业，从而获取高额回报。

在农村，民间借贷者就是农民，农民的民间借贷很多，因为农民有大量的金融需求，包括一些非金融需求（比如生大病本来是社会保障方面的需求）也要通过金融来解决，因为农民没有别的资金来源。比如生病、婚嫁、盖房子等需要借款，有向亲友借款的，也有通过民间借贷。近年来，随着国家宏观调控和利率政策调整的影响，民间借贷市场更趋活跃。民间借贷这种古老的直接融资形式，在中国农村地区仍然有着巨大的市场。尤其是在湖北、江西等"三农"问题比较突出的省份和浙江、江苏等民营经济相对发达的地区，受税费改革、金融改革和宏观调控等因素影响，一度有所缓和的民间借贷又活跃起来，且规模庞大。

**4. 私人钱庄**

私人钱庄是没有经过审批所设立的类似银行的金融机构，以吸收存款的形式来发放贷款。私人钱庄分为两类：其一，主要涉及从事外汇买卖业务的私人钱庄或者窝点的运作；其二，涉及"非法集资"或"发放高利贷"。中国人民银行于2002 年 1 月 31 日发出了《关于取缔地下钱庄及打击高利贷行为的通知》，专门提及近年来在部分农村地区民间信用活动活跃，高利贷现象突出，甚至出现了专门从事高利贷活动的私人钱庄。从事融资和高利借贷的私人钱庄在 20 世纪 80 年代开始活跃，90 年代末的发展出现转折。国务院于 1998 年 7 月 13 日发布的《非法金融机构和非法金融业务活动取缔办法》宣布了一系列机构属于非法金融机构，私人钱庄逐渐地下化。在温州等地的经济金融活动中，私人钱庄甚至占据着相当重要的地位。80 年代温州就有地下钱庄了，第一家公开亮相的方兴钱庄开办人叫方培林，在温州苍南县很有名。方兴钱庄是 1984 年挂牌营业的，是当地政府允许的。方兴钱庄的运作效率非常高，利率是市场化的，有时一天之内 1 万块钱可以转 3 次，转一次就是一笔利息收入，所以收入很高。方培林就是当地的普通老百姓，现在还在那里生活。2012 年笔者还和他当面交流过，了解当时的具体情况。后来，在本地营业的国有商业银行分支机构首先出来反对，中央人民银行也派人来调查，说不合法，因此被迫转入地下运作了数年，这也是 80 年代的事情了。令人感兴趣的是，考虑到方兴钱庄在当地的影响，如以强制手段取缔，肯定会造成客户的损失而产生社会的混乱。于是中国人民银行允许在钱库镇的银行和信用社实行利率浮动，改变了以往的服务方式，成为由中国人民银行总行批准的在全国率先进行利率改革的试点地区，欲以此与方兴钱庄竞争，从而挤掉钱庄。方兴钱庄就是在这种竞争环境中于 1989 年正式关门的。后来，其他类似的私人钱庄均以非法金融机构名义被取缔。

### 5. 民间集资

民间集资盛行于 20 世纪 80 年代，其在相当程度上满足了当时非公有制经济，特别是民营经济起步阶段对资金的需求，对民营经济的崛起和快速发展起到了重要作用。大规模的集资特别是规模较大的公募资金，没有经过批准是不受法律保护的。在农村，有少数大户、专业户和一定规模的乡镇企业都有可能产生对大规模资金的需要，出现民间集资的情况。集资包括生产性集资、公益性集资、互助合作办福利集资等，具体包括以劳带资、认股投资、专项集资、联营集资和临时集资等。但由于风险大，而且被认为扰乱了农村金融秩序，集资一般都受到抑制，如河北省孙大午集资案。民间集资形式的创新夹杂着对风险的漠视以及各种骗局，不时在一些地区引发社会震荡。它与 1997 年亚洲金融危机后强化的监管意识相结合，刺激政府加大了治理非法集资的力度。1998 年 4 月，国务院颁布了《非法金融机构和非法金融业务活动取缔办法》，提出了"变相吸收公众存款"的概念，同时设置了"未经依法批准，以任何名义向社会不特定对象进行的非法集资"的兜底条款，极大地扩展了监管机关的权限空间，为其监管执法行为增加了更多的灵活性，使一些游走于不同监管机关的权力边界的集资形式创新重新回到监管的框架内。

### 6. 小额信贷

以农村扶贫为中心的小额信贷活动，一直没有纳入中国人民银行的监管，部分为准正式金融，部分为非正式金融，部分则为正式金融机构的一项创新性金融工具。为解决中国落后地区人口的贫困问题和弥补扶贫政策的缺陷，中国自 20 世纪 80 年代初开始引进并推行农村小额信贷扶贫模式。中国的农村小额信贷借鉴了孟加拉乡村银行模式，在操作上采用"政府＋银行＋扶贫合作社"的三线一体的运作模式，政府直接、主动地参与是中国农村小额信贷的一个突出特征。同农村金融市场和信贷扶贫政策相比，中国的农村小额信贷坚持采用小组信贷、整贷零还、小额连续放款和提供技术服务等基本制度，坚持"有偿使用、小额短期、整贷零还、小组联保、滚动发展"原则，指导并帮助贫困农户发展生产，增加收入，摆脱贫困，实现经济可持续发展。为有效达到上述目的，开发、研究制定了一整套严格的组织、管理规章制度和办事程序，并建立了一支培训有素、自愿致力于小额信贷的工作队伍。中国农村小额信贷分为五类：第一类为项目小额信贷，有项目期限，许多属于国际或者外国机构援助类小额信贷项目，是中国人民银行监管领域之外的金融活动；第二类属于由政府实施的小额信贷扶贫项目，即扶贫贴息贷款；第三类为非政府组织专业性小额信贷；第四类为正规金融机构操作的小额信贷业务，是政府要求农村信用社、农业银行对农户和农村微型企业发放的小额信用贷款或小组联保贷款，属于正规金融机构的一种金融工具；第五类如茅于轼创办的山西临县"龙水头村民互助基金会"，是一种试验性项目。

### 7. 投资担保

投资担保公司在国家政策的支持和鼓励下已经阳光化，目前正在逐步完善其法律法规。北京富桥金路投资担保管理中心在政策的春风中已经发展成为行业的领导品牌，其代表的投资担保行业都以振兴地方经济为己任，以支持中小微企业发展为目标，已经成为民间金融的重要组成部分。

## （四）民间融资的特点

（1）手续简便，资金到位及时。民间借贷的主体一般为亲友和关系紧密的客户，相互间比较了解，因此操作起来手续比较简便，一般只需写张借条，注明期限利率，找一个中间人作保或注明即可。客户为了不误农时或商机，一般首选民间借贷以解决当务之急。

（2）借贷用途广，重点较突出。民间借贷的用途比较广泛，个人借贷有用于购置住房、日常生产经营、教育等；企业借贷用于开办企业、日常经营周转、扩大生产等。但它们的重点还是比较突出的，个人借贷主要用于购置住房和生产资料支出，企业借贷主要用于解决流动资金不足。

（3）利率弹性大，期限较灵活。民间借贷的利率一般由借贷双方协商而定，且期限越长利率越高，融资期限比较灵活。

（4）民间融资半公开化，融资行为渐趋理性。首先商业银行个人委托贷款业务的推出和宏观调控后中小民营企业资金紧张，使得民间融资更为活跃，逐渐由"地下"浮出水面，转向半公开化；其次是民营中小企业的发展对民间融资的需求日益旺盛，并能提供较高的投资回报率，从而拓宽了民间融资理性选择的范围。

## （五）民间融资状况

（1）我国民间融资的规模不断扩大。改革开放以来，我国民营企业发展迅速，人民收入不断增加，因此民间资本得到了快速的积累。中小企业的不断增加使得资金需求不断增加，很多中小企业在正规金融机构得不到应有的资金需求，中小企业不断地面临资金链短缺的窘境，因此寻求民间融资是其实现可持续发展的一个重要支撑，这就导致了民间借贷规模的空前增加。

（2）民间融资的流动方向具有定向性和集约性。在不断增加的企业资金需求和银行贷款收紧政策环境下，民间贷款市场应运而生并逐渐发展壮大；在受到中小企业资金需求刺激之下，民间资本逐渐充足起来。民间资本收益快、时效短，许多资金充足的大企业和中小企业愿意将自身的多余资本放出，投入民间资本之中使其产生更多的经济效益，这样就使得缺乏资金的企业得到借款以填补自身资金的不足，使得该企业有一定资金投入生产，产生利润，有了还款保证。此外，从民间资本中产生的各种机构也对民间资本的发展壮大产生积极影响，如投资公司、担保公司、典当行、各类抵押贷款公司等，这些机构促进了民间资本不断集中，它们再将手上集中的资本分散到各个需要的企业中去，从中获得放款利润。由于资本的逐利性，民间资本大多流向高利润行业。以前的个人借贷大多为了解决个人临时问题，而现在的资本则更多地选择效益好，贷款多，且贷款时间较长的"顾客"，这样会使得收益更加明显。

（3）涉及民间融资方面的犯罪不断涌现。在民间融资的大环境下，我们看到的是民间融资市场繁荣华丽的外衣下，却隐藏着许多非法因素，甚至犯罪。每年在金融范畴内的犯罪活动层出不穷，且没有下降的趋势，这也跟民间融资至今没有法律法规的保护有一定关联。很多组织在吸收资金的过程中涉及洗钱犯罪、非法集资以及诈骗等犯罪活动，这些犯罪活动破坏市场秩序，严重影响社会和谐，不仅给被害人造成经济和其他损失，自身也将受到法律的严厉制裁；另外，也有许多组织通过高额利息诱惑放款人，骗取资金，非法操作，其中还夹杂着许多黑恶势力，他们通过恐吓、殴打，甚至威胁放款人及贷款人的生命安全，使其向黑恶势力妥协。

（4）民间融资在银行的紧缩政策下日益活跃。由于银行借贷流程复杂和监管超严，使得许多中小企业不得不转向民间借贷，因为民间借贷办理快速，能帮助中小企业解决企业的临时性问题。

（5）民间融资的扩展范围越来越广。传统的民间融资主要是在熟人之间进行的，并没有太大范围的使用，而随着时间的不断推进，民间融资不断涌入其他的行业（如房地产、股票、金融），这让民间融资得到了更大范围的应用，并且在更多的领域发挥积极作用。

（6）民间融资逐渐趋于规范化。随着时代的发展，人们的风险意识越来越高，因此在抵押和担保方面越来越严格，借贷方式也越来越规范。

## （六）发展与完善民间融资的对策建议

（1）端正态度，正确对待民间融资行为。对于民间融资行为要辩证地看，客观分析。当前，应该将民间融资行为置于优化全社会融资结构和改善中小企业融资环境的大视野中通盘考虑，在一定程度上继续发挥民间融资作用，同时加快金融深化，本着"区别对待、疏堵并举、促进规范、打击非法"的指导思想，实现对民间融资的引导、规范、提升和替代。

（2）建立民间融资的监测网络和体系，实时控制。建立民间融资的监测网络和体系，加强对融资总量、变化趋势及风险的监测，实时了解、掌握民间融资状况。政府及相关部门要加强对民间融资的监测与分析，扩大民间融资监测空间范围，及时掌握民间资金流向以及利率走势，化解其消极因素，引导其健康发展，以更好地服务货币政策，实现我国社会金融结构和经济结构的优化。

（3）正确引导，疏堵结合，促其规范。事实证明，民间融资已经对区域经济和社会发展尤其是对扶持中小企业发展发挥着越来越重要的作用，但同时也的确存在一些不容忽视的负面作用和影响。因此，有必要加强对民间融资的引导，规范其行为：一是探索金融机构创新手段，把民间融资引入合法渠道。比如鼓励私人通过农村金融机构柜台以个人委托贷款形式公开办理民间借贷。农村金融机构以统一的文本格式规范借贷双方的相关要素，如正当的借款用途、合理的借款利率区间。这样，可以在相当程度上克服民间融资的盲目性和随意性，同时又掌握了民间融资的规模和投向，为宏观决策提供参考。而且，农村金融机构发展此类中间业务，既增加了经营收益，又增加了存款。二是制定相应法律，完善政策指引。应尽快出台《民间融资法》，对资金来源和运用符合相关法律法规的民间融资行为给予确认，赋予其合法地位。通过对民间融资组织的参股、控股、设立、经营、行业管理、市场监督、债权债务处置、退出等做出具体的法律制度安排，引导民间融资为社会主义市场经济服务，充分发挥其拾遗补缺的作用。三是加大打击高利贷和地下钱庄的力度。各级人民银行应积极加强同基层金融机构的沟通联系，密切关注辖内民间金融的发展动态，较为准确地把握其规模、流向、特点等，及时反映持续性动态信息，为地方党委政府和上级决策提供参考，银行监管部门要依法加强与公安、工商等部门的协作配合，坚决打击和取缔非法集资、金融诈骗、高利贷等违法行为，切实维护区域金融秩序的稳定，保障各类投、融资者的合法权益。

（4）强化民间融资监督约束机制。一是设立民间融资机构。应该成立民间投资公司、小额贷款公司等新的金融组织，解决小企业和自然人贷款难的问题。二是规范民间融资手续。应联合金融机构设立专门办理"民间融资"手续的管理和登记咨询机构，强化登记制度，科学管理。三是建立民间融资监测及风险预警制度。各地人民银行、银监局等部门要定期开展调查、统计，采集民间融资的有关数据，加强对民间融资主体、融资规模及利率水平的管理。要做到实时反映民间融资资金供求状况，分析其对宏观调控可能产生的影响，提出应对措施，以促进宏观调控目标的实现。还应将国家近期的宏观调控政策目标等予以披露，明确国家要限制的产业，引导民间资金流向国家支持的产业。四是严厉打击非法民间融资。加大对高利贷、地下钱庄等非法融资行为的惩处力度，净化民间融资市场，降低民间金融引发社会不稳定的风险隐患。

（5）改善银行服务，积极开展个人委托贷款业务。要充分发挥银行信用中介的职能，为民间借贷的双方牵线搭桥，银行可根据委托人确定的对象、用途、期限、利率等代为发放、监督使用并协助收回贷款，银行只履行委托业务，收取一定的手续费，不承担贷款风险。通过个人委托贷款业务，资金出借者不但风险更小，而且可作为个人理财的渠道之一，银行为委托人提供更多的投资理财机会，最终使民间融资由地下操作变为规范的市场融资行为。

（6）培育良好的社会信用体系，建立民间担保体系，提升中小企业融资能力。应发展以民营资本为主的民间担保基金，为民间融资提供担保后盾。政府应重视和支持民间信用担保机构拓展业务，积极为中小企业融资创造条件，拓宽渠道。通过担保，中小企业信用度得到提升，融资能力大大加强。同时，中小企业自身应改善治理结构，保证信息真实，健全各项财务制度，从而赢得贷款方的支持。

# 三、非法金融

## （一）非法金融活动及非法金融业务活动的定义

非法金融活动是指进行的一切违法金融活动，包括合法金融机构即金融体系内发生的非法金融活动和金融体系外的即社会非法金融活动。

非法金融业务活动是指未经有关金融监管机构批准，擅自从事金融活动，包括非法从事银行类业务、非法从事证券类业务和非法从事保险类业务等活动。根据《非法金融机构和非法金融业务活动取缔办法》规定：

（1）非法从事银行类业务活动是指未经银监会或人民银行、外汇管理局批准，擅自从事的下列活动：

①非法吸收公众存款或者变相吸收公众存款；

②未经依法批准，以任何名义向社会不特定对象进行的非法集资；

③非法发放贷款、办理结算、票据贴现、资金拆借、信托投资、金融租赁、融资担保、外汇买卖；

④银监会或人民银行、外汇管理局依法认定的其他非法银行类业务活动。

（2）非法从事证券类业务活动是指未经证监会批准，擅自从事的下列活动：

①证券、期货经纪；

②证券、证券投资基金、期货投资咨询；

③与证券交易、证券投资活动有关的财务顾问；

④证券承销与保荐；

⑤证券资产管理；

⑥证券投资基金募集、管理；

⑦证监会依法认定的其他非法证券类业务活动。

（3）非法从事保险类业务活动是指未经保监会批准，擅自从事的下列活动：

①保险、再保险；

②保险代理；

③保险经纪；

④保监会依法认定的其他非法保险类业务活动。

## （二）非法金融业务的识别方法

### 1. 高利贷

高利贷一般是指个人或者非金融机构以牟利为目的，向不特定的借款人以明显高于规定利率水平发放的贷款。高利贷的放贷人往往利用借款人急需资金的弱点，要求其承担非常高的利率，当借款人无法按时还款时，放贷人经常会采用暴力等不合法方式催收。根据最高人民法院相关规定，民间借贷的利率最高不得超过银行同类贷款利率的4倍（包含利率本数）。对于超出此限度的，超出部分的利息不予保护。企业和个人在生产和经营过程中出现临时的资金需求时，可通过正规的融资渠道进行融资，切不可以通过非法集资或借高利贷的方法来解决。

高利贷利息率是怎么计算的呢？高利贷利息一般是指高于同期银行贷款利率4倍的借贷。举例说明，如果借款约定的利息是6分（也就是1元钱一个月的利息为6分），相当于月利率6%，那么其年利息是6%×12=72%。这个数额大大超过同期银行利率的4倍，属于高利贷行为。对于借款人来讲，借得越多，其偿还的利息越多。

### 2. 金融传销

金融传销是指组织者或组织经营者以"资本运作"项目投资等名义发展人员，通过对被发展人员以其直接或者间接发展的人员数量或者销售业绩为依据计算和给付报酬，或者要求被发展人员以交纳一定费用为条件取得加入资格等方式牟取非法利益，扰乱经济秩序，影响社会稳定的行为。传销主要包括"拉人头"传销、骗取入门费的传销和团队计酬式传销等形式。民众可通过以下几个特点来辨别传销：一是发展会员，以入会费为利润点；二是要求被发展人员交纳费用取得加入或发展其他人员加入的资格；三是要求被发展人员发展其他人员加入，形成上下线关系，并以下线的销售业绩为依据计算和给付上线报酬。

### 3. 非法境外黄金保证金业务

境外黄金保证金业务属于跨境高风险金融衍生业务，并非以黄金为交易对象，而是从黄金价格的交易波动中通过卖空、买空来赚取差价获取利润。客户交纳的保证金可放大上百倍进行交易，实质是变相期货交易，不是理财产品。此类业务风险极大，极易向诈骗犯罪转化。我国监管机构不允许境内企业代理此类业务。民众切勿盲目轻信所谓高收益、低风险理财产品，以保证自身资产安全。

**4. 非法集资**

非法集资是指单位或者个人未依照法定程序经有关部门批准，以发行股票、债券、彩票、投资基金证券或其他债券凭证的方式向社会公众募集资金，并承诺在一定期限内以货币、实物及其他方式向出资人还本付息或给予回报的行为。根据我国法律法规，因参与非法集资活动受到的损失，由参与者自行承担，这意味着民众一旦参与非法集资，利益将不受法律保护。

## （三）如何识别非法集资活动

（1）看主体资格是否合法。根据现行法律法规的有关规定，向社会不特定对象募集资金必须经过国家规定的有关部门审批。如某种集资活动未经有关部门依法批准，包括没有批准权限的部门批准的集资和有审批权限的部门超越权限批准的集资，就涉嫌非法集资。

（2）看是否承诺回报。非法集资行为一般具有许诺一定集资回报的特点，承诺在一定期限内给出资人还本付息或投资收益回报，即通常所谓的"保底"条款。

（3）看是否向社会不特定对象募集资金。"不特定对象"是指社会公众，即具有不同身份、年龄、性别、职业、行业、阶层、关系的社会各类人员，而不是单位内部或外部的少数特定人员。

（4）看是否以合法形式掩盖其非法集资的性质。从事非法集资的单位或个人一般都是在貌似合法的形式下掩盖其非法集资活动的实质。

## （四）如何防范非法集资风险

防范非法集资风险，需要广大人民群众增强风险意识和自我保护意识，自觉抵制非法集资活动。

（1）认清非法集资的危害。我们要提高识别能力，自觉抵制各种诱惑，坚信"天上不会掉馅饼""没有免费的午餐"，对"高额回报""快速致富"的投资项目进行客观、冷静分析，识破其虚假、欺骗、诱惑的实质，避免上当受骗。

（2）增强理性投资意识。高收益往往伴随着高风险，对于投资者来说，市场有输赢，投资有盈亏，特别是一些不规范的经济活动更是潜藏着很大的风险。人们一定要增强理性投资意识，依法保护自身权益。

（3）增强参与非法集资风险自担意识。《非法金融机构和非法金融业务活动取缔办法》（国务院第 247 号令）明确规定："参与非法金融活动受到的损失，由参与者自行承担。"非法集资本身是违法行为，参与者的利益不受法律保护。

# 第十五章　金融资产价格的校正

本书的主要目的是站在金融市场的主体——投融资者的角度，分析与论证各种金融资产的价格。下面介绍一种金融资产价格的定价模型——资本资产定价模型CAPM（Capital Asset Pricing Model）：

$$\bar{r}_a = r_f + \beta\,(\bar{r}_m - r_f)$$

其中，$r_f$ 是无风险回报率，纯粹的货币时间价值；

$\beta$ 是某种金融资产的 Beta 系数，即风险系数；

$r_m$ 是某一种或某一个金融产品期望回报率；

$(\bar{r}_m - \bar{r}_f)$ 是某种金融资产市场溢价。

我们在第四章到第十四章已经讨论了各种金融资产的回报率 $r_m$，但从这个金融资产定价模型来分析，无风险回报 $r_f$ 也是一个关键指标，它就是我们一般讲的国债利率，但注意这是名义利率。从上面公式分析，无风险利率（即名义利率）$r_f$ 变化，会引起每一个金融资产价格变化。从我国某一种金融资产价格即年平均综合回报率来比较，每一年会根据经济金融情况的不同而变化；如果与国外同种金融资产的年平均回报率相比较，会由于不同国家经济金融周期的不同而变化。为了便于每一个金融资产价格的纵向比较以及和国外其他国家同种金融资产比较，我们要进一步分析，找出其实际利率，以进一步校正金融资产的价格：

实际利率 = 名义利率 − 通货膨胀率

所以本章在前面有关论述的基础上从利率、通货膨胀率和金融资产的关系三个方面来阐述和分析，进一步校正金融资产的价格。

## 一、利息与利率

信用产生于商品交换，利息形成于借贷活动。在现代信用经济下，债权债务关系的存在是极其普遍的现象，债权人向债务人收取利息已成为很自然的事情，货币增值的概念也已深入人们的经济观念之中。

## （一）利息的性质与本质

利息是受信人支付给授信人超过本金部分的那部分报酬。从货币资本的所有者角度来看，利息是放弃当前消费、让渡货币资本使用权应该获取的补偿、报酬；从货币资本的使用者角度来看，利息是使用非自有资本而支付的使用费、使用成本。在现代社会，利息是作为收益的一般形态存在的。在货币资本的借贷活动中，贷者拥有货币资本的所有权而能够获取利息，借者使用货币资本运用于生产过程而必须支付利息，因此，对借者而言，只有扣除利息后剩余的利润才是经营所得；对贷者而言，利息是货币资本收益的一般形态。

利息的本质决定于利息的来源。马克思从借贷资本运动过程来分析利息的来源，并揭示了利息的本质。马克思指出："贷出者把他的货币作为资本贷放出去，他让渡给另一个人的价值额是资本，因此，这个资本额会流回到他那里。但单是流回到他那里，还不是作为资本贷出的价值额的回流，而只是一个贷出的价值额的回流。预付的价值额要作为资本流回，就必须在运动中不仅保存自己，而且增值自己，增大自己的价值量，也就是带着一个剩余价值。"[①]这个剩余价值就是利息。也就是说，利息是产业资本家从其利润中分割出来的一部分，是作为借款的报酬付给货币资本家的。因此，利息就是利润的一部分。

西方货币价格理论将利息视为资本的价格，其典型的代表人物是英国经济学家约翰·洛克和法国经济学家杜尔阁。约翰·洛克认为，利息是贷款人承担了风险而应得的报酬，所得报酬的多少应该与风险的大小相适应，贷款的过程就是使用价值的转让过程。约翰·洛克认为，利息是货币的价值，利息率的高低决定于人们对货币需要的程度。杜尔阁认为，借贷是一种商业交易，在这种交易中，贷款人出卖货币使用权，借款人买进这种使用权，交易是在平等互利条件下进行的，贷款人贷出货币能够得到一笔利息，借款人借入货币加以使用后得到一笔利润。借贷活动就是等价交换过程，利息就是借用货币的价格，像其他商品的价格一样，都是由市场供求关系决定的。马克思也曾把货币借贷比作商品买卖，认为"生息资本虽然是和商品有绝对不同的范畴，但却变成了特殊商品，因而利息就变成了它的价格。这种价格，就像普通商品的市场价格一样，任何时候都由供求决定"。[②]

---

①② 资本论第三卷.2版，北京：人民出版社，2004.

### （二）收入的资本化

利息的独立化是收入资本化的基础。在利息作为独立范畴存在的条件下，人们将每一个固定的有规则的收入都视为是一定资本所带来的，即资本性收入，称之为收入的资本化。

利息范畴的独立化，在人们的观念上产生了收入的资本化。利息是利润的一部分，对于用借入资本从事生产经营的生产者来说，取得的利润一般要分成两部分，一部分以利息形式支付给货币资本的所有者，作为资本所有权的果实；而总利润减去利息的剩余部分则作为企业收入，是生产者在再生产过程中所起的能动作用的果实，归货币资本的使用者所有，这个问题我们在第三章中已通过公式推导说明得很清楚了。当总利润被分割为利息和企业收入等两部分并独立化之后，对于完全用自己资本进行生产经营的经营者来说，其利润也要分割为利息与企业收入，即利息作为资本所有权的果实，企业收入则作为生产过程中经营的果实。因此，任何有收入的事物，不论是否是贷放出去的货币资本，也不论是否是作为货币资本使用，只要能带来收入，均被视为是资本性收入，并可以通过收入与利率的对比计算出其相当于多少资本的金额，因而一些本来不是资本的东西都可以取得一定的资本价格而被视为资本。例如，土地本身不是劳动产品，没有价值，但若一块土地每亩每年能带来 100 元的收入的话，在年利率为 5% 的情况下，这块土地将会以每亩 2000 元（100÷0.05）的价格进行买卖。由于本来不是资本的东西可以被视为资本，所以在西方经济学中，有一个"人力资本"的经济范畴。"人力资本"是由增进一个人的生产能力而进行的投资所形成的，如工资等的货币收入则被视为是这个资本的所得。可以说，只要利息是收益的一般形态，收入的资本化作为商品经济中的规律就会发挥作用，其最突出的领域是有价证券价格的形成。而且随着商品经济的发展，资本化发挥作用的范围将进一步扩大。

### （三）利率的分类

利率就其表现形式来说，一般指一定时期内利息额同借贷资本总额的比率。利率是单位货币在单位时间内的利息水平。多年来，经济学家一直在致力于寻找一套能够完全解释利率结构和变化的理论，古典学派认为，利率是资本的价格，而资本的供给和需求决定利率的变化；凯恩斯则把利率看作是"使用货币的代价"。马克思认为，利率是剩余价值的一部分，是借贷资本家参与剩余价值分配的一种表现形式。利率通常由国家的中央银行控制，在美国由联邦储备委员会管理。现在，所有国家都把利率作为宏观经济调控的重要工具之一。当经济过热、通货膨胀上升时，便提高利率、收紧信贷；当过热的经济和通货膨胀得到控制时，便会把利率适当调低。因此，利率是重要的基本经济因素之一。利率是经济学中一个重要的金融变量，几乎所有的金融现象、金融资产均与利率有着或多或少的联系。当前，世界各国频繁运用利率杠杆实施宏观调控，利率政策已成为各国央行调控货币供求，进而调控经济的主要手段，利率政策在中央银行货币政策中的地位越来越重要。合理的利率，对发挥社会信用和利率的经济杠杆作用有着重要的意义，而合理利率的计算方法是我们关心的问题。

在现实经济生活中，利率均以某种具体的形式存在，从各种角度形成了各种不同利率的分类。

### 1. 名义利率与实际利率

通货膨胀一直是各国经济发展面临的问题之一。通货膨胀是指全部商品与服务的平均价格水平持续上升。通常，在各个国家会出现个别商品与服务的价格在上涨，而另一些商品与服务的价格却在下跌。但是，只有当经济中所有价格的平均水平上升时，通货膨胀才会发生。利率是表示金融资产的"价格"，因而利率必然会受到通货膨胀的影响。如果考虑通货膨胀对借款成本、投资收益的影响，利率就有名义利率与实际利率之分。

名义利率是公布或报出表面上的证券或贷款的利率。名义利率不考虑通货膨胀因素，不能反映投资者所获得的实际收益率水平的差异。例如，金融刊物上的一条声明——大型商业银行将其优惠贷款利率提高到年利率10%，即说明了现在银行向其最好的客户报出的名义利率是多少。实际利率是依据实际购买力衡量的对贷款人或投资者的收益率。实际利率是随价格水平预期变化而调整，从而能够更精确地反映真实筹资成本的利率，它通常有两层含义：根据价格水平的实际变化进行调整的利率称为事后实际利率；根据价格水平的预期变化进行调整的利率称为事前实际利率。事前实际利率对经济决策更为重要，因而，经济学家使用的实际利率概念通常是指事前实际利率。实际利率在费雪方程式中得到了严格的定义。费雪方程式反映了名义利率与实际利率的关系（如果按复利计算公式），即：

$$名义利率 = \frac{预期的}{实际利率} + \frac{通货}{膨胀升水} + \frac{预期的}{实际利率} \times \frac{通货}{膨胀升水}$$

通货膨胀升水是衡量在一个特定的金融工具投资期间，市场上投资者的预期通货膨胀率。如果预期的实际利率保持固定，名义利率的变动将反映通货膨胀升水的变动，即反映公众通货膨胀预期的变化。上述方程式中的相乘项（预期实际利率 × 通货膨胀升水），除了某些国家经历长期严重通货膨胀外，它通常非常小，因而一般被省略掉。因此，费雪方程式可以写成：

$$i = i_r + \pi_e$$
$$i_r = i - \pi_e$$

其中，$i$ 代表名义利率；$i_r$ 代表实际利率；$\pi_e$ 代表预期通货膨胀率。

一般来说，投资者即资金的贷放者或证券的购买者，其对贷款的实际利率或证券的实际收益率，即赚得的利息的购买力最感兴趣。例如，假设银行向一家企业贷款 1000 万元，期限为 1 年，并且银行预期这一年里商品与服务的价格将上涨到 10%。如果银行对这笔贷款收取的名义利率是 12%，则银行的 1000 万元贷款的实际利率只有 2%（即 20 万元）。如果贷款期间实际通货膨胀率变成 13%，那么实际利率为 -1%（12%~13%），银行实际上要承受贷出货币的购买力实际下跌的风险。

在通货膨胀期间，实际利率要低于名义利率，实际利率越低，借款人愿意借入的动力越大，贷款人愿意贷出的动力越小。因此，贷款人总是希望收取能够给予他们期望的可贷资金实际收益率的名义利率，名义利率随着贷款人预期其通货膨胀而频繁变动。也就是说，由于实际利率是根据资本的生产率和储蓄量的长期因素变动的，所以预期的实际利率一般趋于相对稳定，因而通货膨胀升水的变化至少在短期内只影响名义利率。因此，预期通货膨胀率上升多少，名义利率也将上升多少，这就是"费雪效应"。费雪效应指出了一种判断未来利率变化的方法，即在一个有效率的市场上，投资者货币购买力预期变化的风险是要得到补偿的。因此从长期看，在一定程度上，实际通货膨胀率的上升，使投资者预期将来的通货膨胀率会更高，从而不久就会产生较高的名义利率；相反，实际通货膨胀率的下降会使投资者改变其对未来通货膨胀的预期，认为通货膨胀率会下降，从而产生较低的名义利率。

通过对表 15-1 分析，我们可以看到，费雪效应所指出的通货膨胀与利率之间的正向关系似乎在各国都有很好的例证，高通货膨胀率的国家一般利率较高，这与投资者寻求利用在其贷款上获得较高的利率以弥补其预期的购买力损失的观点是一致。然而，通货膨胀与利率之间的正向关系并不是绝对的，如表 15-1 中的德国，其消费者物价年增长率高于法国与比利时，但其政府证券利率低于这两个国家中的任何一个。这种差异的产生，一方面是因为各国消费者物价指数的构成稍有不同；另一方面费雪效应是依据通货膨胀率和利率的预期价值提出的，并不是根据实际通货膨胀和实际利率水平得出的。但是，通货膨胀与市场利率之间大致呈现正向关系，在各国经济发展中均得到了体现。近来大量的研究指出，名义利率的上升幅度低于预期通货膨胀率的上涨幅度，名义利率的下跌幅度低于预期通货膨胀率的下降幅度。

表 15-1　各国通货膨胀与利率的关系

| 国　家 | 通货膨胀指数 /%<br>（1998 年消费者物价年增长率） | 短期政府国库券利率 /%<br>（1998 年三个月期） |
| --- | --- | --- |
| 加拿大 | 1.8 | 4.84 |
| 法　国 | 2.1 | 8.38 |
| 比利时 | 2.8 | 8.52 |
| 德　国 | 4.1 | 6.25 |
| 意大利 | 4.5 | 10.58 |
| 西班牙 | 4.6 | 10.53 |
| 南　非 | 9.8 | 11.32 |
| 墨西哥 | 9.8 | 14.93 |
| 希　腊 | 14.4 | 18.20 |

资料来源：彼得·S.罗斯.货币与资本市场.肖慧娟，译.北京：中国人民大学出版社，2006

在现代经济中，由于通货膨胀是经常性现象，而实际利率的高低决定了人们能获得多少真实的利息收益和付出多少真实的利息成本，因此，在经济中真正起作用的并不是名义利率，而是实际利率，人们是根据实际利率来决定其经济行为的。央行货币政策直接作用的是名义利率，而盯住的则是实际利率。

### 2. 市场利率与官方利率

从利率确定的主体和管理的角度来看，利率可以划分为市场利率与官方利率。市场利率是由借贷双方通过竞争而形成的利率，它既包括借贷双方在借贷市场上直接融通资金所形成的利率，也包括在金融市场上买卖各种有价证券时的利率。市场利率是按市场规律而自由变动的，反映货币资金供求状况的变化。一般来说，当资金供给超过需求时，利率呈下降趋势；反之，当资金需求超过供给时，利率呈上升趋势。

官方利率是由政府金融管理部门或政府通过中央银行确定的各种利率，也称为法定利率、基准利率。例如，中央银行对商业银行等金融机构的再贴现利率、再贷款利率，作为官方利率、基准利率，在多种利率并存的条件下起决定性作用。在境外有一些非政府部门的民间金融组织——银行公会等确定的各会员银行必须执行的利息率，也是官方利率的一种形式，一般称之为公定利率。我国目前的官方利率仍是由中国人民银行制定的，市场利率主要是银行同业拆借等领域和资本市场的利率。

现代经济中，利率作为国家调节经济的重要杠杆之一，不再是完全随市场资金供求状况而自由波动，国家往往通过中央银行确定的利率调节市场资金的供求状况。因此，官方利率与市场利率存在密切关联。官方利率的变化代表了政府货币政策的意向，对货币供求状况和市场利率有重要的影响，官方利率的变化趋势是全部利率体系的变化趋势。但是，市场利率受到一系列复杂因素的影响，并不一定与官方利率的变化相一致，市场利率的变化灵敏地反映了货币资金的供求状况，成为国家制定官方利率的重要依据。国家根据货币政策的需要和市场利率的变动趋势，制定和调整官方利率。

### 3. 固定利率与浮动利率

从利率在借贷期间的调整与变动的角度来看，利率可以划分为固定利率与浮动利率。固定利率是在整个借贷期间不做调整而固定不变的利率。固定利率不随货币资本的供求状况而波动，不随市场利率的变动而变动，因而简便易行，借贷双方能够准确地计算成本与收益，在借贷期限较短或市场利率变动不大的条件下，一般采用固定利率。但是，如果借贷期限较长或市场利率变动较快，利率变化趋势难以预测，借贷双方都可能要承担较大的风险，特别是通货膨胀已成为现代经济中的经常性现象。因此，对于中长期的借贷，借贷双方均不愿采取固定利率，而是选择采用浮动利率。

浮动利率是在借贷期间，随通货膨胀和市场资金供求状况的变化进行定期调整的利率。利率的调整是由借贷双方依据对市场利率变化情况的预测而商定，并由一方在规定的时间依据商定的市场利率进行调整。浮动利率一般适用于借贷期限长、市场利率变动频繁的情况，目前多用于3年以上的借贷以及国际金融市场中。例如，欧洲货币市场上，浮动利率的调整期限一般定为三个月或六个月，浮动的基础利率多采用银行间的拆借利率，如伦敦银行同业拆借市场利率。虽然我国自20世纪80年代初起，银行可在国家统一规定的利率基础上，在一定幅度内酌情浮动利率，但这并不是真正意义的浮动利率，可以说人民币的借贷基本上一直实行固定利率。浮动利率由于需要定期进行调整，借贷双方承担的利率变动的风险较小，利息负担也比较公平，但利息的计算因利率的经常调整而比较麻烦，对借款人而言，利息负担也比固定利率要重些。在市场利率多变的今天，浮动利率较固定利率更科学可行，采取浮动利率的金融创新也不断产生，并被广泛采用。

### 4. 短期利率与长期利率

从借贷活动的期限来看，利率可以划分为短期利率与长期利率。短期利率是借贷期限在一年以内的利率，包括期限在一年以内的存、贷款利率和各种短期有价证券利率。短期利率适用于短期性资金融通，如短期资金市场的国库券利率、票据贴现利率、银行短期存贷款利率以及同业拆借利率等。由于借贷期限短，风险系数小，短期利率的水平也相对比较低。

长期利率是借贷期限在一年以上的利率，包括期限在一年以上的存、贷款利率和各种长期有价证券利率。长期利率适用于长期性资金借贷和投资业务，如长期资金市场的长期债券利率、长期抵押贷款利率以及各种长期存款利率等。一般来说，长期利率水平高于短期利率水平。借贷期限越长，市场利率变动的可能性越大，通货膨胀率上升的幅度可能越大，借贷双方承担的损失风险就越大。作为风险补偿的利息，其长期利率水平一般明显高于短期利率，较短期的利率总是低于较长期的利率。

### 5. 利率与回报率的区别

回报率是准确衡量在一定时期内投资人持有债券或其他有价证券究竟能得到多少收益的指标。一般来说，对于有价证券而言，回报率是向持有者支付的利息加上以购买价格百分比表示的价格变动率。例如，某人以 1000 元买入一张面值为 1000 元、息票利率为 10% 的附息债券，持有一年之后以 1200 元卖出。对此投资者来说，购买该债券的回报率应为：

$$\frac{100元+(1200-1000)元}{1000元}=\frac{300元}{1000元}=0.3或30\%$$

如果将此计算进行推广，则得到回报率的计算公式：

$$RET=\frac{C+P_{t+1}-P_t}{P_t}$$

其中，RET 代表债券持有时间 $t$ 到 $t+1$ 时的回报率；

$C$ 代表息票利息；

$P_t$ 代表 $t$ 时债券的价格；

$P_{t+1}$ 代表 $t+1$ 时债券的价格。

如果 $i_c$ 代表当期收益率，即息票利息与购买价格之比；$g$ 代表资本利得率，即

相对于初始 $t$ 时购进价格而言的债券价格的变动率，则：

$$RET = \frac{C + P_{t+1} - P_t}{P_t} = \frac{C}{P_t} + \frac{P_{t+1} - P_t}{P_t} = i_c + g$$

也就是说，债券的回报率等于当期收益率 $i_c$ 加上资本利得率 $g$。这说明，对于某种债券而言，即使其当期收益率能准确地反映到期收益率，但债券的回报率也不一定必然等于该债券的利率，回报率也可能与债券的利率相差很大，特别是当债券的价格大幅度波动引起显著的资本利得或资本损失时，两者之间的差别就更为显著。如上面债券的息票利率为 10%，而其投资者的回报率可能是 30%。

下面我们计算几种按面值购买的息票利率为 10% 的债券，当利率从 10% 上升到 20% 时一年期的回报率，以此观察当利率上升时，不同期限的债券其回报率的变化。

在表 15-2 中，当利率从 10% 上升到 20% 时，由于债券价格下降，购买时距到期日 30 年期的债券的资本损失高达 49.7%，超过了 10% 的最初利率（当期收益率）水平，导致其一年期的回报率为 –39.7%，回报率为负值。虽然负回报率在债券没有卖出时只是一种"账面损失"，但其仍是一种损失。而购买时距到期日 1 年的债券，其回报率与最初的利率（当期收益率）均为 10%。

**表 15-2　不同期限债券的一年期回报率**

| 购买债券时距到期日的年数 | 最初的利率/% | 面值（购买价）/元 | 第二年利率/% | 第二年价格/元 | 资本利得率/% | 回报率/% |
|---|---|---|---|---|---|---|
| 30 | 10 | 1000 | 20 | 503 | –49.7 | –39.7 |
| 20 | 10 | 1000 | 20 | 516 | –48.4 | –38.4 |
| 10 | 10 | 1000 | 20 | 597 | –40.3 | –30.3 |
| 5 | 10 | 1000 | 20 | 741 | –25.9 | –15.9 |
| 2 | 10 | 1000 | 20 | 917 | –8.3 | 1.7 |
| 1 | 10 | 1000 | 20 | 1000 | 0.0 | 10.0 |

通过以上计算和分析，关于债券的利率与回报率间的区别，可得出如下结论：

（1）衡量持有期内债券投资效果的回报率，只有在持有期与债券期限一致时才等于债券的到期收益率。

（2）由于利率的上升与债券价格的下跌相联系，因而利率上升时，即使债券的初始利率很高，但因为债券期限比持有期长将导致资本损失，债券的回报率也可能成为负值。

（3）债券的期限越长、到期日越远，与利率波动相联系的价格波动幅度越大，则当利率上升时，回报率就越低。

（4）由利率的变动导致资本利得或资本损失，从而致使回报率与购买债券时即已知的到期收益率之间存在较大的差距，因此债券持有期短于债券的期限时，则要遭受利率风险，但任何到期日与持有期相一致的债券都不存在利率风险。长期债券的价格和回报率较之短期债券来说更不稳定。所以在第二章中提出以年平均综合回报率作为金融资产价格衡量的统一标准。

# 三、通货膨胀

## （一）通货膨胀

通货膨胀一般是指因纸币发行量超过商品流通中的实际需要的货币量而引起的纸币贬值、物价上涨现象。其实质是社会总需求大于社会总供给。

通货膨胀在现代经济学中是指整体物价水平上升。一般性通货膨胀为货币市值或购买力下降，而货币贬值为两经济体间币值相对性降低。前者用于形容全国性的币值，而后者用于形容国际市场上的附加价值。两者的相关性为经济学上的争议之一。

纸币流通规律表明，纸币发行量不能超过它代表的商品量，一旦超过了这个量，纸币就要贬值，物价就要上涨，从而出现通货膨胀。通货膨胀只有在纸币流通的条件下才会出现，在金银货币流通的条件下不会出现此种现象。因为金银货币本身具有价值，作为贮藏手段的职能，可以自发地调节流通中的货币量，使它同商品流通所需要的货币量相适应。而在纸币流通的条件下，因为纸币本身不具有价值，它只是代表货币的符号，因此，纸币的发行量如果超过了商品流通所需要的数量，就会贬值。

商品流通中所需要的金银货币量不变，而纸币发行量为金银货币量的两倍以上，单位纸币就只能代表单位金银货币价值量的1/2，在这种情况下，如果用纸币来计量物价，物价就上涨了一倍。此时，流通中的纸币量比流通中所需要的金银货币量增加了一倍，这就是通货膨胀。在宏观经济学中，通货膨胀主要是指价格和工资的普遍上涨。

通货膨胀形成原因主要有以下四点：

### 1. 需求拉动的通货膨胀

需求拉动的通货膨胀是指总需求过度增长所引起的通货膨胀，即"太多的货币追逐太少的货物"，按照凯恩斯的解释，如果总需求上升到大于总供给的地步，此时，由于劳动和设备已经充分利用，因而要使产量再增加已经不可能，过度的需求能引起物价水平的普遍上升。所以，任何总需求增加的因素都可以是造成需求拉动的通货膨胀的具体原因。

### 2. 成本推进的通货膨胀

成本或供给方面的原因形成的通货膨胀，即成本推进的通货膨胀，又称为供给型通货膨胀，是由厂商生产成本增加而引起的一般价格总水平的上涨。造成成本向上移动的原因大致有：工资过度上涨；利润过度增加；进口商品价格上涨。

（1）工资推进的通货膨胀

工资推进的通货膨胀是指工资过度上涨造成成本增加，从而推动价格总水平上涨。工资是生产成本的主要部分，工资上涨使得生产成本增长，在既定的价格水平下，厂商愿意且能够供给的数量减少，从而使得总供给曲线向左上方移动。在完全竞争的劳动市场上，工资率完全由劳动的供求所决定，但在现实经济中，劳动市场往往是不完全的，人们总是希望可以使得工资增加，如果工资增加超过了劳动生产率的提高速度，则提高工资就会导致成本增加，从而导致一般价格总水平上涨，而且这种通胀一旦开始，还会引起"工资—物价螺旋式上升"，工资物价互相推动，形成严重的通货膨胀。工资的上升往往从个别部门开始，最后引起其他部门攀比。

（2）利润推进的通货膨胀

利润推进的通货膨胀是指厂商为谋求更大的利润导致的一般价格总水平的上涨，与工资推进的通货膨胀一样，具有市场支配力的垄断和寡头厂商也可以通过提高产品的价格来获得更高的利润。与完全竞争市场相比，不完全竞争市场上的厂商可以减少生产数量而提高价格，以便获得更多的利润，为此，厂商都试图成为垄断者，结果导致价格总水平上涨。

一般认为，利润推进的通货膨胀比工资推进的通货膨胀要弱，原因在于，厂商由于面临着市场需求的制约，提高价格会受到自身要求最大利润的限制，而工会推进货币工资上涨则是越多越好。

（3）进口成本推进的通货膨胀

如果一个国家生产所需要的原材料主要依赖于进口，那么进口商品的价格上升就会造成成本推进的通货膨胀，其形成的过程与工资推进的通货膨胀是一样的，如20世纪70年代的石油危机期间，石油价格急剧上涨，于是以进口石油为原料的西方国家的生产成本也大幅度上升，从而引起通货膨胀。

### 3. 供求混合推进的通货膨胀

实际中，造成通货膨胀的原因并不是单一的，因各种原因同时推进的价格水平上涨，就是供求混合推进的通货膨胀。假设通货膨胀是由需求拉动开始的，即过度的需求增加导致价格总水平上涨，价格总水平的上涨又成为工资上涨的理由，工资上涨又形成成本推进的通货膨胀。

### 4. 预期和通货膨胀惯性

在实际中，一旦形成通货膨胀，便会持续一段时期，这种现象被称为通货膨胀惯性。对通货膨胀惯性的一种解释是人们会对通货膨胀做出相应的预期。预期是人们对未来经济变量做出的一种估计，预期往往会根据过去的通货膨胀的经验和对未来经济形势的判断，做出对未来通货膨胀走势的判断和估计，从而形成对通货膨胀的预期。预期对人们经济行为有重要的影响，人们对通货膨胀的预期会导致通货膨胀具有惯性，如人们预期的通货膨胀率为 10%，在订立有关合同时，厂商会要求价格上涨 10%，而工人与厂商签订合同时也会要求增加 10% 的工资，这样，在其他条件不变的情况下，每单位产品的成本会增加 10%，如果通货膨胀率按 10% 持续下去，必然形成通货膨胀惯性。

## （二）我国通货膨胀率的计算

物价总水平的上升称为通货膨胀。经济学家通常采用消费价格指数 CPI(consumer price index)、生活指数 CLI(cost of living index)、生产者物价指数 PPI(producer price index)、批发物价指数 (wholesale price index)、商品价格指数 (commodity price index)、国民生产总值 GDP 平减指数 (gross domestic product deflator) 等来衡量通货膨胀率。

### 1. 以 CPI 计算

以 CPI 计算通货膨胀率是各国较通行的做法。CPI 是在不同时期内，由一篮子样本商品与服务的价格和这些商品与服务基年的价格的比值，乘以 100% 所得到的数字。

我国从 2001 年起采用国际通行做法，由国家统计局负责逐月编制并公布以 2000 年价格水平为基期的消费价格指数，作为反映我国通货膨胀 ( 或紧缩 ) 程度的主要指标。

我国 CPI 统计主要通过以下四步来完成：

（1）确定统计 CPI 的一篮子商品与服务的种类。我国 CPI 由八大类商品与服务的价格构成，分别是食品，烟酒，衣着，家庭设备用品和维修服务，医疗保健和个人用品，交通和通信，娱乐、教育、文化用品，服务，居住。

（2）确定各类商品与服务在 CPI 中的权重。权重是依据全国 12 万户城乡居民家庭调查资料中，居民用于上述各类商品与服务的消费额在其消费总支出中所占的比重得到的。

（3）确定每一个时点上所调查的商品与服务的价格。为了保证统计数据的准确，我国按照经济区域和地区分布合理的原则，采用抽样方法，在我国的 500 多个市县确定了 5 万多个调查网点，调查不同类型、不同规模的农贸市场和商店现场采集的价格资料。

（4）计算所调查的商品与服务的总费用，得出全国 CPI 数据。国家统计局将各地报上来的数据进行汇总，并与基年的数据对比，得出的数字就是全国居民消费价格指数。

以消费价格指数 CPI 计算的通货膨胀率，是指自上一年以来的消费价格指数变动的百分比，即

第 2 年的通货膨胀率 =( 第 2 年的 CPI – 第 1 年的 CPI)/ 第 1 年的 CPI × 100%

我们通常所说的通货膨胀率，是指国家统计局以 CPI 计算的通货膨胀率。以 CPI 计算通货膨胀率的方法本身就存着一定的偏差，这种偏差是由统计数据方法的自身特点所决定的。

### 2.GDP 平减指数计算

除了以 CPI 计算通货膨胀率外，经济学家还常用 GDP 平减指数计算通货膨胀率。

GDP 平减指数计算通货膨胀率，是指国内现期生产的商品与服务的价格和基年的商品与服务的价格的比较。用以计算 GDP 平减指数的商品与服务的组合自动随着时间的变动而变动。因此，各类商品与服务的价格变动比例是否相同对 GDP 平减指数的计算没有影响。以 CPI 计算通货膨胀率则不同，CPI 是指不同时期内，一篮子样本商品与服务的价格和这些商品与服务基年的价格之比，因此，CPI 反映的是其篮子中的商品与服务的价格变化，并因其 CPI 篮子中各类商品的权重不同，所以不同类型商品价格变化的大小对 CPI 的影响很大。由于这种计算方法的差别，以 GDP 平减指数和以 CPI 计算的通货膨胀率，根据各自概念，即使计算得比较精确，两者仍会存在一定的差异。

这种差异存在的主要原因是，GDP 平减指数反映的是"国内生产"的所有商品与服务的价格，而消费价格指数反映的是"消费者购买"的所有商品与服务的价格。

这样一来，"国内生产"而未被（国内）"消费者购买"的商品与服务（如出口的商品与服务）的价格变化，反映在了 GDP 平减指数中，而未在消费价格指数中得到反映。同样，"非国内生产"而被（国内）"消费者购买"的商品与服务（如进口的商品与服务）的价格变化，反映在了消费价格指数中，而未在 GDP 平减指数中得到反映。因此以 GDP 平减指数计算的通货膨胀率和以 CPI 计算的通货膨胀率，即使计算过程相当精确，也会存在差异。虽然这种差异既有可能是因为以 GDP 平减指数偏离了实际的通货膨胀率水平导致的，也可能是因为以 CPI 计算的通货膨胀率出现了偏差导致的，但足以说明以 CPI 计算的通货膨胀率，由于未能全面反映全部的商品与服务的价格变化，因而其注定存在着偏差。

### 3. 以 CPI 计算通货膨胀的弊端

以消费价格指数 CPI 计算通货膨胀率，通常会在以下三个方面高估实际发生的通货膨胀水平：

（1）CPI 的统计没有考虑因商品和服务价格变化所引起的替代效应。当可替代的商品和服务的价格发生变化时，理性消费者往往倾向于选择价格便宜的替代品，这将使得 CPI 篮子中商品与服务的价格变化水平高于消费者实际选择消费组合的价格变化水平。

（2）CPI 的统计没有考虑商品和服务的品质提升。生活中很多商品与服务的品质是不断提高的，如电子产品和家用电器就是很明显的例子，这种类别的商品价格水平的上涨，反映的往往不仅仅是简单的因物价水平上升而造成的价格上涨，而通常还包括其自身品质提高而造成的价格上升，甚至有时还会出现商品的品质大幅提升而价格却下降的现象。但不管是哪种原因造成了这类商品的价格上涨，反映在 CPI 中只能简单体现为物价水平上升。这样一来，CPI 在一定程度上高估了物价上涨幅度，而没有考虑商品与服务品质的提升。

（3）忽略了技术进步。与商品与服务的品质提升相同，CPI 往往不能反映商品与服务中的技术进步，造成了对生活成本的错误高估。

据经济学家估计，利用 CPI 计算通货膨胀率大约高估实际通货膨胀率 1%，亦即当 CPI 上涨 2% 时，真正的通货膨胀率大约只有 1%，这样的误差幅度在通货膨胀率比较高时（如 20%）影响不大，但通货膨胀率比较低时（如 3%），就难以忽略不计。

### （三）影响 CPI 计算通货膨胀率准确性的因素

以 CPI 计算通货膨胀率，除存在上述不可避免的偏差外，以下两个因素也将对以 CPI 计算的通货膨胀率产生重要影响。

### 1. 商品与服务类别选择

CPI 篮子里商品与服务类别直接决定 CPI 统计是否能够正确反映消费价格水平的整体变化。由于 CPI 计算中比较的并非全部的商品与服务的价格变化，而是根据消费者的消费特征所选定的一篮子商品与服务的价格变化，与其说是社会整体物价水平决定了当期的 CPI，不如更直接地说是放在 CPI 篮子里的商品与服务的价格水平决定了当期的 CPI。由此可见，这一篮子商品与服务的选择就显得尤为重要。

我国 CPI 篮子里共有八大类商品与服务，又分为 251 个基本类，约 700 个规格品种的商品和服务项目。以北京为例，通过收集 1493 种商品与服务的价格统计 CPI。美国 CPI 篮子里的商品与服务也包括八大类，分别是住房、交通、食物和饮料、医疗、休闲活动、教育和通信、衣服、其他物品与劳务，共 263 个小类，通过收集 8 万种商品和服务价格统计 CPI。仅从 CPI 篮子里的商品与服务数量来看，我国目前 CPI 的统计中，所包含的商品与服务的种类远低于美国所包含的商品与服务，所以我国统计出来的 CPI 与实际消费价格变动定有偏差。

其实，这种偏差是难以避免的；此外，还可能存在另一种偏差，就是某种价格变化较大的商品被错误地放入了篮子或者没有被放入篮子，这种偏差是可以通过修改 CPI 篮子里的商品与服务的种类来避免的。我国 CPI 篮子里第八类即居住类，包括建房和装修材料费用，包括公房和私房的房租以及其他费用，也包括房屋贷款利率的变化，以及物业管理费用、维修费用等。对购房的支出是以虚拟租金来替代的。国家统计局认为不将房价直接计入 CPI 是国际惯例，原因是：在国民经济核算中购房是计入投资而非计入消费，CPI 的统计应当与 GDP 核算体系一致；商品房购买与当期消费不同步，购买支出与当期实际住房消费不对等。商品房购房行为实质上是一种在短期内大量金额的集中投放，但商品房要用于今后几十年的消费。换句话说，当期的实际住房消费对应的只是整个住房的一部分，而不是整个住房的价格。但购房支出和房价变化对居民实际生活费用的影响无疑存在，而且很大，因此应当将房价变化直接纳入 CPI，或以能够反映该项支出价格变化的更加客观的方式反映到 CPI 中。当然除房价之外，还会有其他商品或服务被认为是应当纳入 CPI 统计而未纳入的，这自然会给 CPI 计算的通货膨胀率带来偏差。

### 2. 商品与服务类别的权重

CPI 篮子里所装的商品与服务各自的权重也很重要。这个篮子里商品与服务的构成，直接影响 CPI 统计是否能够准确反映消费价格水平的变化。CPI 篮子里各类商品与服务的权重，是根据居民家庭用于各类商品与服务的开支，在其所有消费总

开支中所占的比重 ( 即恩格尔系数 ) 来确定的，往往是通过向成千上万个家庭和个人调查他们购买的商品与服务来确定的，以显示该类商品在消费中的重要性。一般各类商品与服务的权重应定期调整，以使它与人们改变了的偏好相符。

由于各类商品与服务在计算 CPI 时所占的权重不同，当不同类别的商品与服务的价格变动量不同时，这种变动对 CPI 所产生的影响不同。因此，各类商品与服务的价格变动量的加权方法，即各类商品与服务的权重对最终计算结果的影响至关重要。

中、美两国 CPI 统计中，各类商品与服务权重差异最大的是食物 ( 含烟酒 ) 和居住两大类。我国 CPI 中食品与烟酒和用品两项的权重之和为 37.1%，而美国食物和饮料类的权重则为 15.4%，扣除两大类中包含有不同小类的因素，中国 CPI 中该大类的权重几乎是美国的 2 倍。与此相反，美国住房类权重为 42.1%，中国居住与家庭设备用品和维修服务两大类权重之和为 19.2%，不足美国该项权重的 1/2。单看我国居住类在 CPI 统计中的权重偏低，与居住支出占据消费支出中较高比例的现状，也明显不符。当不同权重的商品与服务的价格变化比例相同时，对 CPI 的影响并不相同，权重越大，影响就越大。因此，CPI 统计中各类商品与服务权重的设置，直接影响 CPI 统计结果的准确性，我国 CPI 统计中某些类别商品与服务的权重配置不合理，也是导致 CPI 统计出现偏差的重要原因。

## 四、通货膨胀率和各金融资产

在各国经济发展过程中，资产价格和通货膨胀受到多种因素的影响，资产价格和通货膨胀水平呈现各种不同的组合，并没有表现出一定的可检验性和可解释的统计规律。

从我国情况看，在不同时期，消费者价格指数和资产价格呈现不同的关系。消费者价格指数在 20 世纪 90 年代初期上涨速度很快，而股票价格指数并没有相应的上升；在 90 年代末期，我国消费者价格指数有下行的压力，而股票价格指数表现相对平稳；在 2005 至 2008 年，消费者价格指数与股票价格指数表现出一定的趋同性，2008 至 2010 年趋同性降低。

从其他国家情况看，资产价格与通货膨胀之间也没有稳定的统计关系，因国而异。如奥地利、加拿大等国在 20 世纪 80 年代中期之前，股票价格与物价同步性较强，此后减弱。在 20 世纪 80 年代，日本资产价格经历了上升和下降的过程，实体经济也经历了很大的波动，但日本一般物价水平变化不大。20 世纪以来股票价格与通货膨胀之间的同步性有所增强，如比利时、德国、英国、瑞士、瑞典等。

最早关注资产价格与通货膨胀关系的是美国经济学家费雪 (Fisher)，他提出在度量通货膨胀率的指数中应包括资产 ( 股票、债券、房地产 ) 的价格，否则无法准确预测通货膨胀水平。Alchian A. A. 和 Klein B. (1973) 提出，通常的 CPI 和 GDP 缩减指数度量的是当期商品消费和当期产出的价格，但对于考虑终生效用最大化的理性人来说，效应的变动不仅取决于当前商品价格的变动，也取决于未来商品价格的变化，而资产价格是对未来收益的贴现，因此，通货膨胀率指数中应包括资产价格。如果消费者预期未来出现通货膨胀，那么房地产价格和股票价格也将上涨。他们提出了跨期物价指数的概念。

Alchian A. A. 和 Klein B. 的观点得到了学术界的进一步关注。这些研究大体可以分为两个角度：一是构建包括资产价格在内的广义价格指数；二是探讨通货膨胀和资产价格的相互关系，主要研究资产价格与通货膨胀的相关性，探讨资产价格是否有助于预测未来通货膨胀。这两类研究都和中央银行的政策有关。就建立包括资产价格在内的广义价格指数而言，目前还没有达到各国中央银行可以操作的阶段，但中央银行在实施货币政策时关注资产价格的变化已是没有争议的了，其分歧在于中央银行关注资产价格的程度。对于资产价格是否有助于对通货膨胀作出准备的预期，众多实证研究得到的结论并不一致。

同时，在目前的宏观经济理论和政策中，特别是货币理论和政策中，一般暗含的是，在实施货币政策时，并没有从一般均衡的角度把货币政策对物价水平和资产价格放到一个框架内，没有考虑货币政策对金融稳定的影响。从 2008 年国际金融危机影响看，中央银行在维持一般物价水平稳定的同时，应更加关注资产价格。

但是，一般物价水平和资产价格的波动有不同的组合，中央银行应对通货膨胀和资产价格波动的手段有些相同，有些不相同，应对通货膨胀和资产价格变化的货币政策力度有时也有差异。因此，如何处理资产价格与通货膨胀之间的关联，如何权衡甚至干预两者波动，将是宏观政策制定者特别是中央银行面临的课题。

通货膨胀对各金融资产的影响主要体现在以下几个方面。

### 1. 通货膨胀对应收账款的影响

在通货膨胀时期，由于物价的上升，有些企业会出现资金周转不足，出现不同程度的经营困难，最直接的影响就是，企业之间的借贷增多，应收账款的数额增多，应收账款回收期较长且回收困难。对企业来说，应收账款数额增多，使得应收账款收转较慢，账龄较长，资产流动性较慢，企业短期偿债能力减弱，企业财务风险增加，同时收账费用增加，坏账损失增多。

另外，在通货膨胀时期，应收款项的实际价值将会随着时间的推移而远远小于其账面价值，而债务人出于持有需求和投机需求则有可能尽量推迟付款，其目的是获得更多的流动现金和更多的资金时间价值，即使债务人按合同时间归还应收账款，企业也由于物价上涨而使应收款的实际价值相应减少，使得企业现金流量减少，可能使得企业的流动资产减少，资金周转困难，甚至使企业有破产的危险。而对整个社会经济来说，人们对社会的信心减少，最终会导致社会信用的崩盘。

**2. 通货膨胀对存货的影响**

在通货膨胀的初期，由于人们购买力需求旺盛，需求大于供给，使得商品的销量增加，企业出现供不应求的情况，这就使得企业要不断地补给存货，存货的需求量就会大大增加。随着物价的不断上涨，原材料的价格也随之上涨，存货价格的上涨幅度会逐渐高于商品售价的上涨幅度，此时就会出现销量倒挂现象。随着通货膨胀的不断深入，人们的需求会逐渐减少，销量也会减少，此时存货的需求会减少。

同时，在原材料上涨的初期，由于需求的增加，以及人们的投机动机，企业会囤积较多的原材料。而物价上涨到一定程度时，人们的购买欲望下降，存货的需求大量下降，如果企业仍然囤积等量的存货或是存货数量稍微有所下降，但是下降的幅度不及商品销量下降的幅度，此时就会出现存货呆滞、积压，使得存货的管理成本上升，存货周转率下降，流动资产变现较慢，企业短期偿债能力下降，资金占有水平较高，企业没有过多的现金进行其他的生产或投资。在通货膨胀时期，这些对企业的影响都是巨大的，甚至是致命的。

**3. 通货膨胀对固定资产的影响**

固定资产的主要特征是随着使用年限的增加，仍保持其原有的实物形态，其价值逐渐通过对固定资产计提折旧转移到成本费用中去。固定资产折旧，就是保证在一定的期限内固定资产在实物形态上得到更新和在价值（货币）形态上得到补偿。折旧使固定资产得以更新，从而维持企业的再生产能力。按照现行的会计制度规定，固定资产的计量是以购置的原始成本为计量依据的，因此，在通货膨胀的条件下，一般不会对固定资产的价值进行重新评估，这对企业来说意味着，随着物价上涨固定资产将被低估，企业将少计提折旧，这使得利润虚增，企业就要多缴纳所得税，这就导致企业净利润减少，将直接影响企业的再生产能力。

另外，固定资产的另一特征是使用年限较长。由于通货膨胀使得物价上涨带来实物资本的上涨，使固定资产的账面价值和预计净残值相对被低估，固定资产的账面价值不能反映固定资产的真实价值，账面价值的可用度和可信度极大降低，不能正确反映真实的财务信息，使企业的净资产远远低于企业的实际资产；同时，固定资产仍是按购置时的原始成本平均摊入成本费用中去的。在通货膨胀时期，物价上涨的程度使得固定资产的价值不能从成本使用中得以补偿，而固定资产使用的后期仍按原有的折旧额，则其价值就不能从成本费用中得到足够的补偿。

目前大多数企业采用的折旧方法是平均年限法。这种方法优点很多，但在通货膨胀时期却存在两个缺点：其一是不能调整因通货膨胀引起的币值上升对企业经营产生的影响。由于平均年限法只是将固定资产总额除以预计可使用年限，所以每年的折旧额是固定不变的，在通货膨胀时期，即使企业想增加折旧额，以减少通货膨胀的影响，也是没有办法的。其二是财务报表远不能反映企业真实的经营情况。采用年限法计算的折旧额既不能体现物价上涨对固定资产的影响，又不能反映其账面价值。而通过每年的折旧额计算出的利润、所得税甚至股利分配的数额都是相对不准确的，这就影响了资产负债表和利润表，削弱了财务报表的真实性和可靠性。企业管理层依据财务报表进行的一系列的投资、筹资等活动可能会出现不同程度的损失，甚至可能导致决策错误，影响企业的再生产能力。

第三篇 金融资产风险管理

前面我们以互联网大金融为背景，站在金融市场的主体——投资者和融资者的角度，主要用实证法介绍了各种金融资产的价格。当然金融资产远远不止这些，笔者只是对一些自己从事过的细分金融行业有一些深刻的感悟并将其整理出来，也不一定准确，但目前市场上较少有文章从这些角度来论述金融的。普惠金融的推行一定要让金融这个以前看来似乎是很高深的东西走到大众的身边，要让在金融市场中每一个金融参与者都能够享受到金融的恩惠。我们在这里提供了一个思路，可以让每一个参与金融市场的人明明白白地知道自己的得到和付出。这一篇主要介绍风险管理，笔者从自己的理解出发阐述了对风险的管理，前面几章是基本面分析，站在中长期、宏观的角度；最后一章是介绍短期的技术面分析方法，这一类书比较多，笔者于 1999 年在银河证券工作时也出版过一套"中小散户股市宝典"（共 3 册，学林出版社），但技术分析是站在一系列假设上的，长期不可能完全准确，所以这一章只对一些流行比较广的技术分析方法作简要介绍，以供初学者参考。

# 第十六章　金融资产价格风险

## 一、风险的概念

"风险"一词的由来，最为普遍的一种说法是，在远古时期，以打鱼捕捞为生的渔民们，每次出海前都要祈祷，祈求神灵保佑自己能够平安归来，其中主要的祈祷内容就是让神灵保佑自己在出海时能够风平浪静、满载而归；他们在长期的捕捞实践中，深深地体会到"风"给他们带来的无法预测、无法确定的危险，他们认识到，在出海打鱼捕捞的生活中，"风"即意味着"险"，因此有了"风险"一词。而另一种说法是，"风险"（risk）一词是舶来品，有人认为来自阿拉伯语，有人认为来自西班牙语或拉丁语，但比较权威的说法是来自意大利语的"risque"一词。在早期的运用中，该词也被理解为客观的危险，体现为自然现象或者航海遇到礁石、风暴等事件。大约到了19世纪，在英文中开始使用"风险"一词，但常常用法文拼写，主要是用于与保险有关的事情上。现代意义上的"风险"一词，已经大大超越了"遇到危险"的狭义含义，而是指"遇到破坏或损失的机会或危险"，可以说，经过两百多年的演变，"风险"一词越来越被概念化，并随着人类活动的复杂性和深刻性而逐步深化，并被赋予了哲学、经济学、社会学、统计学甚至文化艺术领域的更广泛、更深层次的含义，且与人类的决策和行为后果联系越来越紧密，"风险"一词也成为人们生活中出现频率很高的词汇。

富兰克·奈特（Frank Hyneman Knight）在1921年出版的《风险、不确定性和利润》一书中，识别了世界演进环境的三种形态：确定性、存在风险和不确定性。

（1）确定性：该结果排除了任何随机事件发生的可能。

（2）存在风险：意味着不仅知道未来发生的所有可能结果，而且知道各种结果发生的概率的大小（知道未来的概率分布）。这种概率分布可能来自经验或者客观事物本身的规律，但在更多的情况下，它只是一种主观猜测，即人们往往引入主观概率，人为地为一种结果分配一个概率，则风险与不确定性的界限已经模糊。因此人们经常定义：风险指结果的不确定性。事实上，风险就是生产目的与劳动成果之间的不确定性，大致有两层含义：一层是定义强调了风险表现为收益不确定性，是经济学中的风险；而另一层是定义为管理学中的分析，它强调风险表现为成本或代价的不确定性。若风险表现为收益或代价的不确定性，说明风险产生的结果可能带来损失、获利或是无损失也不获利，属于广义风险。目前一般说的风险是指风险表现为损失的不确定性，金融风险属于此类，说明风险只能表现出损失，没有从风险中获利的可能性，属于狭义风险。风险和收益成正比，所以一般积极进取的投资者偏向于高风险是为了获得更高的利润，而稳健型的投资者则着重于安全性的考虑，为了安全而放弃部分利润。

（3）不确定性：不能预知事件发生的可能结果以及相应的可能性的大小。

无论如何定义"风险"一词，我们都要注意，风险都是针对未来的。

## 二、风险的类型

按照风险性质分类，风险可分为纯粹风险与投机风险两类。纯粹风险是指只有损失机会而无获利可能的风险。比如房屋所有者面临的火灾风险、汽车主人面临的碰撞风险等，当火灾、碰撞事故发生时，他们便会遭受经济上的损失。而投机风险是相对于纯粹风险而言的，是指既有损失机会又有获利可能的风险。投机风险的后果一般有三种：一是没有损失；二是有损失；三是盈利。比如在股票市场上买卖股票，就存在赚钱、赔钱、不赔不赚三种后果，因而属于投机风险。金融风险是指经济主体在金融活动中遭受损失的不确定性或可能性，包括市场风险、信用风险、流动风险、法律风险、操作风险和结算风险。而事件风险是指由重要的政治或经济事件造成可能损失的风险，后又将自然灾难与信誉风险包括进来。它囊括灾难风险、政治风险、信誉风险，其中政治风险是最重要的，它是指经济主体与非本国居民进行国际贸易与金融往来中，由于别国宏观经济、政治环境和社会环境等方面变化而遭受损失的可能性。

按照金融风险的性质，金融风险可分为系统风险与非系统风险。系统风险是指对所有资产（或经济主体）的收益都起影响的事件造成的风险，如利率的变动、股票指数的涨跌、汇率的变动、物价指数的变动导致的风险就是系统风险。非系统风险是指对单个资产（或经济主体）收益有影响的事件造成的风险，如某上市公司的产品进行了更换，或者该公司的工人有了劳资纠纷等导致的风险就是非系统风险。其中非系统风险可以通过分散化投资来消除。这种分类是当代投资组合理论的基石，也是风险管理的核心内容之一。

按照风险的诱因，金融风险可以分为：

（1）市场（价格）风险：由资产的市场价格的变动造成的风险。市场风险的量化较易进行。利率风险、汇率风险、股票价格风险、商品价格风险都属于市场风险。

（2）信用风险：债务人或交易对手未能履行合同所规定的义务或信用质量下降而造成损失的风险。贷款是信用风险的最主要领域。信用风险可产生于表内业务和表外业务，其中表外业务可能与市场风险相互交织在一起；当代信用风险可分为违约风险、信用等级降级风险和信用价差风险。

（3）结算风险：不能按期收到交易对手支付现金或其他金融工具而造成损失的风险。结算风险是信用风险的一种，特指进入支付阶段期内的信用风险，具有短暂性，通常 1~3 天。

（4）法律风险：金融机构签署的交易合同因不符合法律而得不到实际履约，从而给金融机构造成损失的风险。

（5）流动性风险：金融机构持有的资产流动性差和融资能力枯竭而造成的损失或破产的可能性。

（6）操作风险：经营操作过程中出现的风险，包括后台财务部门、交易过程、系统中的故障等。

# 三、风险管理的历史沿革

"风险管理"一词最早出现在《一般工业管理》一书中，是法国管理学家 Henry Fayo 提出来的。企业风险管理内涵演变的历史是从 20 世纪 50 年代的纯粹风险管理（风险内部抑制与保险）到 20 世纪 70 年代以后的财务风险管理（损失后融资），再过渡到 20 世纪 90 年代初的金融风险管理（套期保值与金融工程），最后是 20 世纪 90 年代末的全面风险管理（经济资本管理）。

首次进行金融风险管理系统研究的是布兰查德（Blanchard）和莫伯瑞（Mowbray），这两位经济学家在前人基础上，不断地完善金融风险管理体系。随着世界经济的不断发展，金融行业重要性的凸显，金融危机的爆发，激发了世界各国在金融风险管理方面更加系统化、专业化的研究。随着金融全球化的加深，金融风险发生的可能性越来越大，为了应对一切可能发生的危机，更多的研究者开始关注金融风险管理的系统化研究。

经典的金融风险管理的定义是 Christopher Marrison 在 *Fundamentals of Risk Management* 一书中提出的，C.A.Williams 与 R.M.Hens 在 *Risk Management and insurance* 中也提出了风险管理的定义，顾名思义，金融风险管理指的就是在金融业中，为确保金融行业的获利与资产而做的一切努力。随着世界经济与社会的发展，金融风险管理开始从保险业向其他行业不断发展。

风险管理始于保险界，其他领域的研究很少。受此影响，当时的风险管理针对的仅仅是纯粹风险，这导致风险管理的发展受到很大的限制。随着世界经济与社会的发展，金融环境日新月异，人们对于风险管理的认识越来越深刻，使其成为一门专门的学科。受理解力与认识力的影响，以及所处的行业与研究领域的不同，导致风险管理具有很大的不确定性。20 世纪 30 年代开始，欧洲的金融风险管理进入萌芽阶段。而 20 世纪 70 年代是金融风险管理的分水岭，在 70 年代以前风险管理主要依靠金融监管与制度设计，金融机构主要面对的是信用风险，而且信用风险管理主要是依靠管理者的经验和主观判断。在 70 年代以后，由于布雷顿森林体系的瓦解以及采取浮动汇率制、经济滞涨、货币政策的变化、金融自由化和金融创新（金融衍生品的构造）、中东战争等事件的影响，利率、汇率、原材料价格出现大幅波动，传统的企业管理难以应对环境的变化，金融机构越来越重视其他风险，同时金融风险管理也变得越来越重要。

20 世纪 80 年代是金融风险管理的重要阶段，出现了以量化风险为主的管理方法，如利率风险管理中的久期、金融工程等。而 20 世纪 90 年代则是金融风险管理的革命阶段，出现了 VaR（Value at Risk）革命、模型、模拟等。当前，风险管理的趋势与最新成果就是全面风险管理。

纵观金融风险管理中发生的重大事件，主要就是 20 世纪 90 年代末的亚洲金融危机、美国的次贷危机等，这些都极大地促进了金融风险管理的发展。为了应对经济的不稳定性，减少企业的损失，企业开始成立专门的金融风险管理部门。20 世纪 80 年代，我国就已经开始对金融风险管理进行研究，一些旅美学者将这一理念引入国内，并取得了良好的效果。自 1980 年国内恢复保险业务以来，我国研究与应用有关金融风险管理的人才越来越多。2008 年，五部委联合发布了《企业内部控制基本规范》，开启了对中国企业实施全面风险管理的序幕。目前，中国的金融风险管理正向着缜密性的知识体系发展，但重视理论分析，缺乏实际应用研究。因此，中国金融风险管理的研究还需要有关学者的继续努力。

金融风险管理涉及面广，如信用、市场以及其他各方面的风险管理都包含在内，自中国加入 WTO 后，我国逐步开放金融业，金融创新的力度不断加大，创新业务不断涌现，金融风险管理的各个方面都呈现出新的特点与发展趋势。

# 四、金融风险管理的程序

金融风险管理，是指金融市场参与者对其面临的金融风险进行衡量和控制，以使其获得最大收益，避免损失。风险和收益往往是相伴相随，一般来说风险越大，人们期望的收益也会越多，如何衡量和控制金融风险与收益之间的得失成为企业或组织极为关注的重点。金融风险管理的流程主要有以下几个步骤。

### 1. 风险识别

风险识别是指通过运用相关知识、技术和方法，对经济主体所面临的金融风险类别、受险部位、风险源、严重程度等进行连续、系统、全面的识别、判断和分析，从而为度量金融风险和选择合理的管理策略提供依据的动态行为或过程。其识别的主要内容在于确定风险类型（诱因或来源）和受险部位，做到有的放矢，了解各种潜在的风险，确定风险管理的范围，从而达到作为评估风险的基础并选择最佳风险处理方法的目的。贷款风险识别的具体问题如图 16-1 所示。

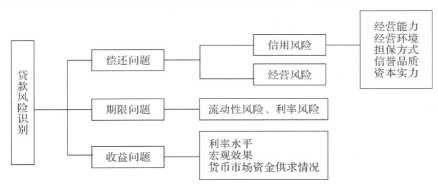

图 16-1  贷款风险识别

### 2. 风险评估

风险评估的内容包括估计经济损失发生的频率和测算经济损失的严重程度。信用风险的评估方法主要有 Zeta 法、Creditmetrics 模型和 KMV 模型；市场风险的评估方法主要有风险累积与聚集法、概率法、灵敏度法、波动性法、风险价值法（VaR 法）、极限测试法和情景分析法；操作风险的评估方法主要有基本指标法、标准化法、内部测量法和损失分布法。

### 3. 风险等级分类

风险等级分类就是根据风险识别和评估的结果，按照所面临的每种风险发生的频率和严重性，将其分别归入不同的"风险级别"。风险分类可以采用图像法，如

图 16-2 所示。

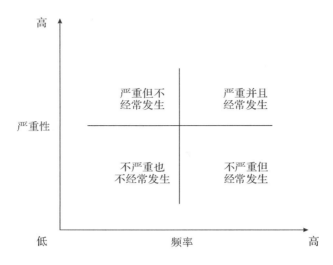

图 16-2　风险分类级别

### 4.风险控制

风险控制就是根据风险分类的结果、风险策略和对收益与成本的权衡，针对确需管理的风险，在诸多的风险管理的政策措施中作出选择，并具体实施与之相应的管理方法。

### 5.风险监控

风险监控就是按照风险政策和程序，对风险控制的运作进行监督和控制。

### 6.风险报告

风险报告就是定期通过管理信息系统，将风险及其管理情况报告给董事会、股东和监管当局。

# 五、控制风险的方法

风险管理的重点是风险控制，在风险管理过程中金融机构会做出一系列风险控制的措施，如制度建设，包括审贷分离制度、资产负债比例管理、风险内控体系、提取风险准备金、资本充足率等。具体可供选择的控制金融风险的措施如下：

（1）风险的预防：在损失发生之前，采取防范性措施，以防止损失的实际发生或在实际发生后采取补救措施。

（2）风险分散化：投资组合思想的运用，防止集中化，包括行业分散、个体分散、区域或国家分散。

（3）风险对冲：购买两种收益率波动相关系数为负的资产的投资行为，尤其完全对冲，比如套期保值。

（4）风险转移：采取其他合法的经济措施或通过购买某种金融产品将风险转移给其他经济主体承担，其主要做法是购买保险单、CDS（Credit Dafault Swap）等，适合于损失概率较小而损失金额较大的风险，基本上是纯粹风险。

（5）风险补偿：一是指损失发生之前的价格补偿，如提高贷款利率、期权费、保险费，其核心是风险定价；二是指事后的抵押、担保与保险等形式获取的资金补偿。

（6）风险规避：金融机构按照自己的风险偏好有意地规避风险。

（7）风险承担：对于必须承担的风险进行承担，以获得风险带来的收益。

在下面各章中，我们将选择和介绍一些金融资产常用的风险管理方法。

# 第十七章　金融资产风险转移

## 一、风险转移的概念与方式

### （一）风险转移的概念

风险转移是通过合同的方式将风险转嫁给另一个人或单位的一种风险处理方式。资产多样化只能减少经济主体承担的非系统性风险，对系统性风险则无能为力。风险转移是对风险造成的损失的承担的转移。

### （二）风险转移的方式

一般说来，风险转移的方式可以分为非保险转移和保险转移。

非保险转移是指通过订立经济合同，将风险以及与风险有关的财务结果转移给别人。在经济生活中，常见的非保险风险转移有 CDS、租赁、互助保证、基金制度等。

## 二、保险转移

### （一）保险的概念

保险是一种经济制度，是集合同类风险单位以分摊损失的一种经济制度。其手段是集合大量同类风险单位；作用是损失的分摊；目的是补偿损失以确保经济生活安定。

保险转移是指通过订立保险合同，将风险转移给保险公司（保险人）。个体在面临风险的时候，可以向保险人交纳一定的保险费，将风险转移。一旦预期风险发生且造成了损失，则保险人必须在合同规定的责任范围内进行经济赔偿。

由于保险存在着许多优点，所以通过保险来转移风险是最常见的风险管理方式。需要指出的是，并不是所有的风险都能够通过保险来转移，因此可保风险必须符合一定的条件。

保险体现两个方面的经济关系：

一是投保人与保险人之间的商品交换关系；

二是投保人和保险人之间，体现的是国民收入的一种再分配关系。

从法理学看，保险是一种合同行为，反映投保人与保险人之间的权利和义务关系。从风险管理的角度看，它是一种风险转移机制。经济单位通过参加保险将风险转移给保险公司，以确定的小额支出代替经济中较大损失的不确定性。

### （二）保险产生的条件

（1）特定风险事故的存在。这种风险事故具有偶然性，表现为：

①风险事故发生与否不确定；

②发生的时间不确定；

③发生的结果不确定。

（2）补偿损失，安定经济生活。这是保险的目的。对于具体的保险合同，以损失补偿为主要功能；对于整个保险业，以安定经济生活为最终目标。

（3）集合众多的风险单位。集合风险的方法有两种：

①直接集合：面临同样风险的经济单位，建立互助团体，基本精神是"一人为众，众人为一"。形式如互助团体，相互保险。

②间接集合：由第三方作为保险经营主体，通过购买保险将风险转移给保险公司。

（4）保费负担，公平合理。保费必须与所转移的风险相一致（商品交换的原则），主要体现为：

①保险金额高，保费高；

②损失率高，保费高；

③保费的计算，要将同类风险因素进行组合，因为不存在完全相同的风险。

### （三）可保风险条件（保险的适用情形）

可保风险条件是指可以用保险的方法转移的风险特点。

（1）风险是纯粹风险而非投机风险，投机风险一般是无法保险的，原因如下：

①投机风险有获利的可能，使风险的预测变得困难。

②投机风险有时表现为基本风险。

③投机风险造成的损失有时并非意外。

④投机风险事故的发生，对某些人可能是损失，但对全社会而言，可能并无损失。

例外情形也是存在的，如相互基金保险允许互助基金的股份购买保险。

（2）风险事故的发生是意外的，但风险损失本身是可以确定的。

①风险事故的发生是意外的，即被保险人不能控制。

②损失本身是可以确定的，是指损失的可测性，即损失必须在时间、地点、原因以及数额上都能够明确而可鉴定。

③风险损失幅度不能太大，也不能太小。太小，从经济角度而言，损失可以承受，没有必要；太大，巨灾风险超出保险人承保能力。

④大量独立同质风险单位存在。

在现实中，可保条件是相对的，对于不满足这些条件，可以通过再保、共保方式增加风险单位或使风险单位独立，使之满足这些条件而成为可保风险。

## （四）保险的购买

### 1. 基本过程

保险购买的基本过程是：①选择保险险种；②确定保险金额；③议决投保程度；④研究保险费率；⑤选择保险机构；⑥推敲保险条款。

### 2. 选择保险险种需要考虑的问题

（1）了解经济单位下所面临的风险及其性质、特征；

（2）了解当前保险市场的供给状况；

（3）对于一些保险市场上没有的险种，而又确需转移，可以同保险人协商订立单独保险合同，实现风险转移。

### 3. 确定保险金额

保险金额指保障程度，是保险人承担的最高赔偿限额；保险价值指保险对象（财产或人身）的实际经济价值，或者市场价值。

（1）财产保险

财产保险原则上是以财产价值或风险的年度最大可能总损失为基础来确定保险金额。其方式有：①定值方式：适用在保险有效期内市场价格变化比较大，或者本身价值难以确定的财产。②不定值方式：保险合同只载明保险金额，保险事故发生时，按照保险财产的实际价值和保险金额的关系进行赔偿。③重置价值方式：它是火灾保险的一种发展，其价值有可能大于原价，因此是保险补偿原则的例外。④原值或原值加成方式：这种方式与固定资产和流动资产确定的方式是不一样的。对于固定资产，以其明细卡为依据确定其原值；对于流动资产，可以用最近 12 个月的平均账面余额作为原值。

（2）人身保险

人身保险有两种方式：①生命价值法。②需要法，通常的需要包含：丧葬费、债务、疾病与伤害的医疗、子女教育费、家属生活费、退休后的生活费、储蓄等。对于企业关键人物的保险，按其重要程度确定保险金额；因债权债务关系而需要的保险，保险金额不得超过债务额度。

**4. 议决投保程度**

议决投保程度是指安排部分保险。

（1）购买保险的原因

购买保险的原因有两方面：一是外部的强制力量；二是内部原因，主要是以经济单位的风险决策为基础，是若干风险处理手段的组合或者选择的结果。

（2）部分保险的本质与分类

①本质是风险转移与风险自留的结合。

②部分保险有三种方式：不足额保险，保险金额小于保险价值，保险人先承担风险，超过部分由经济单位承担；自负额保险，经济单位先自行承担一小部分风险损失，以保险人承担风险为主；限制损失保险（停止损失保险），以自保为主，自保与巨灾保险相结合。

不足额保险是一种特殊形式的共同保险。其优点：对于保险人而言，可以增强被保险人责任心，减少保险损失；对被保险人而言，可以降低保险费。其缺点：被保险人得不到十足的保障。

自负额保险分为绝对免赔额（固定式免赔额）、相对免赔额（起赔式免赔额）、隐藏式免赔额等，其中前两种是最常见的。

③部分保险的适用情形：

（a）绝大多数风险都需要安排部分保险而不是全部保险，因为对于较小的风险安排风险自留能够节约保险费。

（b）经济单位的业务活动分散在不同地方，这时所有资产同时发生全损的概率非常小，经济单位没有必要将财产的全部价值进行投保。

（c）经济单位已经积累了一笔较大的意外损失基金。

④安排部分投保存在的困难（限制因素）：

（a）损失的实际自负额与预期的损失经验不同。

（b）双方对于保险费难以达成一致意见。

### 5. 研究保险费率

（1）保险费率包括纯费率和附加费率组成。其中附加费率包括工资、业务管理费、代理手续费、税金、利润等。

（2）保险费率就是保险这种商品的价格，其特征有：

① 保险费率的厘定在实际成本发生之前。

② 保险费率受到政府管制的程度远超过一般商品。

③ 没有一般商品"一手交钱，一手交货"的一一对应关系。

④ 在购买同一保险商品时，不同的人可以支付不同的价格（风险不同）。

（3）保险费率厘定的原则：①保证补偿（积累的保险费能够补偿损失）；②公平合理；③相对稳定；④促进防损。

（4）保险费率厘定的基本方法：判断法、分类法、增减法等。

### 6. 选择保险机构（市场的一方）

（1）需要着重考虑的因素：

①保险人的财务实力，是首要因素。

②保险人的服务与信用。

③对于保险代理人、经纪人也要慎重选择。

（2）保险机构分类：

①政府经办的保险，可分为两类：任意保险和强制保险。

②合作保险。

③公司经营保险。

④个人经营保险。

公司经营保险、个人经营保险以盈利为目的，政府经办的保险、合作保险不以盈利为目的。

（3）合作保险与公司保险（个人保险）的区别：

①公司保险中，被保险人与保险人完全分离，全体股东掌握保险公司的管理权；保险合作组织中，被保险人也是保险人，可以参与保险管理。

②保险公司的利润由股东分享，合作保险的利润则分配给被保险人。

③有的保险合作组织采取事后摊收保费的办法，保险公司不这样做。

### 7. 推敲保险条款

推敲保险条款要做到以下几方面：

（1）明白保险责任：通常保险责任分为基本责任、特约责任和除外责任。

（2）最好能参与起草保险合同，而不是被动地接受保险合同。

　　保险合同已实现标准化了，其依据制定的主体不同可以分为同业协议保单和法定保单。法定标准化有两种情况：保险单条款文字标准化和保险单条款一部分标准化。

　　（3）要了解保险合同中的权利和义务。义务分两种情况：①投保时，有向保险人或其代理人如实告知有关投保标的一切重要事实。②保险合同订立后，应按期缴费、保护标的、风险增加的通知、保险事故发生时通知以及协助向有责任的第三方追偿等义务。

## （五）保险转移的优缺点

### 1. 保险转移的优点

（1）补偿风险损失，保障经济生活安定。

（2）减少不确定性，促进资源配置。

（3）为社会提供长期资本来源。

（4）提供风险管理服务。

### 2. 保险转移的缺点

（1）机会成本增加。

（2）保险谈判常常耗费较多的时间和精力。工程保险合同的内容较复杂，保险费没有统一的固定费率，需要根据特定建设工程的类型、建设地点的自然条件、保险范围、免赔额等加以综合考虑。

（3）在进行工程投保以后，投保人可能麻痹大意而疏于管理，以致增加初阶损失和未投保损失。

## （六）保险的索赔与理赔

### 1. 索赔（投保人的行为）

索赔过程中投保人应尽到的义务：

（1）积极施救：施救费用只要在保险金额范围内，由保险人承担，在损失赔偿金额以外另行计算。如果不施救，扩大部分损失保险不承担责任。

（2）损失通知：要求迅速及时，一般以书面形式通知。

（3）现场保护。

（4）损失举证：提供有关证明文件，提供文件证明的相关费用由被保险人负担。

索赔时效：在我国寿险最长5年，寿险以外险种最长2年。

## 2. 理赔

理赔的过程如下：

（1）确定理赔责任（时间、地点、保险受益人、保险标的、风险范围）。

（2）查勘定损（验证第一项的内容，并确定损失的大小）。

（3）给付保险金，一般在协议后10日内。

（4）损余处理及代位追偿：一般将损余物折价归被保险人，并从赔款中扣除。如果损失是由第三者造成的，保险人在赔付保险金后，取得向第三者代位追偿的权利。这一原则不适用于人身保险。

（5）注销保单或变更保额：如果只发生部分损失，可以分以下两种情况处理：

①双方终止保险合同。

②合同继续有效，新的保险金额等于原保险金额减去已给付的保险金。

# 三、非保险风险转移

## （一）非保险风险转移的方式及优缺点

非保险转移是指将某种特定的风险转移给专门机构或部门，如将一些特定的业务交给具有丰富经验技能、拥有专门人员和设备的专业公司去完成；在对外投资时，企业可以采用联营投资方式，将投资风险部分转移给参与投资的其他企业；对企业闲置的资产，采用出租或立即售出的处理方式，可以将资产损失的风险转移给承租方或购买方。

非保险转移风险对策的优点主要体现为：一是可以转移某些潜在损失，如物价上涨、法规变化、设计变更等引起的投资增加；二是被转移者往往能较好地进行损失控制，如承包商相对于业主能更好地把握施工技术风险，专业分包商相对于总包商能更好地完成专业性强的工程内容。

不过，非保险转移也有缺点。因为双方当事人对合同条款的理解发生分歧而导致转移失效，或因被转移者无力承担实际发生的重大损失而导致仍然由转移者来承担损失的可能性也是存在的。

## （二）商业合同

企业发生风险，利用合同可以转移风险。例如，企业之间发生业务往来，利用商业合同可以转移风险，而且还可以获得转移风险的赔偿资金。商业合同对违约惩罚的约定，就可以将风险转移出去。又例如，企业发生风险事故、缺乏资金时，商业银行可以向发生损失的风险管理单位提供贷款，这是非保险融资的另一种方式。随着保险公司业务的发展和扩大，其拥有的资金越来越多，保险公司向发生风险的单位提供贷款，也可以解决风险单位遇到的资金紧张问题。商业银行依据合同规定的内容向风险融资计划提供财务担保是银行融资的又一种方式。托收体系和信用证就是商业银行向风险管理单位提供融资服务的例子。托收体系是一种体制安排，银行通过处理交易文件来方便商业交易的进行，如提货单、即期汇票、支票、房地产证明和保险凭证等。随着商业活动的日益全球化，托收服务的重要性越来越凸显。一旦商业合同成为国际合同，合同双方就会面临巨大的风险。例如，是否按期交付货款的风险、外汇汇率风险等，一些大型的商业银行可以为风险管理单位提供这些风险管理服务。信用证是商业部门和政府部门担保风险的工具，是一种对某种支付义务进行担保的银行机制，是银行对承诺人的支付进行的一种担保。

### （三）保证合同

保证合同是指保证人对被保证人因其不履行某种义务而导致权利人的损失予以赔偿的一种书面合同。保证合同中涉及了保证人、被保证人和权利人三方当事人。借助保证合同，权利人可以将被保证人违约的风险转移给保证人。一旦发生合同规定的损失，权利人可以从保证人处获得经济损失的赔偿。保证的目的在于，担保被保证人对权利人的忠实和有关义务的履行。保证合同具有以下特点：

（1）保证合同具有从属性。保证合同从属于主合同。保证合同是为担保主合同设立的，主合同不成立，保证合同也不成立；主合同消灭，保证合同随之消灭。保证合同的担保数额，不得大于主合同标的的数额。

（2）保证合同具有相对独立性。主合同为主债权人和主债务人之间的法律关系，而保证合同是主债权人与保证人之间的法律关系。保证合同无效，不影响主合同的法律效力。保证合同有独立变更和消灭的原因。

（3）保证合同具有补偿性。保证合同的补偿性是指被担保的债务不履行时，保证合同才发生履行的效力。保证合同分为忠诚保证和合同保证。如果发生被保证人不诚实行为，如偷盗、诈骗、隐匿、伪造等行为，致使权利人遭受损失时，由保证人负赔偿责任；同时，保证人可以向被保证人追偿其遭受的损失。

### （四）融资租赁合同

融资租赁合同是指出租人根据承租人的租赁要求和选择，出资向供货商购买租赁物，并出租给承租人使用，承租人支付租金，并可在租赁期限届满时，取得租赁物的所有权或者选择续租。融资租赁合同中，出租人的最主要任务是为承租人融通资金，购买租赁物，而对租赁物的质量、维修保养责任、损坏责任等按合同规定承担或不承担责任。对于承租人来说，既取得了租赁财产的使用权，又节省了资金，如果有部分转租的话，还可以取得一定的经营收入。

## （五）CDS

### 1. 什么是 CDS

CDS 即信用违约互换，又称信贷违约掉期，也叫贷款违约保险，是信贷衍生工具之一，合约由两个法人交易，一个称为买方（信贷违约时受保护的一方），另一个称为卖方（保障买方在信贷违约时的损失）。当买方在有抵押下借款给第三者（欠债人），而又担心欠债人违约不还款，就可以向信贷违约掉期合约提供者买一份有关该欠债人的合约。通常这份合约需定时供款，直至欠债人还款完成为止，否则合约失效。倘若欠债人违约不还款（或其他合约指定情况，令人相信欠债人无力或无打算按时还款），买方可以拿抵押物向卖方索偿，换取应得欠款。卖方所赚取的是欠债人依约还款时的合约金。CDS 合约期限根据双方约定典型的为五年。

### 2.CDS 的功能

金融衍生工具涉及的风险有市场风险、信用风险、流动性风险、操作风险、结算风险、法律风险六类。其中，信用风险是影响资金融通的主要风险之一，它是指借款方不能按期支付利息、本金或赎回债券的风险。CDS 是一种为回避信用风险而设计出来的一款信用衍生产品。它本质上是交易双方为实现信用风险在他们之间的转移而签订的合约。根据合约，在合约期限内，买方按期向卖方支付一定的费用，卖方则承诺当合约中所指的特定资产（称为参照资产）发生规定的信用事件时，向买方全额赔付参考资产的面值总额。

CDS 可以解决银行信用集中问题。例如，某银行的贷款组合中的 20% 集中于欧洲的零售业务，显然风险比较集中。假定该银行不承担拉美采矿公司的风险，并且，两者的违约相关性较低。在此情况下，该银行可以买入一个信用违约互换，以规避其一部分欧洲零售业务的风险，同时出售一个关于拉美采矿公司的信用违约互换，使其出售信用保护所得的收益等于欧洲零售业务风险所耗费的成本，从而通过分散化来增加银行的风险回报。再例如，某银行的一个主要客户要求银行给他一笔较低利率的贷款，而银行迫于贷款限制的约束（如信贷限额的限制、贷款集中度的限制）或贷款无利可图，不得不拒绝这笔贷款，同时银行也会失去客户。但一个信用违约互换可以解决这一难题。

### 3. 衍生功能——投机

在现实的金融市场上，由于金融危机的爆发，风险转移 CDS 的功能已严重异化，从设计之初为金融资产持有方因存在违约风险而购买，到成为保值和规避风险的保险工具，异化为追求利润的金融机构的投机工具，它实际上已经成为信用保险合约买卖双方的对赌行为。合约双方赌的就是信用违约事件是否出现，这种对赌的行为早已远远超出 CDS 设计的初衷。CDS 产品异化为投机工具，而且带有强烈的投机目的，投资者倾向于订立更加个性化、复杂化的合约，从自己需求的角度来向投资银行"订购"各种合约，并且是向第三人转让合约而不是等待到期履约，从根本上颠倒了金融市场上从供给到需求的交易机制，其投机本质暴露无遗。此次金融危机的爆发原因之一，正是由于 CDS 成为一种投机工具而造成的，当风险来袭之时，这些形式上看似完美的避险工具实则形同虚设，不但不能保值避险，反而加剧了信用危机的形成，进而形成了金融危机。

著名经济学家宋清辉表示，CDS 可以看作是一种风险对冲、管理流动性风险的工具。CDS 的确有防止引发系统性风险的积极作用，一旦真的发生系统性风险，许多金融机构会被牵扯进来，后果难以预料，这可以从美国次贷危机的教训中看出来。而从资本缓释角度来讲，CDS 有助于缓释银行资本风险，丰富资本市场投资渠道。

民生证券相关研究人员表示，CDS 有助于缓解银行"惜贷情绪"，盘活银行资产。商业银行"惜贷"严重阻碍了资金的合理流动，降低了资金的使用效率，进而减缓了经济发展的速度。

### 4.CDS 的优缺点

（1）优点

CDS 的优点体现在增加市场的信贷资金。当前我国银行是市场资金的主要提供者，但银行因为自身在风控、各项指标上有限制，因此存在惜贷现象，不愿意往外贷款。CDS 可以使得银行把信贷风险释放出去。

CDS 为资金放款方提供了信用风险的转移渠道，有利于银行采用精准风险管理工具，而无须出售信贷、债券或者频繁更替资产组合。通过表外业务支持，CDS 可以在不减少资产规模的前提下降低信贷风险。这对当前我国银行仍在追求规模，又希望降低信用风险的管理理念来说，不失为一个好的应用工具。

由于 CDS 买方实际上提供了参照实体的保险，因此，通过提供 CDS，弱评级公司为其贷款方提供了担保措施，从而可以间接降低融资成本。例如，此前山西金融办准备筹建山西信用增进投资公司，通过 CDS 为山西省煤企增信，扩大债券融资。此外，CDS 由于其规模性、流通性显著高于参照债券，因此它能够给现券的持有者提供一个担保渠道，更好地管理所持有债券的风险。

特别是在完善的金融市场中，识别风险的金融工具必不可少。如果只能做多，不能做空，市场资产泡沫便难以发现，一旦回落，幅度更为剧烈。CDS 的票息对市场信息更加动态化。研究发现，CDS 票息比评级公司的评级更能够反映参照实体的风险变化。由于 CDS 提供了更为敏捷的现券价格发现渠道，因此，CDS 使得对冲现券持有的信用风险成本下降，也使得现券的价格能保持在合理的区间。

（2）缺点

CDS 的主要缺点体现在 CDS 买方在转移信用风险之后仍然保持着对债务人的话语权，特别是如果参照实体发生破产或债务重组，这个弊端更加明显。

CDS 的另一个缺点是裸空。针对 2008 年金融危机的研究发现，80% 的 CDS 合约是裸空。欧盟市场在危机后已经开始禁止裸空的投机活动。

CDS 虽然可以增加市场信贷资金的投入，但也有人认为，这会促使银行增加对高风险项目的放贷，降低放贷质量，也容易促使银行放贷后跟踪，产生道德风险。

CDS 是场外双边交易，缺乏交易所产品的标准性，具有重大的交易对手风险。在危机后，监管部门开始加强中央清算中心的监管，极大地控制了交易对手风险，同时对市场规模和潜在风险有了及时的监控。

# 第十八章　金融资产价格风险对冲

## 一、风险对冲的定义

风险对冲也称套期保值，是指通过投资或购买与标的资产收益波动负相关的某种资产或衍生产品，来冲销标的资产潜在的风险损失的一种风险管理策略。风险对冲是管理利率风险、汇率风险、股票风险和商品风险非常有效的办法。与风险分散策略不同，风险对冲可以管理系统性风险和非系统性风险，还可以根据投资者的风险承受能力和偏好，通过对冲比率的调节将风险降低到预期水平。利用风险对冲策略管理风险的关键在于对冲比率的确定，这一比率直接关系到风险管理的效果和成本。

金融远期与期货交易不仅是一种风险转嫁的手段，同时也是对冲风险的工具。套期保值者通过在远期、期货市场上建立与现货市场相反的头寸，以冲抵现货市场价格波动的风险。

就金融机构而言，风险对冲可以分为自我对冲和市场对冲两种情况。自我对冲是指金融机构利用资产负债表或某些具有收益负相关性质的业务组合本身所具有的对冲特性进行风险对冲，典型的方法是久期缺口管理，其是资产负债比例管理的一种，注重的是利率风险管理。市场对冲是指对于无法通过资产负债表和相关业务调整进行自我对冲的风险，其只能通过外部的衍生产品市场进行对冲。

假如你在 10 元价位买了一只股票，这个股票未来有可能涨到 15 元，也有可能跌到 7 元。你对于收益的期望也不太高，但更希望即使股票下跌也不要亏掉 30% 那么多。你要怎么做才可以降低股票下跌时的风险呢？

一种可能的方案是：你在买入股票的同时买入这只股票的认沽期权——期权是一种在未来可以实施的权利（而非义务），如这里的认沽期权可能是"在一个月后以 9 元价格出售该股票"的权利；如果一个月以后股价低于 9 元，你仍然可以用 9 元的价格出售，期权的发行者必须照单全收；当然如果股价高于 9 元，你就不会行使这个权利（到市场上卖更高的价格岂不更好）。由于给了你这种可选择的权利，期权的发行者会向你收取一定的费用，这就是期权费。

原本你的股票可能给你带来 50% 的收益或者 30% 的损失。当你同时买入执行价为 9 元的认沽期权以后，损益情况就发生了变化，可能的收益变成：（15 元－期权费）／10 元 。而可能的损失则变成：（10 元－9 元＋期权费）／10 元 。这样潜在的收益和损失都变小了。通过买入认沽期权，你付出了一部分潜在收益，换来了对风险的规避。

# 二、对冲模式

按市场风险的诱因和资产种类，常用的对冲模式可分为股指期货对冲、商品期货对冲、汇率风险对冲、利率风险对冲、统计对冲、期权对冲。

## （一）股指期货对冲

股指期货对冲是指利用股指期货市场存在的不合理价格，同时参与股指期货与股票现货市场交易，或者同时进行不同期限、不同（但相近）类别股票指数合约交易，以赚取差价的行为。股指期货套利分为期现对冲、跨期对冲、跨市对冲和跨品种对冲。

## （二）商品期货对冲

与股指期货对冲类似，商品期货同样存在对冲策略，在买入或卖出某种期货合约的同时，卖出或买入相关的另一种合约，并在某个时间同时将两种合约平仓。在交易形式上它与套期保值有些相似，但套期保值是在现货市场买入（或卖出）实货，同时在期货市场上卖出（或买入）期货合约；而套利对冲只在期货市场上买卖合约，并不涉及现货交易。商品期货套利主要有期现对冲、跨期对冲、跨市场套利和跨品种套利 4 种。

## （三）统计对冲

有别于无风险对冲，统计对冲是利用证券价格的历史统计规律进行套利的，是一种风险套利，其风险在于这种历史统计规律在未来一段时间内是否继续存在。统计对冲的主要思路是先找出相关性最好的若干对投资品种（股票或期货等），再找出每一对投资品种的长期均衡关系（协整关系），当某一对品种的价差（协整方程的残差）偏离到一定程度时开始建仓——买进被相对低估的品种、卖空被相对高估的品种，等到价差回归均衡时获利了结。统计对冲的主要内容有股票配对交易、股指对冲、融券对冲和外汇对冲交易。

### （四）期权对冲

期权，又称选择权，是在期货的基础上产生的一种衍生性金融工具。从其本质上讲，期权实质上是在金融领域将权利和义务分开进行定价，使得权利的受让人在规定时间内对于是否进行交易行使其权利，而义务方必须履行。在期权的交易中，购买期权的一方称为买方，而出售期权的一方则称为卖方；买方即权利的受让人，而卖方则是权利的义务人，它是必须履行买方行使权利的义务人。期权的优点在于收益无限的同时风险损失有限，因此在很多时候，利用期权来取代期货进行做空、对冲交易，会比单纯利用期货套利具有更小的风险和更高的收益率。

期权的套期保值常用的是 $\delta$ 对冲。假定一个组合由与某一标的资产有关的 $n$ 项资产组成，它们的单位价值分别为 $V_i$，它们的份数分别为 $x_i$，则组合的价值为：

$$V=x_1V_1+x_2V_2+\cdots+x_nV_n$$

当标的资产的价格 $s$ 变化时，要使组合的价值不变，必须使

$$\frac{\partial V}{\partial s}=0$$
$$\frac{\partial V}{\partial s}=x_1\delta_1+x_2\delta_2+\cdots+x_n\delta_n=0$$

求出上面方程的解 $x_i$，然后按权重 $x_i$ 构造投资组合，即为 $\delta$ 对冲。

## 三、商品期货市场的对冲交易

### （一）期货和现货的对冲交易

期货和现货的对冲交易，即同时在期货市场和现货市场上进行数量相当、方向相反的交易，这是期货对冲交易的最基本的形式，与其他几种对冲交易有明显的区别。首先，这种对冲交易不仅是在期货市场上进行，同时还要在现货市场上进行，而其他对冲交易都是期货交易。其次，这种对冲交易主要是为了回避现货市场上因价格变化带来的风险，而放弃价格变化可能产生的收益，一般被称为套期保值。而其他几种对冲交易则是为了从价格的变化中投机套利，一般被称为套期图利。当然，期货与现货的对冲也不仅限于套期保值，当期货与现货的价格相差太大或太小时也存在套期图利的可能。只是由于这种对冲交易中要进行现货交易，成本比单纯

做期货要高，且要求具备做现货的一些条件，因此一般多用于套期保值。

### （二）不同交割月份的同一期货品种的对冲交易

因为价格是随着时间而变化的，同一种期货品种在不同的交割月份因价格不同而形成价差，而且这种价差也是变化的。除去相对固定的商品储存费用外，这种价差由供求关系的变化决定。通过买入某一月份交割的期货品种，卖出另一月份交割的期货品种，到一定的时点再分别平仓或交割，因价差的变化，两笔方向相反的交易盈亏相抵后可能产生收益。这种对冲交易简称跨期套利。

### （三）不同期货市场的同一期货品种的对冲交易

因为地域和制度环境不同，同一种期货品种在不同市场的同一时间的价格很可能是不一样的，并且也是在不断变化的。这样在一个市场做多头买进，同时在另一个市场做空头卖出，经过一段时间再同时平仓或交割，就完成了在不同市场的对冲交易。这样的对冲交易简称跨市套利。

### （四）不同的期货品种的对冲交易

不同的期货品种的对冲交易的前提是不同的期货品种之间存在某种关联性，如两种商品是上下游产品，或可以相互替代等。品种虽然不同，但反映的市场供求关系具有同一性。在此前提下，买进某一期货品种，卖出另一期货品种，在同一时间再分别平仓或交割完成对冲交易，简称跨品种套利。

# 四、外汇风险的对冲

对冲在外汇市场中最为常见，重在避开单线买卖的风险。单线买卖就是看好某一种货币就做多，看淡某一种货币就沽空。如果判断正确，所获利润自然多；如果判断错误，损失亦会较对冲更大。

对冲，就是同一时间买入一外币，做多；另外，亦要沽出另外一种货币，沽空。理论上，做多一种货币和沽空一种货币，要起码一样，才算是真正的对冲盘，否则两边大小不一样就做不到对冲的功能。

这样做的原因，是世界外汇市场都以美元为计算单位。所有外币的升跌都以美元作为相对的汇价。美元强，即外币弱；外币强，则美元弱。美元的升跌影响所有外币的升跌。所以，若看好一种货币，但要降低风险，就需要同时沽出一种看淡的货币，即买入强势货币，沽出弱势货币。

## （一）外汇对冲的方法

外汇对冲交易是一个比较常见的交易，具有以下几种：

（1）同一种货币对之间的对冲，许多交易者在下单时会先利用对冲来交易某个货币对，当某一方向赚很多钱时，平仓，然后再慢慢地等着亏损的单子平仓。

（2）不同货币对之间的对冲，比如做空欧元兑美元，进而买入英镑兑美元，做多纽元兑美元，做空澳元兑美元等。

（3）网格对冲交易法，这是一种在智能交易中被经常用到的方法，其利用某一个固定的差价间隔来进行对冲交易。

## （二）外汇对冲案例

客户的单子进入做市商的系统后，做市商会首先进行多头头寸和空头头寸之间的内部对冲，然后将余下的净头寸拿到他们所依附的银行或者交易所上对冲（交易）；也可以部分对冲或者干脆不对冲，拿自己公司的钱与客户做对手交易，这就属于"对赌"的范畴。

例如，某家外汇经纪商收到客户 1000 手买入欧元／美元的指令和 800 手卖出欧元／美元的指令，那么内部对冲后余下 200 手欧元／美元的净多头头寸，但是该经纪商愿意承担这部分头寸的市场波动风险，并没有把这 200 手欧元／美元净多头头寸放到银行或交易所上做交易，而是自己做了个 200 手欧元／美元的空头单，这就叫做和客户"对赌"。这样，由于单子全部在内部消化掉了，经纪商就不用向银行或交易所支付点差或佣金。如果欧元／美元上涨，那么 200 手买单的客户赢利就由经纪商支付；反之，客户输的钱就归经纪商所有。从理论上而言，如果经纪商没有控制住风险，在几次和客户的大型对赌中失败，则有可能破产清算。但在美国相关法律法规中并没有硬性规定如何管理对冲风险，而事实上也无法有效控制对冲或对赌的行为，因为任何客户都有权和客户进行交易，而银行也是客户之一，也有权和客户进行同等的交易，以获取稳定点差收益之外的额外投机性收益。

可见，如果客户的单子能及时、完全对冲掉，那么做市商几乎不用承担额外的市场风险，获得的收益比较稳定，所有的点差和佣金都归其所有。但是，现实中做市商一般或多或少地会进行对赌，这加大了其本身的风险。这种对冲（对赌）模式的存在，意味着在某些特定时段（比如美国有重大数据公布，或者市场价格剧烈波动时），投资者可能经常无法连接到经纪商的交易系统进行有效迅速的交易，因为此时经纪商很难在有限成本区间内及时地把市场风险转嫁出去，所以干脆限制客户下单或者采用一些其他的方式，来阻止客户进行交易。

# 五、股票指数期货的对冲交易

对冲交易简单说就是做一个投资组合，同时买涨和买跌，结果就是无论市场是上涨还是下跌总有一边在赚钱一边在亏钱，只要赚钱的幅度大于亏钱的幅度，整体就能获利。以下重点介绍几种对冲交易的盈利模式。

## （一）股票配对交易

选择同行业的两只股票，买进一只优质股同时融券卖空一只绩差股，未来市场如果出现上涨，优质股比绩差股涨得快，优质股的收益中扣除绩差股的损失整体仍能获利；未来市场如果出现下跌，优质股比绩差股跌得慢，绩差股的收益中扣除绩优股的损失整体仍能获利。实际操作中通过量化的数学模型可以更准确地把握进出的时间，从而节省时间成本和利息成本。

例如，江西铜业与云南铜业属于同一行业，具备同涨共跌的特性，符合配对交易的基本条件。2011 年 11 月 16 日，交易系统提示短期江西铜业有弱于云南铜业的趋势，此时可进行套利，按收盘价买进云南铜业，融券卖空江西铜业，截至 11 月 29 日，云南铜业下跌了 1.5%，江西铜业下跌了 4%，证券买入亏损 1.5%，融券卖出获利 4%，扣除 0.5% 的利息支出，整体获得低风险收益 2%。

## （二）期现套利

由于每个月的交割日股指期货与沪深 300 指数最后完全一致，当股指期货和沪深 300 指数一旦出现不合理的差价时，就可以通过复制沪深 300 指数买进指数基金组合或是股票组合，同时卖空股指期货来获得无风险收益。2010 年该操作的年化收益率可达 20%，但由于参与的机构越来越多，2011 年年化收益率已经被压缩到 10% 以下。

例如，2011 年 10 月 25 日，股市行情非常火爆，期指合约出现非理性拉升，当日沪深 300 指数收盘与期指合约收盘相差 125 点时进场套利，买入沪深 300 指数基金（实际操作是买入上证 180ETF 和深圳 100ETF 组合），同时按一定比例卖空股指期货。随后几天价差迅速缩小，获取整体无风险收益 3%。

## （三）阿尔法套利（α 套利）

区别于期现套利，阿尔法套利不完全复制沪深 300 指数，使用强于沪深 300 指数的指数基金组合或是股票组合进行套利。

例如，2011 年 8 月下旬，交易系统提示，金融股整体开始强于沪深 300 指数，选择买入金融股比重最大的 50ETF 指数基金或者一篮子券商股组合，同时卖空股指期货进行套利，随后一个月获取 2% ~ 10% 的与指数涨跌无关的低风险收益。

## （四）利用期指对股票资产套保

股票收益来源于两块：与公司内在价值相关的阿尔法收益及与指数相关的贝塔收益（β 收益）。在指数出现不确定性风险时可以利用卖空期指进行过滤，实现长期稳健的价值投资。

例如，2015 年 11 月中旬上证指数收于 3000 点附近，根据光大证券的研究，大盘此时存在不确定的系统性风险，客户账户上持有的股票由于未来还有上涨的潜力不愿意卖出，建议客户按一定比例卖空期指套保，随后系统性风险果真出现，上证指数一路下跌到 2820 点附近，下跌幅度达到 6%，股票账户总市值下跌了 3.9%，此时套保的效果就体现出来了，股指期货账户获利扣除股票账户损失整体仍有盈利，取得较好的效果。此后在指数企稳后平仓期指空单，等待股票账户升值。

# 第十九章　金融资产价格风险规避（顺应经济周期）

要探寻金融资产价格与经济周期之间的内在联系，还是需要先对经济周期进行全方位的理解。经济周期也称商业周期、景气循环。它是指经济运行中周期性出现的经济扩张与经济紧缩交替更迭、循环往复的一种现象，是国民总产出、总收入和总就业的波动，是国民收入或总体经济活动扩张与紧缩的交替或周期性波动变化。

## 一、周期的发现

与现在的研究趋势不同，人们对经济周期最初的了解并不是来源于系统的学术研究，而是源于生活的发现和总结。古典经济学派由于信奉萨伊定律——"供给能自动地创造需求"，认为市场完全由供需所决定，把经济动荡都归结于政治、战争、农业歉收、气候恶化等原因，因此供需以外的要素得不到充分的学术研究。而马克思认为，市场的一切不安定因素都是由资本主义带来的，不久的将来计划经济将完全取代市场经济，资本市场必将走向灭亡，其也未对影响经济周期的根本原因进行研究。但是，由于经济在人们生活中的地位越来越重要，各路学者并没有停止对经济周期的研究，对经济周期的认识在一步步深化。

1860 年，法国医生克莱门·朱拉格在医学研究的基础上，对人口数量、结婚率、出生率、死亡率等要素进行了一系列研究，并发现这些要素的波动都遵循一定内在的规律。并且在这一过程中，他还注意到经济事务也和这些要素一样，其波动存在一定规律，9~10 年有一次起伏轮回。后人在他提出的理论基础上进行深入研究，并把经济周期的波动归结于生产设备更新换代所需的周期，并命名为"朱格拉周期"。

1923 年，英国统计学家约瑟夫·基钦（Joseph Kitchin），对英国和美国 1890—1922 年的多项经济数据进行研究。他发现企业如果生产过多的商品又没有及时销售就会产生存货，存货的堆积会使企业减小生产规模，影响市场波动规律。据其统计，存货波动一次的时间大约为 40 个月，称为存货周期。后人发展了其研究，并把存货周期对经济波动的影响称为"短波"或"基钦周期"。

随着经济在生活中的地位越来越重要，越来越多领域的研究者开始对经济周期进行研究。1926 年俄国经济学家尼古拉·康德拉季耶夫（Nikolai D. Kondratieff），对英、法、美等资本主义国家 18 世纪末到 20 世纪初 100 多年的批发价格水平、利率水平、工资情况、对外贸易等 36 个系列统计项目进行系统分析，发现资本主义的经济发展过程存在 60 年一次起伏的"长波"，后来的研究者把它称为"康德拉季耶夫周期"。1930 年，美国经济学家库兹涅茨（Kuznets）从建筑周期的角度去分析经济的运行周期，发现市场存在 20 年左右一次的经济运行波动周期，后来的研究者把它称为"库兹涅茨周期"。

然而单纯用统计指标说明经济运行规律存在一定的弊端，计算结果与实际结果可能并不相同。首先，研究者能获得的数据非常有限，他们只能通过市场调查获取他们所处的时代的数据，或是查阅资料获取以前的数据，但是原始资料所记录的真实性无法考量，甚至有些数据会因为政治原因的限制无法获取。假设我们现在正处于 17–18 世纪的欧洲，当时欧洲的资本主义经济尚在萌芽，政策上对资本主义萌芽进行压制，市场交易的限制很多，如果在此时进行经济研究，获取这个扭曲市场中的经济数据，总结出来的规律与原则也必然体现这个时代的特征。身处这个时代观察这些规律也许符合当时经济的发展规律，但是我们把时间维度拉长，市场经济日益发展，全球贸易也在发展，在大数据之下，那些规律放到现在很可能就会被推翻。其次，由于技术上的限制，研究者所获得的数据可能失真。比如在我们研究出航空母舰、宇宙飞船，真正能进入太空以前，我们对地球的认识经历了天圆地方→球体→椭球体→不规则球体四个阶段，其中的波折是由于人们缺少认知地球的渠道，只能利用想象或是粗略的估计进行判断。而逐渐接近真理则源于认识地球的科技手段不断研发成功，渠道不断拓宽。直至科学技术发达的今天，我们也很难说有完备的知识和技术进行无误的统计。因此，我们不能仅用统计数据来研究经济周期，更应该去了解经济出现周期的背后原因。

## 二、长周期、中周期和短周期

当然周期有长短，长周期关乎国运。对发展中经济体而言，短周期更多的是由于短期货币政策和财政政策的干扰，随机性较强，持续性较弱。但就资产配置而言，更关注的是中周期走势，也即我们所谈的"新周期"。为了更好地区分，我们先介绍下面几个周期的特点。

短周期，即基钦周期。基钦提到，这种小周期是由心理原因所引起的、是有节奏的运动产生的，而这种心理原因是受农业丰歉而影响的食物价格所造成的。其一般长度为 40 个月。而研究者普遍认为，基钦周期与库存周期有着密切的联系。在复苏阶段，库存低于正常库存量，需求增加，价格上升。过热阶段，产品价格继续上升，产能供给逐步增加。滞胀阶段，库存超过行业正常周转库存量并继续上升，价格继续下跌。衰退阶段，生产者库存从最高位持续下降，产品价格急速下跌。这在一定程度上是生产者心理预期所导致的周期。

中周期，即朱格拉周期。朱格拉于 1862 年出版的《法国、英国及美国的商业危机及其周期》一书中，提出了资本主义经济存在着 9~10 年的中等周期波动，一般称之为"朱格拉周期"。这个周期的波动是市场自主调节所产生的现象，与人们的行为、储蓄习惯以及他们对可利用的资本与信用的运用方式有直接联系。在此阶段突破了古典经济学派的论断，认为政治、战争、农业歉收以及气候恶化等因素并非周期波动的主要根源，它们只能加重经济恶化的趋势。

中长周期，即库兹涅茨周期。1930 年，美国经济学家库兹涅茨发现存在一种与房屋建筑相关的经济周期，这种周期平均长度为 20 年。这也是一种长周期，被称为"库兹涅茨"周期，也称建筑业周期。

长周期，即康德拉季耶夫周期。俄国经济学家康德拉季耶夫于 1925 年提出资本主义经济中存在着 50~60 年一个的周期，故称康德拉季耶夫周期。对于这个周期产生的原因众说纷纭，有太阳黑子论、熊彼特的创新理论、政治周期理论、货币理论、消费不足理论等。但长周期一直缺乏有说服力的数据，对它的质疑声也从不间断，由于时间跨度很长，中间的影响因素非常复杂，所以康德拉季耶夫周期被认为只是一种经验性的假说。

熊彼特把这四种周期结合在一起，认为我们在经历短周期的同时也在经历着其他更长的周期。这也许是研究经济周期所处位置的重要理论和判断长期趋势的思路。熊波特在他的《经济周期》中对前三种经济周期做了高度综合与概括。他认为前三种周期尽管划分方法不一样，但并不矛盾。每个长周期中套有中周期，每个中周期中套有短周期。每个长周期包括 6 个中周期，每个中周期包括 3 个短周期。熊波特还把不同的技术创新与不同的周期联系起来，以三次重大创新为标志，划分了三个长周期：第一个周期，从 18 世纪初到 1842 年，是"产业革命时期"；第二个周期，1842—1897 年，是"蒸汽和钢铁时期"；第三个周期，1897 年以后，是"电气、化学和汽车时期"。

经济周期发生在实际 GDP 相对于潜在 GDP 上升或下降的时候。每一个经济周期都可以分为上升和下降两个阶段。上升阶段称为繁荣，最高点称为顶峰。然而，顶峰也是经济由盛转衰的转折点，此后经济就进入下降阶段，即衰退。衰退严重则经济进入萧条，衰退的最低点称为谷底。当然，谷底也是经济由衰转盛的一个转折点，此后经济进入上升阶段。经济从一个顶峰到另一个顶峰，或者从一个谷底到另一个谷底，就是一轮完整的经济周期。按两阶段法，先将经济周期划分为上升阶段和下降阶段。

处于经济周期波动的上升阶段时，宏观经济环境和市场环境都很活跃，经济发展呈上升趋势，良好的市场环境拉动对外贸易需求，刺激出口，国际收支呈现顺差，从而推动物价水平逐渐上升。在此阶段，各种形式的投资都能获取可观的回报，如房地产投资、贵金属投资、金融产品及其衍生物投资等。各种投资增加，带动国民收入增加，根据凯恩斯的货币需求理论，满足交易动机的货币需求就会增加，如果政府没有制定相应货币政策对货币供给量进行调解，在货币供给量不变的情况下，利率就会上升。由此可见，处于经济周期的上升阶段，活跃的市场将会拉升金融资产价格。

处于经济周期波动的收缩阶段时，宏观经济环境和市场环境日趋紧缩。这时，市场需求疲软，订货不足，商品滞销，生产下降，资金周转不畅。企业在供、产、销和人、财、物方面都会遇到很多困难，企业处于较恶劣的外部环境中。在此阶段，低迷的市场环境减缓了经济增长速度，甚至会出现经济倒退的现象，消费者对于各种商品的需求量降低，尤其是非生活必需品的需求会大幅度下降，从而冲击产业，造成流动中的所需货币减少，物价水平降低，资金供应量减少，利率水平降低。比如，改革开放后中国 GDP 一直保持增长态势，2003 年增长超过 10%、2006 年增长超过 11% 后，2007 年增幅为 11.5%，已冲抵我国经济可持续增长的上限，此后经济增长速度开始放缓，且经济结构中的固有矛盾日益凸显。2007 年 11 月，接近 7% 的 CPI 涨幅，便是"农产品调控失衡、资源价格扭曲、经济结构粗放、外向度过高"等一系列体制机制问题的叠加所致。

# 三、我国的经济周期

改革开放以后的经济周期大致分为复苏、过热、滞涨、衰退四个阶段。下面详细讲述中国改革开放以后的前三个十年。

第一个十年（1978—1988 年），中国在这十年内完成了原始工业化。在这一阶段，产生了大量集体所有制乡镇企业。在私有制度上的突破创新使乡镇企业数量增长了 12 倍，生产总值增长了将近 14 倍。中国在 1988 年仅乡镇企业就创造了将近 1亿个就业岗位，农民的平均收入水平相比 1978 年增长了 12 倍。充分就业拉动了生产和消费，消费品出现了爆炸式增长，中国在 20 世纪 80 年代中期就基本告别了短缺经济。

第二个十年（1988—1998 年），这个阶段在原始工业化的基础上引爆了"第一次工业革命"，即以规模化、劳动密集型方式生产和出口大批日常消费品的革命。在这期间遍布中国城乡各地的劳动密集型工厂应运而生，农民工开始大规模流动，生产重心从重工业转向轻工业，轻工业产品数量大规模增加，中国成为全球最大的纺织品出口国。抓住了纺织品这个最大的轻工产品市场，就占领了第一次工业革命的制高点。这个阶段轻工业的发展已经基本可以满足本国和国外需求，但是由于技术水平仍然不能与老牌工业化国家相媲美，在一些高端生产设备上主要还是靠进口。在这个期间，中国的乡镇企业继续高速发展，雇佣农村剩余劳动力达到全国人口的三成，其产值平均每年增长 28%，三年翻一番。

第三个十年（1998—2008 年），这个阶段的特点是大型重工产业、高新科技产业开始出现且得到高速发展。利用"第一次工业革命"创造的对能源、动力、运输的巨大市场需求和积累的社会高储蓄，中国政府开始主动克服能源、动力、交通、通信等瓶颈，通过基础设施升级和高铁联网引爆了中国的第二次工业革命。受到机械设备、中间产品和交通工具等产品市场快速扩张的刺激，煤炭、钢铁、水泥、化纤等生产和技术迎来了高峰。

# 四、影响经济周期的因素

影响经济周期的因素有很多，如政策、市场需求、市场活跃程度等。多数学者把影响因素归纳为拉动经济增长的三驾马车，但是这样还不足以分析金融资产价格及其影响，所以我们把它做一定细分，主要从以下五个方面进行研究。

## （一）经济增长

一般来讲，金融资产价格与经济增长呈同方向运动。经济增长会拉动社会投资需求增加，刺激金融资产价格提高；经济衰弱会遏制社会投资需求，引发金融资产价格下跌。这很容易理解，经济增长的态势好，国民收入增加，人民生活水平提高，大多数家庭有闲置资金。比起单纯的银行利息，人们更愿意进行金融资产投资。

## （二）物价水平

物价水平的上涨可分为正常上涨与非正常上涨两种情况。

物价因为通货膨胀等原因引起的非正常上涨，会使名义利率上升，从而使公司财务数据失真，误导投资，诱导金融资产价格上升。

如果物价水平正常上涨，金融资产的内在价值增加，金融资产价格也会提高。

以股票市场为例，物价非正常上涨，股票发行公司名义利润增长，市盈率降低，误导投资者判断股票价格，诱导股票价格上涨；物价正常上涨，股票发行公司实际利润、资产净值等相应财务指标增加，股票内在价格增加，股票价格上升。

## （三）货币供应量

货币供应量是指一国在某一时期内为社会经济运转服务的货币存量，它由包括中央银行在内的金融机构供应的存款货币和现金货币构成。货币供应量变化对金融资产价格的影响主要有以下三种方式：

（1）货币供应量略有增加，促进生产，稳定物价，提供稳定上涨的经济环境，让人民可以放心地进行投资。

（2）货币供应量增加，引起商品价格上涨，生产、销售公司的营业收入、利润增加，金融产品持有者如股票持有者的股利分红会有一定幅度的增加，从而拉动消费者对金融产品的需求。

（3）如果货币供应量持续增加，则会引发通货膨胀，带来市场的虚假繁荣。例如，在美国1929—1933年经济大危机中，出现了一种新的名叫"分期付款"的方式，这是一种响应贷款消费的形式，与现在的贷款、分期方式大致相同。这使本身没有能力买房或者进行投资行为的人群加入了投资者的队伍，疯狂借贷，货币发行过量，并且缺乏有效的宏观调控，致使资本家错误地估计了市场容量，开始大规模生产，物价水平疯狂上升。

## （四）利率水平

利率水平的提高与部分金融资产价格呈反相关。

一方面，利率提高则借款成本提高，利润也因此降低，低收益使得消费者对于金融资产的需求量降低。在这个阶段银行存款的利率提高，消费者更倾向于把资金存入银行。

另一方面，折现率作为金融资产的一项重要评判标准，利率水平的升高使得折现率上升，即未来预期收入折算成现值的比率上升，未来预期收入减少，金融产品的价格下降。

## （五）国际收支

假如你现在有一笔空闲资金预备用于投资，且没有丰富的投资经验，那么一个良好的经济环境和投资环境对你是否选择此时投资有至关重要的作用。

当国际收支顺差时，外汇储备增加，为了维持国际汇率稳定，政府会增加本币投放，刺激投资。

当国际收支逆差时，对外赤字增加，为了平衡对外收支，采取紧缩性货币政策，抑制生产消费，本国货币贬值，这种经济环境不利于投资。

经济周期是一个大趋势，就好比洪水，对在一个趋势起来的时候，乘风而起其实难度并不如想象中大。在新兴领域并不需要太大努力，就能较为轻松地击败固有体系里的王者，但如果逆势而行，即使有再强大的基础，也可能被摧毁。

"顺势而为"，尤其是在我们并不很强大的时候一定要尊重客观经济规律，这是投资界的金玉良言。

# 第二十章　金融资产价格风险的预防（价值投资）

## 一、价值投资概念和历史

价值投资是参与到资本市场的投资者耳熟能详的一个词，关于价值投资的定义有很多，就如同一千个读者有一千个哈姆雷特一样，每个投资者都有自己对价值投资的理解，或肤浅，或深刻。有不少的投资者认为，价值投资不适用于中国的股市，不论你是否认同价值投资的理念，首先你要理解它。笔者认为，价值投资是一种通过考察投资标的的内在经济价值大小来决定是否投资的投资方式。

纵然价值投资的概念有很多版本，笔者认为"价值"两字是这个投资理念的逻辑根源。理解价值投资的根源之后，再看其他任何版本的关于价值投资的解读都可以有一个评判的标尺。说到股票的价值投资就要提股票的价值，股票作为一种现代金融工具，是股份公司发行的所有权凭证，是股份公司为筹措资金而发行给各个股东作为持股凭证并借以取得股息和红利的一种有价证券。这个概念是清晰明确的。从股票的概念上来看，它的价值在于股份公司派发的股息和红利，任何资金投入股票市场都不是为了做慈善而是为了获利。因为有这个利益分配的契约存在，才会使这么多社会闲散资金涌入股票投资中来，经济的繁荣使企业获利，企业获利后给股东带来巨额财富，这又会带动股市繁荣，股市繁荣使更多的资金投入需要资金运作的企业。这个良性循环的形成，使股市成为经济的一个重要组成部分，成为经济发展的推动力之一。因为经济长期来看总是螺旋上升的，所以作为经济中主要组成部分的企业，长期来看整体也一定是成长的，企业经营所获得的利润就是这个企业股票背后真正的价值。

商场风云变幻，很多时候连经营者本身也说不好自己企业经营的结果如何，更何况投资者。所以企业的盈利能力并不好衡量，一家企业是否发展良好有许多未知因素。不论是否好衡量，如何衡量，当你在投资时考虑问题应沿着"价值"这个思路。脱离价值单纯预测投资标的是涨是跌的思维我们称之为投机思维。

　　价值投资理念是发源于本杰明·格雷厄姆（Benjamin Graham）的投资策略，他享有"华尔街教父"的美誉。本杰明·格雷厄姆 1894 年 5 月 9 日出生于英国伦敦，1914 年从哥伦比亚大学毕业，同年夏天，格雷厄姆来到纽伯格·亨德森·劳伯公司做了一名信息员，不久被提升为证券分析师。当时的美国普通投资者都倾向于债券投资，普遍认为股票投资是一种投机行为，风险过大，难以把握。证券分析也主要是用道氏理论分析道琼斯指数，而对于个股的分析基本处于原始状态。格雷厄姆透过上市公司的财报和对上市公司的资产调查发现，上市公司为了隐瞒利润常常千方百计地隐瞒公司资产。公司财报披露的是低估后的资产，而这一做法造成的后果就是股价低于其实际价值。如果你只盯着股票价格试图去预测它，那么你一定会忽略股票背后公司的实际内在的经济价值。格雷厄姆在《有价证券分析》一书中对投资提出了定义："投资是一种通过认真地分析研究，有指望保本并能获得满意收益的行为。不满足这些条件的行为就被称为是投机。"

　　格雷厄姆开始从上市公司、政府单位、新闻报道、相关人士等各种渠道收集资料，通过对资料的分析，找出那些拥有大量隐藏资产的上市公司。1915 年，格雷厄姆注意到了一家拥有多个铜矿资产的矿业开发公司——哥报海姆公司，经格雷厄姆的调查，这家上市公司隐藏了大量的资产。格雷厄姆建议公司投资这家公司的股票，不到两年时间获得了近 20% 的收益率，获利达数十万美元。因为对股票投资的精准判断，格雷厄姆渐渐开始小有名气。

　　之后他开始帮助亲戚、朋友做一点私人投资。1923 年他离开纽伯格·亨德森·劳伯公司，自立门户成立格兰赫私人基金，规模为 50 万美元。格兰赫私人基金运作一年半投资回报率高达 100%，高于同期平均股价的表现。后来由于和股东在分红方案上有分歧，基金解散。格雷厄姆后来与杰罗姆·纽曼搭档工作，1926 年合伙成立格雷厄姆·纽曼公司，1929 年华尔街崩盘，格雷厄姆几乎到了破产的边缘，凭着坚韧，1932 年年底其公司终于起死回生。他始终坚持价值投资理念，1928 年起格雷厄姆每周在哥伦比亚大学授课 2 小时，一直坚持到 1956 年退休，并先后出版了《有价证券分析》《财务报表解读》《聪明的投资者》等书，以此表达自己价值投资的理念。

　　价值投资之所以进一步被大众熟悉是因为格雷厄姆有一个出色的学生——沃伦·巴菲特，1950 年 20 岁的巴菲特考入哥伦比亚商学院，在格雷厄姆门下受教，他传授给巴菲特丰富的知识和诀窍去分析企业的盈利能力、资产情况及未来前景等。巴菲特还加入了格雷厄姆的公司进行实习，在格雷厄姆退休后，他原来的很多客户由巴菲特接手。1957 年，巴菲特成立非约束性巴菲特投资俱乐部，当时巴菲特掌管

30 万美元。到了 1968 年巴菲特掌管的资金达 1.04 亿美元。在这期间道琼斯工业指数从 500 点左右涨到了 1000 点附近，美国股市牛气冲天，但巴菲特坐立不安，尽管他的股票都在飞涨，但他发现很难再找到符合他标准的廉价股票了。1968 年 5 月巴菲特通知合伙人，他要隐退，并逐步清算了公司几乎所有股票。1969 年 6 月股市转头向下，到 1970 年 5 月很多股票都打了半折，1970—1974 年美国股市处于区间震荡，并没有像之前一样一路上行。巴菲特却欣喜地发现了许多的便宜股票，1972 年巴菲特盯上了报刊业，他认为名牌报刊就如同一座收费桥梁，1973 年开始他"偷偷"地在股市上蚕食波士顿环球和华盛顿邮报，10 年之后巴菲特投入的 1000 万美元涨至 2 亿美元。1988 年巴菲特买进可口可乐 7% 的股份，并在致股东的信中写道："我们打算要持有这些股票很长的一段时间，事实上当我们发现我们持有兼具杰出企业与杰出经理人的股权时，我们最长的投资时间是永久，我们跟那些急着想要卖出表现不错的股票以实现获利却顽固地不肯出脱那些绩效差的股份的那群人完全相反。彼得·林奇生动地将这种行为解释成砍除花朵来当作野草的肥料。"2008 年巴菲特在《福布斯》的财富排行榜上超过比尔·盖茨，成为世界首富，逐渐家喻户晓，成为价值投资的代表人物。

## 二、价值投资理论

价值投资理论由格雷厄姆提出，他提醒价值投资者们不要将注意力放在行情上，而要放在股票背后的企业身上。因为市场是一种理性和感性的搀杂物，它的表现时常是错误的，而投资的秘诀就在于当价格远远低于内在价值时投资，等待市场对其错误的纠正。市场纠正错误之时，便是投资者获利之时。

价值投资者在对股票常识的认知上要更理性，格雷厄姆在《有价证券分析》一书中批驳了一些投资者在股利分配政策上的错误认识。有些投资者认为发放股利只不过是将股票的现有价值进行稀释后所得到的，实际上并没有获利。但格雷厄姆认为，若公司拒绝发放股利而一味保留盈余，则这些盈余一旦被乱用，投资者将毫无利益可言。公司应在保留供其未来发展的资金需求后，将其盈余以现金股利或资本公积金转增资本的方式发放出去，以保证投资者的利益。当投资者收到现金分红，他可以自由运用这笔盈余，又或者在公司经营良好时再买入该公司股票；如果投资者收到股票股利，他既可以保留股票等着赚取股利，也可选择售出股票立即兑现。无论哪一种股利政策，都将使投资者拥有更大的灵活度，也更能保证自己所得利益的安全。

对于价值投资者来说，区分投资和投机是必要的。格雷厄姆在《聪明的投资人》一书中清楚地指出两者的本质区别：投资是建立在敏锐与数量分析的基础上，而投机则是建立在突发的念头或是臆测之上。两者的关键在于对股价的看法不同，投资者寻求合理的价格购买股票，而投机者试图在股价的涨跌中获利。作为聪明的投资者应该充分了解这一点。其实，投资者最大的敌人不是股票市场，而是他自己。如果投资者在投资时无法掌握自己的情绪，受市场情绪所左右，即使他具有高超的分析能力，也很难获得较大的投资收益。

股市是波动的，也正是有了波动，股市除了成为投资者的乐园，也成为投机者的乐园，使得投机思维传播广泛。价值投资与投机思维不同，有时市场会更认同价值，有时则会更认同投机。当人们遭受股市暴跌带来的巨大冲击时，购买股票会被认为是投机，人们憎恨甚至诅咒股票投资。只是随着经济的复苏，人们的投资哲学才又因其心理状态的变化而变化，重拾对股票投资的信心。格雷厄姆指出，市场性的乐观是难以抑制的，投资者往往容易受股市持续的上涨行情鼓舞，开始期望一个持久繁荣的投资时代，逐渐失去了对股票价值的理性判断。在这种过度乐观的市场上，股票可以值任何价格。

对于市场的波动，格雷厄姆曾讲述了一则关于股市的寓言，寓言将股市称为"市场先生"，借此来说明时时预测股市波动的愚蠢。假设你和"市场先生"是一家私营企业的合伙人。每天，"市场先生"都会报出一个价格，提出他愿以此价格从你手中买入一些股票或将他手中的股票卖给你一些。尽管你所持有股票的合伙企业具有稳定的经济特性，但"市场先生"的情绪和报价并不稳定。有些日子，"市场先生"情绪高涨，只看到眼前光明一片，这时他会给合伙企业的股票报出很高的价格；另外一些日子，"市场先生"情绪低落，只看到眼前困难重重，这时他会给合伙企业的股票报出很低的价格。此外，"市场先生"还有一个可爱的特点，就是他从不介意被冷落。如果"市场先生"今天所提的报价无人理睬，那么他明天还会来，带来他的新报价。格雷厄姆告诫投资者，处于这种特定的环境中，必须保持良好的判断力和控制力，与"市场先生"保持一定的距离。当"市场先生"的报价有道理时，投资者可以利用他；如果他的表现不正常时，投资者可以忽视他或利用他，绝不能被他控制，否则后果不堪设想。

为了说明投资者的盲目投资行为，格雷厄姆讲了另一则寓言——"旅鼠投资"。当一位石油勘探者准备进入天堂的时候，圣·彼得拦住了他，并告诉了他一个非常糟糕的消息："你的确有资格进入天堂，但分配给石油业者居住的地方已经爆满了，我无法把你安插进去。"这位石油勘探者听完，想了一会儿后，就对圣·彼得提出一个请求："我能否进去跟那些住在天堂里的人们讲一句话？"圣·彼得同意了他的请求。于是，这位石油勘探者就对着天堂里的人们大喊："在地狱里发现石油了！"话音刚落，天堂里所有的人都蜂拥着跑向地狱。圣·彼得看到这种情况非常吃惊，于是他请这位石油勘探者进入天堂居住。但这位石油勘探者迟疑了一会说："不，我想我还是跟那些人一起到地狱中去吧。"格雷厄姆通过这则寓言告诫投资者切忌盲目跟风。证券市场上经常发生的一些剧烈变动很多情况下是由于投资者的盲目跟风行为所致，而非公司本身收益变动所致。一旦股市上有传言出现，许多投资者在传言未经证实之前就快速而盲目地依据这些传言买入或卖出股票，跟风盖过了理性思考，这一方面造成股价的剧烈波动，另一方面常常造成这些投资者的业绩表现平平。令格雷厄姆感到非常费解的是华尔街上的投资专业人士尽管大多都受过良好的教育并拥有丰富的投资经验，但他们无法在市场上凝聚成一股更加理性的力量，而是像旅鼠一样，更多地受到市场情绪的左右，不断拼命地追逐市场的形势。格雷厄姆认为，这对于一个合格的投资者而言是极为不可取的。

在一段有限的时间内，你可能很难说哪种投资逻辑更好，但历经几个牛熊转变你会真正感受到价值投资的独特之处，它不符合人性对快速获得结果的期盼，但符合春种秋收这一事物逐步成长的自然规律。

价值投资在长期广泛的实践中被证明是有效的，原因非常值得大家深思：

（1）均值回归及背后的资本逐利。均值回归是投资的基本常识，整个市场的风险溢价长期围绕一个均值波动。当涨幅过大，价格涨得太高之后，这个标的未来的回报就不够，潜在投资回报率下降，就吸引不了理性的投资者，理性的投资者会去寻找更丰美的水草。一旦趋势投资者的力量开始衰竭时，走势就会反转。反过来，跌幅大了，价格低于内在价值时，未来的潜在回报就会非常丰厚，就会吸引价值投资者的介入，筹码会越来越少，股价上涨是很轻松的，下跌变得不容易，就是这么一个循环。（具体分析可以参考陈中放主编的，由浙江大学出版社出版的《企业价值挖掘与管理实务》）

（2）有多种的价值实现方式。价值投资之所以有效，因为可以通过分红、回购、被并购、大股东和管理层的增持、市场趋势性机会等来实现价值。比如价值投资万科，作为价值投资者根本不需要知道万科会被宝能举牌，后面恒大也会进来，你只需要知道当一个公司真的被低估，管理层也会想要增持。当然市场趋势机会也会有，每隔几年总会有一些波段机会，但可遇不可求。

（3）好公司有持续价值创造能力。价值投资是一定要看公司的未来，不看未来就没有什么好买的。一般来说，好公司有持续的价值创造能力。比如格力电器现在一年200多亿元利润，2005年也就几亿元利润。2008年三聚氰胺事件爆发，伊利股份当年大幅亏损，只有50亿元市值，现在一年的利润比当时的市值都高出不少。价值投资之所以有效归根到底是因为公司真的在创造价值，给它足够的时间和耐心，价值就会慢慢显现。

（4）投资行为用现代数学理论也可以很好地阐释。索罗斯和巴菲特是两种投资风格的代表人物。巴菲特是以P（概率）为主，以E（预期收益率）为辅的投资策略，就是挑选获利概率大，即使预期收益不高也没事，在胜算高的条件下，尽量不亏钱，当特别好的机会出现时敢于重仓，重视复利原理，长期来看回报惊人。而索罗斯则是以E（预期收益率）为主，以P（概率）为辅的投资策略，他在乎的是盈利级别，胜率可以低一些。索罗斯的投资风格是加较大的杠杆，只要成功一次，回报可能就是10倍，甚至更高。

具体到个股分析时，我们就可以利用以下公式：

$$投资收益率 =ROE \times (1- 分红率 )+1/PE \times 分红率$$

ROE（净资产收益率）很重要，1/PE（市盈率）也很重要。ROE高的公司为社会创造更多的财富，同时给股东、员工也创造了很大的价值。过去50年美国市场表现最好的股票之一是"菲利普·莫里斯"的烟草公司。如果理解了这个公式就理解了价值投资的精髓，最后你会发现最丰厚的回报不是来自那些红极一时的明星企业，而是一些朴实的企业。在成长空间无限的行业里，时间拉得越长，复合回报越接近ROE水平。

但A股的投资者往往看重公司的业绩增长（g），实际上大部分ROE低而增长快的公司都没有长期投资价值，除非它有很强的"规模正反馈（即规模扩大后ROE可以提升）"。我们挖掘优质的成长股，一定要重视"规模正反馈"，即规模扩大后采购成本或单位研发成本是否大幅降低，对客户吸引力是否变强或客户转换成本是否变高。

# 三、价值投资的主要方法和原则

## （一）主要方法

格雷厄姆根据自己的多年研究分析，提出了股票投资的三种方法：横断法、预期法和安全边际法。

（1）横断法类似于现在的指数投资法，以多元化组合代替个股投资。投资者买入相应指数的主要成分股，则获利可与这个指数主要成分股的上市公司保持一致，可以避免个股风险。

（2）预期法又分为短期投资法和成长股投资法两种。短期投资法是投资者挑选在未来 6 个月到 1 年内业绩会有亮眼表现的公司，等到公司业绩兑现股价上涨时赚取利润。成长股投资法是投资者挑选销售额与利润增长率均高于一般企业平均水平的公司作为投资对象，以期获得长期收益。只要它的基本面没有变坏，就一直持有这家公司。格雷厄姆认为，成长股投资法有两个难题：一是如何判别一家公司处于生命周期的哪个阶段，公司处在不同的生命周期所具备的投资价值不同，一家处在稳定增长期的公司即使它的销售额和利润增长率高于一般公司，但很快就会步入衰退期。二是如何确定公司的股价是否反映了公司成长的潜能。投资者准备对一家成长型公司进行投资，如果在投资之前，该公司的股票已在市场的推崇下升到高位，那么该公司股票是否还具有投资价值？很难有一个精确的答案。对于这种情况格雷厄姆进一步指出，如果分析师对于某公司未来的成长持乐观态度，并考虑将该公司的股票加入投资组合中去，那么他有两个购入时机：一是在整个市场低迷时买入该公司股票；二是当该股票的市场价格低于其内在价值时买入。采用第一种方式买入，投资者将会陷于某些困境。首先，在市场低迷时购买股票容易诱导投资者以模型或公式去预测股票价格的高低，而忽视了影响股票价格的其他重要因素，最终难以准确预测股票价格走势。其次，当股市处于价格平稳时期，投资者只能等待市场低迷时期的来临，因此可能错过许多投资良机。格雷厄姆建议投资者最好采用第二种方式进行投资。投资者应抛开整个市场的价格水平，注重对个别股票内在价值的分析，寻找那些价格被市场低估的股票进行投资。

（3）安全边际法是指投资者通过对公司的内在价值的估算，比较其内在价值与公司股票价格之间的差价，当两者之间的差价达到某一程度时就可选择该公司股票进行投资。为了应用安全边际法进行投资，投资者需要掌握一定的对公司内在价值进行估算的技术。估算之前要先了解一个概念——公司内在价值，公司内在价值首先看净资产，应寻找价格低于净资产即有形资产账面价值的股票。但请注意在下列情况下，需要对账面价值进行调整。

①通货膨胀使一项资产当前的市场价值并不等于其历史成本减去折旧。

②技术进步使某项资产在其折旧期满或报废之前就过时贬值了。

③由于公司的组织能力对各项资产进行有效组合的能力不同，所以公司总体价值会出现 1+1 不等于 2 的结构，可能小，也可能大。

同时，内在价值也不能被简单地看作公司的净资产，因为公司的内在价值除了净资产外，还包括这些资产所能产生的未来收益。内在价值是由公司的资产、收入、利润以及任何未来预期收益等多种因素决定的，其中最重要的因素是公司未来的获利能力。虽然对一些数量因素，包括资产、负债、利润、股利等进行量化分析来估算公司内在价值是必需的，但有些质量因素是不易分析的，如公司的经营能力和公司的性质。缺少了对这些质量因素的分析，往往会造成估算结果的巨大偏差。但当投资者过分强调那些难以捉摸的质量因素时，估算敞口就会变大，主观色彩就会过重，因而缺乏客观性和稳定性。在格雷厄姆看来，公司的内在价值大部分来源于可量化的因素而非质量因素，质量因素在公司的内在价值中只占一小部分。如果公司的内在价值大部分来源于经营能力、企业性质和乐观的成长率，那么就几乎没有安全边际可言。只有公司的内在价值大部分来源于可量化的因素，投资人的风险才有限度。

## （二）投资原则

（1）除了投资方法外，我们还必须了解价值投资的投资原则。

①内在价值是价值投资的前提，如果不考量内在价值就进行投资绝对谈不上价值投资。

②市场波动是在所难免的，要正确认识波动，要利用市场短期经常无效，长期总是有效的弱点来实现利润。

③要充分认识和运用安全边际（如以 4 角的价格买值 1 元的股票），要保留有相当大的折扣，从而来降低风险。

（2）价值投资的策略就要寻找廉价的优质股，并以定量分析为主，辅以有逻辑根据的经营预测。在定量分析上也有一些选股标准可以参考，如果一家公司符合以下 10 条中的 7 条，可以考虑购买：

①这家公司每股盈利与股价之比（市盈率的倒数）是一般 AAA 公司债券收益率的 2 倍。

②这家公司目前的市盈率是过去 5 年中最高市盈率的 2/5。

③这家公司的股息收益率是 AAA 级公司债券收益率的 2/3。

④这家公司的股价低于每股有形资产账面价值的 2/3 。

⑤这家公司的股价低于净流动资产或净速动资产清算价值的 2/3。

⑥这家公司的总负债低于有形资产价值。

⑦这家公司的流动比率在 2 以上。

⑧这家公司的总负债不超过净速动清算价值。

⑨这家公司的获利在过去 10 年增加了 1 倍。

⑩这家公司的获利在过去 10 年中最多有 2 年是下降的且不超过 5%。

类似这样的财务数据标准还有很多，这里举出的 10 条不是绝对的准则，是希望读者明白价值投资是可以进行量化的。数学中所展现的严密逻辑和必然结果，对于以盲目和冲动为特色的金融投资市场来说，永远都是最为欠缺的，而掌握和信仰它，就是你在投资市场克敌制胜的利器。另外，还不得不提的是在中国做价值投资，最传统的方式可能找不到好的投资标的，因为目前我国市场的实际情况是几乎没有静态的便宜货。在中国做价值投资能真正赚钱的不是买价值股，而是买优质成长股。成长是价值投资最核心的指标，价值投资的核心不会变，但理论都要结合实际以正确的方式去操作。

从国内价值投资者的实践经验看：第一步要看估值，不是买价值股的人就是价值投资，关键看你什么价位买，在合适的价格买不同的公司也可以称之为价值投资。第二步选择优秀的公司并长期持有，优秀的公司获利能力比普通公司强，所以可以获得更好的估值，普通公司可以买但折扣肯定要更高一些。很多时候股票的价格就是不反映它的价值，价值投资的考核机制必须是长期，你不能天天都希望它有涨幅，价值投资所买的标的一年不反映价值是很正常的，三年不反映价值概率就较低了，当然前提是要评估企业的内在价值。第三步是感受周期，市场的四季周而复始，有的时候周期可能是三年有时可能是七年，一般来讲跌的时间比较长，涨的时间比较短。你要学会在不同周期采取不同的策略，如冬天就穿暖一点，夏天就少穿点。但是不要去预测市场，你可以感受到季节变化，但具体到某一天的天气是很难预测的。

# 四、价值投资案例

## ▄ 案例一

1920 年，美国军火巨头杜邦公司利用通用汽车公司正陷于暂时无法偿还银行贷款的财务困境，通过一场蓄谋已久的兼并战，最终兼并了通用汽车公司。杜邦公司对通用汽车公司的兼并形成了两公司交叉持股的状况。到了 1923 年 8 月前后，由于"一战"结束，美国经济开始复苏，杜邦公司失去了军火暴利来源，股价急剧下滑，每股股价维持在 297.85 美元左右；而通用汽车公司因汽车市场需求的大增而利润直线上升，每股股价高达 385 美元。

格雷厄姆注意到杜邦公司和通用汽车公司股价之间存在巨大的差距。经过分析，他认为由于杜邦公司持有通用 38% 以上的股份，这一份额还在不断增加，所以市场现阶段两种股票之间的价格差距是一种错误，而由股市造成的错误迟早都会由股市自身来纠正。市场不可能对明显的错误长久视而不见，这种错误得到纠正之时，就是有眼光的投资者获利之时。

格雷厄姆不仅大笔买进杜邦公司股票，而且更大笔地卖出通用汽车公司的股票。这样，他就会因杜邦公司股票上涨和通用汽车公司股票下跌而双向获利。两个星期后，市场迅速对这两家公司股价之间的差距作出了纠正，杜邦公司股价一路攀升，升至每股 365.89 美元，而通用汽车公司股票随之下跌，跌至每股 370 美元左右。格雷厄姆迅速获利了结，不算他卖出赚取通用公司股票之间的差价，其单项投资回报率就高达 23%。

笔者点评：发现市场的谬误是价值投资者获利的方法，而想要发现这些投资机会就要有扎实的财务分析基本功。在这个案例中，杜邦公司自身的主营业务虽然萎缩，但是他重金投资的通用汽车公司业绩增长迅速，当市场上绝大多数投资者只看到表面的现象时，只要你深入研究过两家公司之间的财务联系，就可以抓住这个投资机会。价值投资者要有的放矢，推断也要有根据来源，虽然市场的谬误有时会快速纠正，有时会存在许久，但并不妨碍对这个投资机会的肯定。

### ◤ 案例二

政府员工保险公司是由里奥·格德温于 1936 年创立的。当时，格德温发现政府员工的汽车发生事故的次数要比一般人少，而且若直接销售保单给投保人可使保费支出降低 10%~25%。于是，他邀请沃斯堡的银行家克利夫·瑞亚做合伙人，共同创立了这家公司。在公司中，格德温投资 2.5 万美元，拥有 25% 的股份；瑞亚投资 7.5 万美元，拥有 55% 的股份；瑞亚的亲戚拥有其余 20% 的股份。

由于政府员工保险公司靠仅提供给政府员工保险而减少了经营风险，加之，其保险成本比同行低 30%~40%，因此，这家公司运作比较良好。但该公司最大的股东瑞亚家族因某种原因于 1948 年决定出售他们所持有的股份。

格雷厄姆得知政府员工保险公司股份出售的消息后，非常感兴趣。在他看来，该公司的情况极为符合他的投资理念。首先，该公司财务状况优异，赢利增长迅猛，1946 年每股盈余为 1.29 美元，1947 年每股盈余高达 5.89 美元；其次，由于其独特的服务对象和市场广度，前景非常看好；最后，该公司最大的股东端亚家族同意以低于账面价值 10% 的比例出售所持有的股份。这一切促使格雷厄姆毫不犹豫地购买了政府员工保险公司的股份。其最终以每股 475 美元的价格，购入瑞亚家族所持有的一半股份，即 1500 股，总计约 72 万美元。

对政府员工保险公司股份的购买，对于格雷厄姆来说，仅仅是一个开始。格雷厄姆认为，像这样业绩优异、价格偏低，而且盘子较小的公司，其价值被市场严重低估；一旦为市场所认识，其股价肯定会大幅上扬。另外，作为一个新兴行业，保险市场的潜力将会使投资者获得较高的投资回报。格雷厄姆决定将政府员工保险公司推为上市公司。

政府员工保险公司的股票经细分后于1948年7月在纽约证券交易所正式挂牌交易，其当天的收盘价为每股27美元，到1948年年底，该股票就上涨到每股30美元。

上市后的政府员工保险公司，正如格雷厄姆所料，不断地飞速成长，其服务对象也由过去单纯的政府员工扩展到所有的汽车持有者，市场占有率也由15%猛增到50%，占据了美国汽车保险业的半壁江山。几年之后，政府员工保险公司就变成了资本额为1亿美元的庞大公司。

笔者点评：这是一笔发生在一级市场的股权交易，格雷厄姆价值投资的逻辑值得学习。公司的财务状况优异，盈利增长迅速，有比较确定的发展前景，而且还可以用低于账面价值10%的低廉价格购入，这些要素是格雷厄姆做这笔投资的理由。虽然我们大多数人并不一定有机会在一级市场进行股权交易，也不一定有能力将所投资的公司推为上市公司，但投资的基本要点是相同的，准入门槛较低的二级市场也有许多类似投资机会，但需要我们花时间去筛选。

# 第二十一章　金融资产价格指标的技术分析

## 一、平均移动股价法

移动平均线是以道·琼斯的"平均成本概念"为理论基础，采用统计学中"移动平均"的原理，将一段时期内的股票价格平均值连成曲线，用来显示股价的历史波动情况，进而反映股价指数未来发展趋势的技术分析方法。它是道氏理论的形象化表述。移动平均线常用线有5天、10天、30天、60天、120天和240天的指标。其中，5天和10天短期移动平均线，是短线操作的参照指标，称作日均线指标；30天和60天的是中期均线指标，称作季均线指标；120天、240天的是长期均线指标。移动平均线是由美国著名的投资专家Joseph E Granville（葛兰碧，又译为格兰威尔）于20世纪中期提出来的。均线理论是当今应用最普遍的技术指标之一，它帮助交易者确认现有趋势、判断将出现的趋势、发现过度延生即将反转的趋势。

我们在选股时可以把移动平均线作为一个参考指标，移动平均线能够反映价格趋势走向。我们可以将日K线图和平均线放在同一张图里分析，这样非常直观明了。

（1）上升行情初期，短期移动平均线从下向上突破中长期移动平均线，形成的交叉叫黄金交叉，预示股价将上涨。5日均线上穿10日均线形成的交叉；10日均线上穿30日均线形成的交叉均为黄金交叉。

（2）当短期移动平均线向下跌破中长期移动平均线形成的交叉叫作死亡交叉，预示股价将下跌。5日均线下穿10日均线形成的交叉；10日均线下穿30日均线形成的交叉均为死亡交叉。但是，不是所有的黄金交叉和死亡交叉都是买点和卖点，原因是庄家有时会进行骗线。尤其是在上升途中或者下跌途中，庄家可能会进行震荡洗盘或震荡出货。此时，黄金交叉和死亡交叉所指示的买卖点是非常不可靠的，这种情况下投资者应该小心。

（3）在上升行情进入稳定期，5日、10日、30日移动平均线从上而下依次顺序排列，向右上方移动，称为多头排列，预示股价将大幅上涨。

（4）在下跌行情中，5日、10日、30日移动平均线自下而上依次顺序排列，向右下方移动，称为空头排列，预示股价将大幅下跌。

（5）在上升行情中股价位于移动平均线之上，走多头排列的均线可视为多方的防线；当股价回档至移动平均线附近，各条移动平均线依次产生支撑力量，买盘入场推动股价再度上升，这就是移动平均线的助涨作用。

（6）在下跌行情中，股价在移动平均线的下方，呈空头排列的移动平均线可以视为空方的防线，当股价反弹到移动平均线附近时，便会遇到阻力，卖盘涌出，促使股价进一步下跌，这就是移动平均线的助跌作用。

（7）移动平均线由上升转为下降出现最高点，或由下降转为上升出现最低点时，是移动平均线的转折点，预示股价走势将发生反转。

（8）当移动平均线在底部出现双底形态或三重底形态，就是最佳买入时机。而当移动平均线在顶部出现双顶形态或三重顶形态，就是最佳卖出时机。

（9）移动平均线运行一段时间后，会出现波峰和波谷，这就是转点。移动平均线的转点非常重要，它通常预示着趋势的转变。当一种移动平均线向上运行，无法再创新高，并显示波峰状，即是股价无力创新高并可能转变趋势下行的征兆，这种转点通常又称为卖点。在下跌过程中，移动平均线向下运行，曲线转平并调头时，波谷就出现了，即人们所说的买点。投资者应紧跟移动平均线，及时发现转点（波峰和波谷）来寻找买卖点。

（10）移动平均线简单实用、易于掌握，很受投资人的喜爱。但同时，它也有缺点，主要是在股指、股价窄幅整理或庄家进行震荡洗盘时，短期移动平均线会过多，出现买卖信号，这类信号不易辨别，容易造成误导。

（11）当10日移动平均线由上移向右下方反折下移时，30日移动平均线却仍向右上方移动，表示此段下跌是多头市场的技术性回档，涨势并未结束。

（12）如果30日移动平均线也跟随10日移动平均线向右下方反折下跌，而60日移动平均线仍然向右上方移动，表示此波段回档较深，宜采取出局观望为主。

（13）如果60日移动平均线也跟随10日、30日移动平均线向右下方反转而下跌，表示多头市场结束，空头市场来临。

（14）盘整时，5日、10日、30日移动平均线会纠缠在一起，如盘局时间延长，60日移动平均线也会与之黏合在一起。

（15）大势处于盘局时，如5日、10日移动平均线向右上方上升，则后市很可能盘高；如5日、10日移动平均线向右下方下行，则后市很可能盘跌。

（16）在空头市场中，如果股价向上突破5日、10日移动平均线并站稳，是股价在空头市场中反弹的征兆。

（17）在空头市场中，如果股价向上突破5日、10日移动平均线后又站上30日移动平均线，且10日与30日移动平均线形成金交，则反弹趋势将转强，后市有一定上升空间。

（18）在空头市场中，如果股价先后向上突破5日、10日、30日移动平均线，又突破60日移动平均线，则后市会有一波强力反弹的中级行情，甚至空头市场就此结束，多头市场开始。

在技术分析中，市场成本原理非常重要，它是趋势产生的基础，市场中的趋势之所以能够维持，是由市场成本推动的，例如，在上升趋势里，市场的成本是逐渐上升的；在下降趋势里，市场的成本是逐渐下移的。成本的变化导致趋势的延续。均线代表了一定时期内的市场平均成本变化。有经验的投资者非常看重均线，有人在多年的实战中总结出一套完整的市场本钱变化规律——均线理论，其用于判断大趋势是很有效果的，内容包括：①均线回补；②均线收敛；③均线修复；④均线发散；⑤均线尺行；⑥均线脉冲；⑦均线背离；⑧均线助推；⑨均线扭转；⑩均线服从；⑪均线穿越；⑫均线角度。本书主要介绍均线回补和均线收敛。

# 二、K 线分析法

很多金融工具都有 K 线图，这种 K 线图在第三章"金融资产价格形成"中提到过，实际上是金融资产价格受多方面合力形成的、在四维时空中价格点以二维平面折射的表现。很多金融工具的 K 线图连续运作，涨涨跌跌，永不停息，据此，我们将行情走势分为筑底、上升、筑头和下跌四个阶段。

（1）筑底阶段。筑底形态一般有三重底、头肩底、双重底（W 底）和半圆底（锅底）等。底部横向构筑面积越大，代表上涨累积的动能越多，上涨的幅度也越大。在此阶段，应进行低买高卖的区间操作。

（2）上升阶段。当突破前期底部的颈线时，预示着一轮上升走势的开始，并且上升的高度一般为前期底部的垂直高度。这个阶段就如体力充沛的年轻人，拼命地往前冲而且跑得远、跳得高，虽然没有什么耐力，但遇到困难只要稍作休息就能再度出发。就像行情上升的主阶段，幅度大且速度快，虽然持续不久，但遇到上档压力，只要稍作回档整理就能马上再度发动新一轮的上攻。这一阶段的初始时期应是我们勇敢追买的最佳时机。上升阶段也是我们赢利的主要来源。

（3）筑头阶段。其就是上升阶段的后期。这时行情走势企图向上再度推升但多头用尽力气也没法突破前一波高点，最后向下突破颈线完成头部而进入下跌阶段。在这一阶段，前期的中长期买单应出手，短线可试做快进快出的区间操作。

（4）下跌阶段。与上升阶段道理一样，只是方向相反。在这一阶段人心涣散，价格无力支撑，下跌速度迅猛直到动能消失转入筑底阶段。下跌阶段应坚决杀跌，该止损的迅速止损，不然损失巨大。

# 三、黄金分割率理论

## （一）黄金分割率由来

数学家法布兰斯在 13 世纪写了一本关于一些奇异数字的组合的书。这些奇异数字的组合是 1，2，3，5，8，13，21，34，55，89，144，233，…任何一个数字都是前面两个数字的总和。有人说，这些数字是他从研究金字塔所得出的。金字塔和上列奇异数字息息相关。金字塔的几何形状有 5 个面，8 个边，总数为 13。由任何一边看进去，都可以看到三个层面。底边 1/2 除斜面长度的百分比率是 0.618，即是上述神秘数字的任何两个连续的比率，譬如 55/89=0.618，89/144=0.618，144/233=0.618。另外，一个金字塔五角形的任何一边长度都等于这个五角形对角线的 0.618。这组数字十分有趣。0.618 的倒数是 1.618。譬如 144/89=1.618、233/144=1.618，而 0.618×1.618≈1。另外有人研究过向日葵，发现向日葵花有 89 个花瓣，55 个朝一方，34 个朝向另一方。0.618，1.618 就叫做黄金分割率。

## （二）黄金分割率的特点

黄金分割率的基本公式，是将 1 分割为 0.618 和 0.382，有如下一些特点：①数列中任一数字都是由前两个数字之和构成。②前一数字与后一数字之比例，趋近于一固定常数，即 0.618。③后一数字与前一数字之比例，趋近于 1.618。④ 1.618 与 0.618 互为倒数，其乘积约等于 1。⑤任一数字如与后两数字相比，其值趋近于 2.618；如与前两数字相比，其值则趋近于 0.382。理顺下来，上列奇异数字组合除能反映黄金分割的两个基本比值 0.618 和 0.382 外，尚存在下列两组神秘比值，即：

（1）0.191，0.382，0.5，0.618，0.809；

（2）1，1.382，1.5，1.618，2，2.382，2.618。

### （三）黄金分割率在投资中的运用

在股价预测中，根据该两组黄金比有两种黄金分割分析方法。

第一种方法：以股价近期走势中重要的峰位或底位，即重要的高点或低点为计算测量未来走势的基础，当股价上涨时，以底位股价为基数，跌幅在达到某一黄金比时较可能受到支撑。当行情接近尾声，股价发生急升或急跌后，其涨跌幅达到某一重要黄金比时，则可能发生转势。

第二种方法：行情发生转势后，无论是止跌转升的反转抑或止升转跌的反转，以近期走势中重要的峰位和底位之间的涨／跌额作为计量的基数，将原涨跌幅按0.191、0.382、0.5、0.618、0.809分割为五个黄金点。股价在反转后走势将有可能在这些黄金点上遇到暂时的阻力或支撑。

例如，当下跌行情结束前，某股的最低价为10元，那么股价反转上升时，投资人可以预先计算出各种不同的反压价位，10×（1+19.1%）=11.9（元），10×（1+38.2%）=13.8（元），1×（1+61.8%）=16.2（元），10×（1+80.9%）=18.1（元），10×（1+100%）=20（元），10×（1+119.1%）=21.9（元），再依照实际股价变动情形做斟酌。反之，上升行情结束前，某股最高价为30元，那么股价反转下跌时，投资人也可以计算出各种不同的支撑价位，也就是30×（1−19.1%）=24.3（元），30×（1−38.2%）=18.5（元），30×（1−61.8%）=11.5（元），30×（1−80.9%）=5.7（元）。然后，依照实际变动情形做斟酌。黄金分割率的神秘数字由于没有理论作为依据，所以有人批评是迷信，是巧合，但自然界的确充满着一些奇妙的巧合，一直难以说出道理。黄金分割率为艾略特所创的波浪理论所套用，广泛地为投资人士所采用。神秘数字是否真的只是巧合还是大自然一切生态都可以用神秘数字解释呢？这个问题只能见仁见智。但黄金分割率在股市上被普遍采用，作为一个投资者不能不对此进行研究，只是不要太过执着。

# 四、指标技术分析

## （一）趋势类指标

（1）指数平滑异同移动平均线（MACD）：MACD指标实际上是两条移动平均线的结合。其中一条为变动较快的短期移动平均线，另一条为变动较慢的中长期移动平均线。在持续的涨势或跌势中，变动较快的短期移动平均线与变动较慢的中长期移动平均线必将迅速分离；在涨势或跌势趋缓时，两者又逐渐聚合。MACD指标就是根据移动平均线的这一特性，计算出两条移动平均线之间的差异（差离值 DIF）作为研判行情的基础，然后再求出差离值 DIF 的平滑移动平均线，并依此研判股票买卖时机。其主要研判法则如下：

离差值 DIF 由下向上穿越离差平均值 DEA 时，即指数平滑异同移动平均线 MACD 由蓝变红时，是买入信号。

随时根据红线的变化来控制仓位，根据蓝线的长短来考虑补仓力度的大小。

股价创新低，而离差值 DIF 却未同时创新低，称为底背离，是买入信号；股价创新高，而离差值 DIF 却未同时创新高，称为顶背离，是卖出信号。

（2）三重指标平滑 TRIX：TRIX 向上交叉其 MA 线为买入信号，向下交叉其 MA 线为卖出信号。

（3）趋向指标 DMI：基本看法是研判 +DI 和 –DI 交叉。+DI 由下往上交叉 –DI，为买进信号；+DI 往下交叉 –DI 为卖出信号。ADX 在 20 以下，代表股票处于整理区，应离场观望；ADX 突破 20~50 向上爬升，可能将有相当一段幅度的涨跌；ADX 高于 50，突然转弯向下反折，无论此时是上涨或下跌，都表明行情即将反转。

## （二）能量类指标

能量线（OBV）：将股市的人气与股价结合起来估算当前的股市动力，进而推测股价变化的趋势、研判买卖时机的指标，亦称搜集派发指标。其主要研判法则如下：

股价下降，能量线上升时，表示买盘较强，是买入信号。

股价上升，能量线缓慢上升时，表示买入逐渐加强，是买入信号。

能量线长时间低位横向整理，突然上升时，是买入信号。

股价创新低，能量线未同时创新低，称为底背离，是买入信号。

股价上升，能量线下降时，表示买盘无力，是卖出信号。

股价创新高，能量线未同时创新高，称为顶背离，是卖出信号。

股价在高位，能量线急速上升时，表示买方力量将用尽，是卖出信号。

## （三）摆动类指标

（1）随机摆动指标 KDJ：K 值在 20 左右，向上交叉 D 值为短期买进信号；K 值在 80 左右，向下交叉 D 值为卖出信号。K 值形成一底比一底高的现象，并且在 50 以下的低水平，由下往上连续交叉 D 值时，涨幅会较大；K 值形成一顶比一顶低的现象，并且在 50 以上的高水平，由上往下连续两次交叉 D 值时，股价跌幅会比较大。

（2）乖离率 BIAS：表现个股当日收盘价与移动平均线之间的差距。正的乖离率愈大，表示短期获利愈大，则获利回吐的可能性愈高；负的乖离率愈大，则空头回补的可能性愈高。

（3）变动速率 ROC 指标：当 ROC 向下跌破零，为卖出信号；ROC 向上突破零，为买入信号。股价创新高，ROC 未配合上升，显示上涨动力减弱；股价创新低，ROC 未配合下降，显示下跌动力减弱。股价与 ROC 从低位同时上升，短期反弹有望；股价与 ROC 从高位同时下降，警惕回落。

（4）相对强弱指标 RSI：短期 RSI 在 20 以下水平，由下往上交叉长期 RSI，为买进信号。短期 RSI 在 80 以上水平，由下往上交叉长期 RSI，为卖出信号。股价一波比一波低，相反 RSI 却一波比一波高时，股价很容易反转上涨；股价一波比一波高，相反 RSI 却一波比一波低时，股价很容易反转下跌。RSI 在 50 以下为弱势区，50 以上为强势区。

# 五、图像分析

## （一）图形分析中高限与底线

### 1."M"头

根据图形特征分析：股票在上升途中，在第一个高点处回落后继续上涨，形成第二个高点，而后继续下跌，呈现出 "M" 的双头形状（见图 21-1），后市看跌。

根据 K 线图特征分析：5 日均线下穿 60 日均线，为卖出信号，后市看跌。

根据成交量分析：成交量减少，为卖出信号，后市看跌。

根据技术指标分析：

（1）BRAR 指标：BR 下穿 AR 曲线，为卖出信号，后市看跌。

（2）VR 指标：VR 在 40~80 为可买进区域，80~160 是正常分布区域，160~450 应考虑获利了结，450 以上过高应卖出，说明股市成交过热，应反向卖出，后市看跌。

（3）CR 指标：CR 曲线下穿其平均线，且 CR 的 10 日平均线也向下回落，卖出信号，后市看跌。

综上所述，后市看跌。

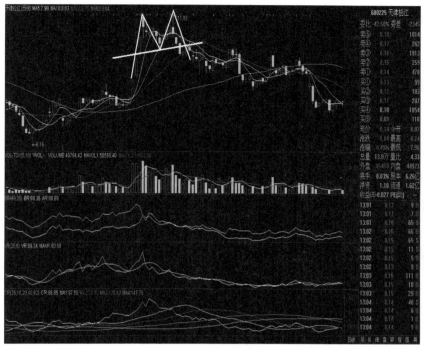

图 21-1　"M"头

### 2."三只乌鸦"

根据图形特征分析：在上涨中，出现"三只乌鸦"，即由三根中阴线组成，且每根阴线都是跳高开盘，以下跌收盘（见图 21-2）。此为见顶信号，后市看跌。

根据 K 线图特征分析：5 日、10 日和 20 日均线均下穿 60 日均线，卖出信号，后市看跌。

根据成交量分析：成交量减少，说明此股不被股民看好，卖方力量强劲，卖出信号，后市看跌。

根据技术指标分析：

（1）MACD 指标：DIF 和 DEA 均为负，且 DIF 向下跌破 DEA，MACD 柱状图为绿色，以上都是卖出信号，后市看跌。

（2）DMA 指标：DMA 向下交叉平均线，为卖出信号，后市看跌。

（3）TRIX 指标：TRIX 在与其平均线平行的位置下滑到下方，为长期卖出信号，后市看跌。

综上所述，后市看跌。

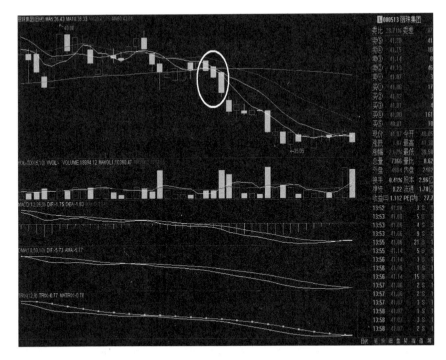

图 21-2  "三只乌鸦"

### 3. 上升旗形

根据图形特征分析：股价在涨势中受到压力下跌，形成第一个局部高点，后得到支撑上涨，形成一个局部低点，受到压力后又回落，形成第二个高点，在第二个局部低点得到支撑，股价上涨，且突破压力线，形成诱空陷阱的上升旗形，后市看涨（见图 21-3）。

根据 K 线图特征分析：5 日均线上穿 10 日、20 日均线，10 日均线上穿 20 日均线，买入信号，后市看涨。

根据成交量分析：成交量急剧上涨，说明市场极度活跃，买方力量强劲，后市看涨。

根据技术指标分析：

（1）BRAR 指标：AR 和 BR 曲线由低点上升，股价转强，股市活跃，后市看涨。

（2）CR 指标：CR 下降到其 4 条平均线下方，说明短期底部已形成，买入信号，后市看涨。

（3）VR 指标：VR 从 100 处向上穿越其平均线，呈现向上趋势，后市看涨。

综上所述，后市看涨。

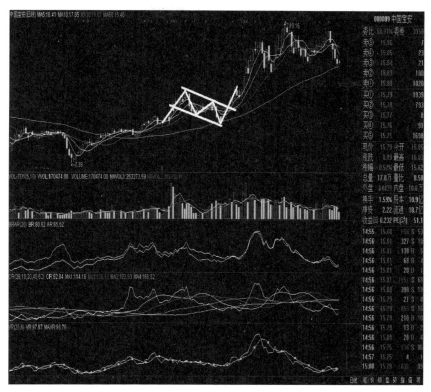

图 21-3　上升旗形

### 4."身怀六甲"

根据图形特征分析：在涨势中出现一根阳线，随后出现一根小阴线，小阴线实体包含在小阳线实体中，形成"身怀六甲"（见图 21-4），见顶卖出信号，后市看跌。

根据 K 线特征分析：5 日均线下穿 10 日、20 日均线，卖出信号，后市看跌。

根据成交量分析：成交量在顶部减少，卖方力量强劲，卖出信号，后市看跌。

根据技术指标分析：

（1）DMI 指标：PDI 向下跌破 MDI 表示有新空头进场，为卖出信号。ADX 由上升转为下降，说明行情即将反转，后市看跌。

（2）EMV 指标：EMV 从上向下跌破 0 轴，为中期卖出信号，后市看跌。

（3）KDJ 指标：KDJ 位于 80 左右说明股市行情过热，回档概率大；K 线在 80 处下穿 D 线，卖出信号，后市看跌。

综上所述，后市看跌。

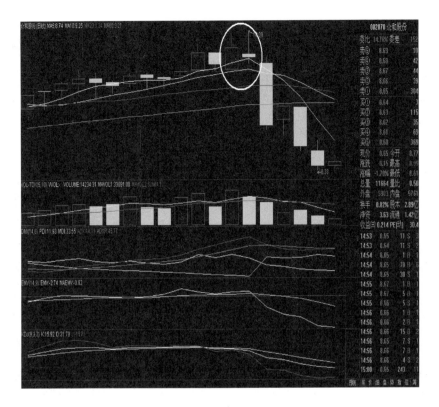

图 21-4  "身怀六甲"

# 参考文献

[1]〔英〕凯恩斯. 就业、利息和货币通论 [M]. 北京：商务印书馆，1988.

[2]〔美〕米什金. 货币金融学[M]. 北京：中国人民大学出版社，2002.

[3]〔美〕彼得·S. 罗斯. 货币与资本市场[M]. 北京：机械工业出版社，1999.

[4]. 陈中放. 金融理论与实务[M]. 杭州：浙江大学出版社，1989.

[5] 陈中放. 投资经济法概论[M]. 北京：团结出版社，1990.

[6] 陈中放. 金融投资论 [M]. 北京：团结出版社，1990.

[7] 陈中放. 金融基础知识 [M]. 北京：中国财政经济出版社，1991.

[8] 陈中放. 中小散户股市宝典 [M]. 北京：学林出版社，1999.

[9] 陈中放. 互联网金融 [M]. 北京：高等教育出版社，2017.

[10] 陈中放. 金融投资工具比较与应用[M]. 北京：高等教育出版社，2016.

[11] 陈中放. 企业融资方式与应用[M]. 北京：高等教育出版社，2017.

[12] 赵尚梅. 利率政策有效性研究[M]. 北京：经济科学出版社，2001.

[13] 杨强，陈德如，等. 货币市场与投资[M]. 济南：山东人民出版社，2001.

[14] 孟生旺，袁卫. 利息理论及其应用[M]. 北京：中国人民大学出版社，2001.

[15] 张亦春. 金融市场学[M]. 北京：高等教育出版社，2001.

[16] 孙杰. 货币与金融：金融制度的国际比较[M]. 北京：社会科学文献出版社，1998.

[17] 胡维熊. 利率理论与政策 [M]：上海：上海财经大学出版社，2001.

[18] 李翀中. 金融资产投资[M]. 广州：中山大学出版社，2001.

[19] 刘鸿儒. 新国际金融辞海[M]. 北京：改革出版社，1995.

[20] 王传纶. 国际金融全书[M]. 北京：中国金融出版社，1993.

[21] 张波. 次贷危机下的 CDS 市场：风险与变革 [J]. 中国货币市场，2008（10）.

[22] 戎生灵. 金融风险与金融监管. 北京：中国金融出版社，2011.

[23] 中国期货业协会. 套期保值与套利交易[J]. 北京：中国财政经济出版社，2006.

[24] 王开国. 股指期货：市场深化过程中的金融创新[J]. 经济研究，2000(7): 32–38.

[25] 王瑞文，刘加权. 对冲基金及其监管问题[J]. 金融教学与研究，1999(1).

[26] 徐习佳. 对冲基金与金融风险[J]. 金融科学——中国金融学院学报，2000(1).

[27] 张蕾. 信用违约互换优缺点分析[J]. 现代商业，2011（15）.